Vorgrimler
Theologische Gotteslehre

W0057218

Herbert Vorgrimler

Theologische Gotteslehre

PATMOS VERLAG

Für
Johann Baptist Metz
in
Freundschaft
Dankbarkeit
Solidarität

Die Deutsche Bibliothek – CIP-Einheitsaufnahme
Ein Titeldatensatz für diese Publikation ist bei
Der Deutschen Bibliothek erhältlich.

© 1985 Patmos Verlag, 3. Auflage 1993
© ppb-Ausgabe 2002
Patmos Verlag GmbH & Co. KG, Düsseldorf
Alle Rechte, einschließlich derjenigen des
auszugsweisen Abdrucks sowie der fotomechanischen
und elektronischen Wiedergabe, vorbehalten.
Druck und Bindung: Clausen & Bosse, Leck
ISBN 3-491-69053-6
www.patmos.de

Inhalt

Abkürzungen

De pot	Thomas von Aquin, De potentia
DS	Heinrich Denzinger/Adolf Schönmetzer, Enchiridion symbolorum, definitionum et declarationum de rebus fidei et morum, Barcelona/Freiburg [35]1973 (Stellenangaben nach Textnumerierung)
HPhG	Handbuch philosophischer Grundbegriffe, hrsg. von Hermann Krings/Hans Michael Baumgartner/Christoph Wild, München 1973f
HWPh	Historisches Wörterbuch der Philosophie, hrsg. von Joachim Ritter/Karlfried Gründer, Basel 1971ff
MySal	Mysterium Salutis. Grundriß heilsgeschichtlicher Dogmatik, hrsg. von Johannes Feiner/Magnus Löhrer, Einsiedeln/Zürich/Köln 1965–1981
NHThG	Neues Handbuch theologischer Grundbegriffe, hrsg. von Peter Eicher, München 1984f
LThK	Lexikon für Theologie und Kirche, 2. Aufl., hrsg. von Josef Höfer/Karl Rahner, Freiburg 1957–1965
NR	Josef Neuner/Heinrich Roos, Der Glaube der Kirche in den Urkunden der Lehrverkündigung, neubearb. von Karl Rahner/Karl-Heinz Weger, Regensburg [11]1983 (Stellenangaben nach Textnumerierung)
Scg	Thomas von Aquin, Summa contra gentiles
SM	Sacramentum Mundi. Theologisches Lexikon für die Praxis, hrsg. von Karl Rahner/Adolf Darlap, Freiburg/Basel/Wien 1967–1969
ThWNT	Theologisches Wörterbuch zum Neuen Testament, hrsg. von Gerhard Kittel/Gerhard Friedrich, Stuttgart 1933–1973
TRE	Theologische Realenzyklopädie, hrsg. von Gerhard Krause/Gerhard Müller, Berlin/New York 1976ff

Einleitung und Einordnung

Der Titel dieses Buches heißt: »Theologische Gotteslehre«. Damit ist nicht einfach etwas Selbstverständliches ausgesprochen; dieser Titel muß erklärt werden. Manch eine Leserin, manch ein Leser aus der jüngeren Generation erwarten, wenn sie nach einem Buch über Theologie oder über Gott greifen, daß da etwas zur Sprache kommt, was sich mit ihren Erfahrungen vermitteln läßt, was sie in ihrem Leben unmittelbar betrifft, etwas Praktisches auch, etwas Konkretes. Es gibt heute, viel mehr als etwa vor fünfzig Jahren, mancherlei Zeugnisse über Gotteserfahrungen. Es gibt Bücher, die sagen: »Gott existiert, ich bin ihm begegnet«, so oder ähnlich. Ein Buch über theologische Gotteslehre könnte solche Zeugnisse zusammenfassen, auswerten. Aber das wird hier nicht geschehen.

Berichte über Gotteserfahrungen in unserer Zeit sind oft zu individuell-persönlich und zu widersprüchlich, als daß sich aus ihnen ein verläßliches Gottesbild gewinnen ließe. Damit soll nicht gesagt sein, ein einzelnes Zeugnis sei unglaubwürdig. Private Erfahrungen sind für die betroffenen Menschen legitim und glaubwürdig. Unterschiedliche Zeugnisse aber, miteinander verglichen, können sich gegenseitig aufheben. Dafür nur wenige Beispiele. Niemand hat das Recht, Liebende für unehrlich zu halten, wenn sie versichern, in ihrer Liebe Gott erfahren zu haben. So sprach der französische Jesuit und Mystiker Pierre Teilhard de Chardin von solchen konkreten Gotteserfahrungen: »Unter dem Blick, der mich berührte, sprang die Schale auf, darunter mein Herz schlummerte . . . ein Licht leuchtete auf in der Tiefe der Augen, die ich liebe«, und daraus schloß er: »Wir erreichen Gott durch genau den Punkt unserer Seele, der der Frau anhängt.«[1] Was aber, wenn eine Liebes-

---

[1] *G. Schiwy*, Teilhard de Chardin. Sein Leben und seine Zeit, I, München 1981, 263. 301.

beziehung scheitert? Erreichen wir dann Gott nicht mehr? Darf das Gottesbild durch menschliche Enttäuschungen geprägt werden? Oder, viel umfassender gefragt, sind die Zeugnisse *gegen* Gott aus der angesammelten Leidensgeschichte der Menschheit nicht dichter, überzeugender, ungleich breiter gestreut als die positiven Erfahrungen Gottes? Es gibt aus den Leidenserfahrungen nicht nur die Eindrücke einer schweigenden Nacht, in der sich das Nichts verbirgt, also die mindestens ebenso glaubwürdigen Zeugnisse, daß Gott nicht ist und darum auch das Schreien der Gequälten nicht hören kann. Es gibt auch Menschen wie Fridolin Stier,[2] die in der Schärfe ihres schlußfolgernden Denkens zu der Überzeugung kommen, daß »Zufall« eine armselige Erklärung der Wirklichkeit ist, daß unmöglich die Welt des Mikro- und Makrokosmos und des Bewußtseins aus einem Zusammentreffen bloßer Zufälle entstanden sein kann, aber ihre Gotteserfahrung sieht ganz anders aus als die der Liebenden. Die Brutalität in der Schöpfung, das Elend schon der nichtmenschlichen Kreatur sind so drastisch, daß sich ihnen die Frage aufdrängt: Was für eine Intelligenz hat sich so etwas ausgedacht? Existiert Gott als ein dämonisches Monstrum?

Ist also an eine »Gotteslehre« gedacht, bei der Erfahrungen wegen der Gefahren von Mißverständnissen und Widersprüchlichkeiten ausgeklammert werden und nur über das berichtet wird, was andere sich abstrakt über Gott ausgedacht haben?

Eine solche Gotteslehre ist hier ebenfalls nicht gemeint. In der jüdisch-christlichen Glaubensüberlieferung sind menschliche Erfahrungen und interpretierendes Denken in eigentümlicher Weise miteinander verbunden.[3] Auch in der Gotteslehre haben Erfahrungen immer schon ihren Ort, zwar nicht Gotteserfahrungen der Gegenwart oder der Neuzeit, aber jene, die die Vorfahren im Glauben vor mehreren tausend Jahren gemacht haben.

---

[2] *F. Stier,* Vielleicht ist irgendwo Tag, Freiburg 1981; *ders.*, An der Wurzel der Berge, Freiburg 1984.

[3] Dies herausgearbeitet zu haben ist in besonderer Weise das Verdienst von E. Schillebeeckx. Vgl. vor allem *E. Schillebeeckx*, Menschliche Erfahrung und Glaube an Jesus Christus, Freiburg 1979; Erfahrung und Glaube, in: Christlicher Glaube in moderner Gesellschaft, 25, Freiburg 1980, 73–116.

Am Ursprung der Gotteslehre steht das Vertrauen dieser Vorfahren in eine Vatergottheit – der Glaube an eine patriarchalische Gotteswelt hatte vielleicht den Glauben an eine matriarchalische Gotteswelt abgelöst[4] –, in deren Schutz sie sich geborgen wußten. Sie erzählten ihre Erfahrungen mit den Impulsen, die von diesem Gott ausgingen, mit seiner Führung und Fürsorge, mit seinem Zorn. Sie berichteten, wie sie sein Eingreifen in die Geschichte erlebten: für sie bediente er sich menschlicher Werkzeuge oder setzte in Wundern die Naturgesetzlichkeiten außer Kraft. Sie erfuhren Gott aber auch und immer häufiger als den Fernen, Entzogenen. Sie hielten ihre Gebete schriftlich fest und auch die Klagen, daß ihre »Worte ins Schweigen« ohne Antwort blieben.

Diese im Erzählen festgehaltenen Erfahrungen der Vorfahren mit Gott sind bleibend in die theologische Gotteslehre eingegangen. Sie stellen den Grund dar, warum Gott in der jüdisch-christlichen Überlieferung immer als ein freier und frei wirkender, als fürsorglicher und zur Verantwortung rufender, als an der Menschheit interessierter und mit ihr umgehender Gott ausgesagt werden muß. Aber die Weitergabe dieser Gotteserfahrungen geriet schon in biblischer Zeit in die Hände von Experten. Dem nicht theologisch gebildeten »Volk« kam die liturgische Weiterbezeugung des Gottesbildes in Gebeten und im Glaubensbekenntnis zu. Dabei wurden von einer bestimmten Epoche an neue Gotteserfahrungen nicht mehr in diese »amtlichen« Bekundungen eingelassen, und am Gespräch nach »außen« hin, bei der Darlegung des Glaubens gegenüber Nichtglaubenden oder Glaubensfeinden, war das »Volk« nicht zugelassen. Sobald sich die Theologen in ein Gespräch mit den nicht oder anders glaubenden Menschen der Umwelt einließen – und dieser Prozeß zeichnet sich schon in einigen Schriften des Alten Testaments ab –, übernahmen sie die Sprache der Gebildeten in ihrer griechisch geprägten Umwelt, um sich verständlich zu machen, und mit der Sprache kamen auch die Theorien. Es entstand Theologie, Rede »über« Gott.

---

[4] Die historischen Belege dafür sind noch nicht ausreichend. Vgl. z. B. *C. Mulack*, Die Weiblichkeit Gottes. Matriarchale Voraussetzungen des Gottesbildes, Stuttgart 1983.

So entwickelte sich eine christliche Gotteslehre, die auf der einen Seite die Zeugnisse von dem lebendigen Gott der Vorfahren zu bewahren suchte, auf der anderen Seite aber die Gedanken der Griechen über das Göttliche und über das Wesen der Gottheit diesen Überlieferungen einzufügen bemüht war. Doch kann hier nicht von einer Synthese die Rede sein; dies schon deshalb nicht, weil eine solche nie ernsthaft versucht worden ist. Wenn bestimmte Aspekte an diesem christlichen Gottesbild in Zweifel gezogen wurden und die amtliche Kirche sich bewogen fühlte, darauf zu reagieren, geschah das meist in einer Sprache, die vom Gedankengut der alten Griechen beeinflußt, die Sprache der Gebildeten war. So entstand eine »offizielle« christliche Gotteslehre über den einen und dreieinigen Gott, die teils in der Bekenntnissprache des Credo, teils in der philosophischen Sprache der Alten Kirche formuliert ist und wie alle Aussagen mit wirklich dogmatischem Charakter[5] nicht zuletzt als Produkt einer innerkirchlichen »Sprachregelung« im Dienst der kirchlichen Einheit steht. Eine theologische Gotteslehre hat zunächst die Aufgabe, das Werden dieses offiziellen Gottesbildes und die entscheidenden Aussagen zuverlässig darzustellen.

Doch müssen im Zusammenhang mit einer offiziellen Gotteslehre auch die wichtigeren theologischen Anstrengungen, das heißt solche Überlegungen und Erfahrungen, die nicht amtlichen Charakter haben, aber das bisher Gesagte verdeutlichen und weiterführen wollen, zu Wort kommen, denn die Gotteslehre ist nicht »fertig«, abgeschlossen und etwa gar keiner Verbesserung bedürftig. Jede Zeit stellt ja auf ihre Weise dem christlichen Glauben Fragen und stellt ihn so in Frage.

Das offizielle Gottesbild ist vor allem von zwei Seiten gegenwärtiger Erfahrungen und Erkenntnisse her befragt: Die Gottesüberlieferungen der Vorfahren enthalten Zeugnisse über ein unmittelbares Eingreifen Gottes in das Leben der Menschen, in Geschichtszu-

---

[5] Vgl. *K. Rahner*, Was ist eine dogmatische Aussage?, in: ders., Schriften zur Theologie, V, Einsiedeln 1962, 54–81; *K. Füssel*, Der Wahrheitsanspruch dogmatischer Aussagen, in: H. Vorgrimler (Hrsg.), Wagnis Theologie, Freiburg 1979, 199–212 (Literatur).

sammenhänge und auch in das Naturgeschehen; sie berichten von Gesprächen zwischen Gott und Menschen; sie wissen von erhörten Gebeten. Solche Zeugnisse entsprechen kaum noch heutigen Erfahrungen. Auch wenn noch so gute Gründe für Gottes Dasein sprechen, bleibt er der Entzogene, Schweigende und Unverstehbare. Er wird erahnt, ohne daß seine Konturen deutlich würden. Zu oft entspricht den an ihn gerichteten Gebeten auf seiner Seite – nichts. Und dennoch ist die Ahnung, daß »dahinter« »etwas« weiteres, jetzt noch nicht Verstehbares sich verbirgt, vielfach stärker als die platte Annahme, das Nichts sei in der Tat – nichts. Diese durchaus nicht atheistischen Erfahrungen der Gottverlassenheit und Gottlosigkeit stehen in bedrückendem Gegensatz zu dem kindlichen Gottvertrauen Jesu. Während Jesus alle Sorgen, von den größten bis zu den geringsten und alltäglichsten, seinem Vater anheimgestellt wissen wollte, lastet auf uns (als Menschen der »Neuzeit«) der Eindruck, alles sei uns allein aufgebürdet und wir hätten uns in allem zu verhalten, als sei Gott nicht. Eindrücke dieser Art sind kaum zu vereinbaren mit dem Bekenntnis zu dem wirkenden Gott der Heilsgeschichte, zu dem sich Christen im Credo bekennen.

Auf der anderen Seite hält der Glaube, der sich gegen allen Augenschein an Gott klammert, an dem Gott fest, der sich nach dem Glaubensbekenntnis auf die Menschen und ihre Geschichte eingelassen hat und so von innen heraus weiß, was Menschsein heißt. Von diesem Gott hofft der Glaube, daß er innerlich den Glaubenden nah und gegenwärtig sei und sie mit einer inneren Dynamik endlich doch ans Ziel gelangen lasse. Ein so hoffender Glaube kann fast nichts mit dem absolut einfachen und unveränderlichen Gott der griechisch-christlichen Glaubenslehre anfangen.

Wo sich Theologie solchen Gegenwartserfahrungen nicht stellt, wo sie sich der Arbeit an einem neuen Gottesbild verweigern würde, hätte sie ihre Aufgabe verfehlt. Tastende Versuche mit dem Risiko, in die Irre zu gehen, sind weniger verhängnisvoll als die theologische Zumutung an die Glaubenden, unter Verzicht auf ihre Erfahrungen und auf ihr Nachdenken die stereotypen Formeln einer längst vergangenen Zeit unbegriffen und nichts-sagend zu wiederholen. Eine solche Zumutung wäre menschenverachtend und damit völlig von den jüdisch-christlichen Ursprüngen des Glaubens entfernt. Diese Aussage läßt sich noch von einer anderen Seite her verdeutlichen, nämlich im Nachdenken darüber, was Offenbarung eigentlich bedeutet und wo sie sich ereignet. Offenbarung ist viel zu sehr eingeengt, wo sie nur als geschichtliche Wortoffenbarung im Zeitraum der biblischen Schriften verstanden wird. Wenn das Verhältnis Gottes zur Menschheit und zu den einzelnen Menschen als ein Prozeß der Selbstübereignung oder Selbstmitteilung Gottes an die Menschen geglaubt und wenn der universale Heilswille Gottes ernst genommen wird, dann schließt Gott keinen Menschen von sich aus von dieser inneren, gnadenhaften Mitteilung aus. Dann offenbart er sich Menschen auch außerhalb der »amtlichen«, epochal begrenzten, »mit dem Tod des letzten Apostels abgeschlossenen« Wortoffenbarung. Letztere ist aus soziokulturellen Gründen immer schon sehr stark von einer Experten-Theologie geprägt. Die an alle Menschen nicht-amtlich ergehende Offenbarung dagegen ist noch nicht fachtheologisch enggeführt,[6] sie betrifft das »Volk«. Dieses setzt die ihm zuteil gewordene Offenbarung anders um als die Experten, nämlich weniger systematisch, mehr narrativ. Theologie heute hätte die Aufgabe, die Gotteszeugnisse unterschiedlicher Art miteinander zu vermitteln: die Berichte aus der Zeit amtlicher Wortoffenbarung, die kirchlich festgeschriebenen Deutungen und die erzählten Gotteserfahrungen. Auch sie sind legitime Bestandteile einer theologischen Gotteslehre. Allerdings läßt der von vornherein stark begrenzte Umfang dieses Buches es nicht zu, die nicht fachtheologischen Gotteszeugnisse hier zur Sprache zu bringen.[7]

---

[6] Das hat vor allem K. Rahner in seinen Beiträgen zum Thema der Offenbarung herausgearbeitet. Vgl. zusammenfassend: *K. Rahner*, Zum Verhältnis von Theologie und Volksreligion, in: ders., Schriften zur Theologie, XVI, Zürich 1984, 185 bis 195. Eine kritische Auseinandersetzung mit der Offenbarungstheologie Rahners enthält die bei W. Pannenberg erstellte Dissertation von *F. Greiner*, Die Menschlichkeit der Offenbarung, München 1978. Auf Mängel und Fehler in dieser Arbeit weist hin: *W. Kern*, in: Zeitschrift für Katholische Theologie 103 (1981) 60–63.

[7] Sie finden sich vor allem, wenn auch nicht ausschließlich, in den Äußerungen der Mystik (vgl. 4.3.5) und in den umfangreichen Zeugnissen aus der Theologie der Befreiung (vgl. 5.3).

0.1 Abgrenzungen

In diesem Leitfaden wird in erster Linie die katholisch-theologische Gotteslehre zusammengefaßt wiedergegeben. Es gibt zwar keinen katholischen Gott. Aber es gibt spezifisch katholische Ausprägungen nicht nur in eigentlichen (bisher noch) konfessionstrennenden Fragen, sondern auch in der Gotteslehre. So ist es notwendig, von vornherein zu sagen, was hier nicht thematisiert wird.

1. Im Abschnitt über die gegenwärtige Diskussion werden zwar evangelische Theologen genannt, ohne die eine heutige Gotteslehre nicht denkbar ist. Aber es ist nicht möglich, auf frühere evangelische Theologen einzugehen, die die Gotteslehre nicht nur im evangelischen Bereich geprägt haben und deren Erbe zum Glück heute noch lebendig ist.[8] Erinnert sei hier nur an Sören Kierkegaard, Karl Barth und Rudolf Bultmann.

Auch der Beitrag der russischen Religionsphilosophie (u. a. Wladimir Solowjew, Nikolaj Berdjajew) kann hier nicht eingebracht werden.[9]

2. Für eine christliche Gotteslehre ist es an sich notwendig, zur Kenntnis zu nehmen, wie sich nachbiblisch das jüdische Denken über Gott weiter entwickelt hat, das Denken in einem Volk, an das als erstes und bleibend die »amtliche« Gottesoffenbarung erging und das im nie aufgekündigten Bund lebt. Die Umfangsbegrenzung verbietet es, hier die jüdische Religionsphilosophie und Mystik einzubeziehen. Die Gottesdenker von Moses Maimonides über Baruch de Spinoza bis Moses Mendelssohn, Hermann Cohen, Franz Rosenzweig, Martin Buber, Emanuel Lévinas, Mordecai M. Kaplan, Abraham J. Heschel, Richard L. Rubenstein und andere wären überaus wichtige Gesprächspartner.

---

[8] Vgl. z. B. die theologischen Porträts in einem eigenen Band zu *H. Vorgrimler/R. Vander Gucht* (Hrsg.), Bilanz der Theologie im 20. Jahrhundert, Freiburg 1970 (Porträts von R. Bultmann, K. Barth, P. Tillich, E. Brunner, R. Niebuhr, D. Bonhoeffer).

[9] Vgl. die (allzu kurzen) Hinweise von *U. Dierse* in: HWPh, III, 1974, 795 f. Wichtige Elemente dieser Religionsphilosophie hat H. U. von Balthasar in seinem Hauptwerk ›Herrlichkeit‹ zur Sprache gebracht, dessen große und für die Theologie der Gegenwart unentbehrliche Stärke in der Vermittlung zur Tradition, nicht in der polemischen Auseinandersetzung mit heutigen Theologen liegt.

3. Ebensowenig können die Gotteslehren der nichtjüdischen und nichtchristlichen Religionen in diesem Leitfaden in einen Dialog mit christlichen Gottesvorstellungen gebracht werden.[10] Hinsichtlich dieses wichtigen und für die Zukunft zu erwartenden Dialogs sagte Karl Rahner:»Warum sollten wir nicht vom Monotheismus des Islam noch etwas lernen können? Warum muß von einem christlichen Personalismus im christlichen Gottesbegriff nicht noch deutlicher realisiert werden können, was an Wahrheit hinsichtlich eines scheinbar ganz Unpersönlichen des Absoluten in den östlichen Religionen und Philosophien gegeben ist?«[11]

4. Atheisten haben von der Frühzeit der christlichen Theologie an immer wieder mit scharfsinnigen Argumenten und kritischen Anfragen indirekt auf die Gotteslehre eingewirkt. Erst recht gilt das vom Dialog mancher Atheisten oder Agnostiker mit christlichen Theologen, von Ernst Bloch, Milan Machovec, Viteslav Gardavsky, Roger Garaudy, Max Horkheimer, Erich Fromm, Leszek Kolakowski; zu hören wäre auch weiterhin auf Atheisten, die einen solchen Dialog nicht suchen, wie Simone de Beauvoir, Jean-Paul Sartre und andere. In diesem Buch muß dieses direkte oder indirekte Einwirken ebenso ausgeklammert werden wie die früher für christliche Theologen brennende Frage, ob und unter welchen Bedingungen Atheisten das ewige Heil bei Gott erlangen könnten.[12]

5. Die »theologische Gotteslehre« bildet einen wesentlichen Bestandteil der Dogmatik. In katholischem Verständnis ist jenes Denken, das sich der Offenbarung Gottes und ihrer kirchlichen

---

[10] Vgl. in: Bilanz der Theologie im 20. Jahrhundert, I, Freiburg 1969, Kap. VI: Die großen nichtchristlichen Religionen 364–472 (Literatur). Seither erschienene Literatur zum christlichen Dialog mit nichtchristlichen Religionen ist der Gefahr zur vorschnellen und künstlichen Harmonisierung nicht ganz entgangen, doch vgl. jetzt W. *Strolz*, Heilswege der Weltreligionen, I, Freiburg 1984 (Christentum und Islam).

[11] K.´*Rahner*; in: ders., Schriften zur Theologie, XV, Zürich 1983, 188.

[12] Diese Fragestellung war für die Ausarbeitung des christlichen Gottesbildes, speziell auch für das I. Vaticanum, sehr relevant (vgl. 4.4). Sie wirkt auch in der Gegenwart weiter auf die Gotteslehre ein, wie z. B. einerseits die Äußerungen K. Rahners zum Thema des anonymen Christentums, andererseits die Lehre des Zweiten Vatikanischen Konzils über Heilsmöglichkeiten für Nichtglaubende zeigen.

Überlieferung zuwendet, zu unterscheiden von einem Denken, das »nur« von den tastenden Versuchen des menschlichen Denkens ausgeht. So gesehen unterscheidet sich »theologische Gotteslehre« sowohl von »philosophischer Gotteslehre« oder, wie mit einer theologisch mißglückten Formulierung gesagt wird, von »natürlicher Theologie« [13] als auch von Religionsphilosophie [14]. Es versteht sich von selbst, daß alle drei Arten denkerischen Bemühens aufeinander verwiesen sind und voneinander lernen können. Die genauere Bestimmung, wie sich theologische und philosophische Gotteslehre zueinander verhalten, hängt davon ab, wie das Verhältnis von Gnade und Natur verstanden wird, eine Frage, die ökumenisch sehr wichtig ist, in der sich aber auch katholische Theologen nicht einig sind. (Weiteres dazu ist im Zusammenhang mit der Gotteserkenntnis unter 1.1 zu sagen.) In diesem Buch jedenfalls geht es schon aus Gründen der Umfangsbeschränkung nur um die theologische Gotteslehre im eigentlichen und strengen Sinn dieses Wortes.

0.2   Zum Aufbau der theologischen Gotteslehre

Wenn es in der theologischen Gotteslehre um Gott geht, der sich den Menschen selber erschlossen und mitgeteilt hat, dann ist dieser Erschließungsvorgang der Ursprung aller Glaubensdarlegungen und so auch der Anfang der Dogmatik. Seit den ersten Versuchen, den christlichen Glauben in systematischen Zusammenhängen darzustellen (etwa bei Origenes, † um 254), bildet die theologische Gotteslehre den Anfang der Dogmatik.

---

[13] Vgl. dazu *P. Knauer*, Der Glaube kommt vom Hören, Graz 1978; *G. Ebeling*, Dogmatik des christlichen Glaubens, I, Tübingen 1979, und die daran anschließende Diskussion über Ebelings entschiedenen Ansatz mit dem Glauben; *E. Jüngel*, Das Dilemma der natürlichen Theologie und die Wahrheit ihres Problems, in: ders., Entsprechungen: Gott – Wahrheit – Mensch, Tübingen 1980, 158–177; *H. Bouillard*, Transzendenz und Gott des Glaubens, in: Christlicher Glaube in moderner Gesellschaft, 1, Freiburg 1981, 87-131; *M. Trowitzsch*, Gott als »Gott für dich«, München 1983; *I. U. Dalferth*, Existenz Gottes und christlicher Glaube, München 1984; *W. Joest*, Dogmatik, I, Göttingen 1984, 20–28.

[14] Vgl. *J. Schmitz*, Religionsphilosophie (Leitfaden Theologie, 15), Düsseldorf 1984 (Literatur).

Wenn theologische Gotteslehre nicht von der Frage der Menschen, sondern von dem sich selber zusagenden Wort Gottes ausgeht, so geht es doch immer auch um die hörenden Menschen und um die Sprache, in der sie das Gehörte aufnehmen und selber weitersagen. Darum müssen dieser Gotteslehre wenigstens kurze Kapitel über die Erkenntnis Gottes und über die Sprache, in der sich diese Erkenntnis ausspricht, vorausgestellt werden.

Unter systematischen Theologen besteht keine Einigkeit darüber, welche genaueren Strukturen einer Gotteslehre sich aus der »amtlichen« Offenbarung Gottes ergeben. Unverkennbar ist bei manchen die Neigung, den Höhepunkt der Gotteserfahrung, nämlich die Erschließung des innergöttlichen dreieinigen Lebens, zum Ausgangspunkt der Gotteslehre zu nehmen, da erst von der innergöttlichen Dramatik her volles Licht auf das Wesen Gottes und auf sein Verhalten zur Menschheit falle.[15] Andere ziehen es vor, bei der Entfaltung der Gotteslehre jenen Faden aufzugreifen, den die amtliche Wortoffenbarung selber hergibt: Zuerst bekundete sich Gott als ursprunglose Person in seinem Verhältnis zur Menschheit und zur Welt, und erst danach deutete er sich selber als den Ursprung innerer Lebensvollzüge an.[16]

Dieses Buch folgt dem zweiten möglichen Leitfaden, und zwar in einem zweifachen Anlauf. Zuerst wird die amtliche, kirchliche Lehre über den einen Gott (De Deo uno) kurz dargestellt, gefolgt von der kirchlichen Lehre über den dreieinigen Gott (De Deo trino). Sodann werden die biblischen Gotteserfahrungen umrissen, die in der späteren Reflexion zu der Lehre von dem einen Gott geführt haben; im Anschluß daran kommt das geschichtliche Werden dieser Lehre mit den traditionellen Schwerpunkten auf Gottes Wesen und Eigenschaften zu Wort. Dieser methodische Vorgang wiederholt sich dann hinsichtlich der biblischen Bezeugungen des

---

[15] Dafür sprechen u. a. J. Moltmann und H. U. von Balthasar. Vgl. die Problemübersicht bei *W. Joest*, Dogmatik, I, Göttingen 1984, 317–341. Das Problem war schon von Boethius und später von Thomas von Aquin gesehen worden, vgl. *G. Martelet*, in: Gott in Welt, II, Freiburg 1964, 5.

[16] So z. B. *K. Rahner*, Gotteslehre, in: LThK, IV, 1960, 1119–1124; *P. Siller*, Gotteslehre, in: H. Vorgrimler/R. Vander Gucht (Hrsg.), Bilanz der Theologie im 20. Jahrhundert, III, Freiburg 1970, 11–21.

dreieinigen Gottes und des Werdens der Trinitätslehre. Eine Übersicht über wesentliche Themen der heutigen Diskussion schließt diese Gotteslehre ab.

Literatur

Monographien und Dogmatiken

Auer, J., Gott der Eine und Dreieine (Kleine Katholische Dogmatik, II), Regensburg 1978
Kasper, W., Der Gott Jesu Christi, Mainz 1982
Mildenberger, F., Gotteslehre. Eine dogmatische Untersuchung, Tübingen 1975
MySal, II 1967, 15–401 (Gottes- und Trinitätslehre), dazu MySal, Ergänzungsband, 1981, 264–322 (Gegenwärtige Tendenzen in der Gottes- und Trinitätslehre)
Ott, H., Gott, Stuttgart 1971

Lexikonartikel

Burkert, W., u. a., Gott, in: HWPh, III, 1974, 721–814
Krings, H./Simons, E., Gott, in: HPhG, II, 1973, 614–641
Rahner, K., Gott V. Lehre des kirchlichen Lehramtes, VI. Tradition, in: LThK, IV, 1960, 1080–1087
Ders., Gotteslehre: ebd. 1119–1124
Splett, J./Breuning, W., Gott/Trinität, in: NHThG, II, 1984, 122–149
Vorgrimler, H., Gott, in: Katholisches Soziallexikon, hrsg. von A. Klose u. a., Innsbruck/Graz 1980, 359–369

Weitere Abhandlungen und Darstellungen

Bracken, J. A., What are they saying about the Trinity? New York 1979
Breuning, W. (Hrsg.), Trinität. Aktuelle Perspektiven der Theologie, Freiburg 1984
Concilium 13 (1977) 133–199 (= Heft 3: Ein persönlicher Gott?)
Concilium 21 (1985) 1–75 (= Heft 1: Der Monotheismus)
Duquoc, C., Dieu différent. Essai sur la symbolique trinitaire, Paris 1977
de Margerie, B., La trinité chrétienne dans l'histoire, Paris 1975
Ratzinger, J. (Hrsg.), Die Frage nach Gott (Quaestiones disputatae, 56), Freiburg [4]1973
Schoonenberg, P., Ein Gott der Menschen, Einsiedeln 1969
Siller, P., Gotteslehre, in: H. Vorgrimler/R. Vander Gucht (Hrsg.), Bilanz der Theologie im 20. Jahrhundert, III. Freiburg 1970, 11–21

Zugänge zu unterschiedlichen Fragestellungen

Beinert, W., Wenn Gott zu Wort kommt, Freiburg 1978

Küng, H., Existiert Gott?, München 1978; dazu *J. Baur*, Wie schwierig ist
es, von Gott zu reden? in: Neue Zeitschrift für Systematische Theologie
21 (1979) 244–252; *E. Coreth*, Existiert Gott? in: Theologie der Gegenwart 22 (1979) 138–146

Pöhlmann, H. G., Gottesdenker, Reinbek 1984 (Porträts der Theologen
K. Barth, R. Bultmann, P. Tillich, D. Bonhoeffer, J. Moltmann, W. Pan-
nenberg, R. Guardini, E. Przywara, H. de Lubac, U. H. von Balthasar,
K. Rahner, J. B. Metz)

Auf der Suche nach dem unfaßbaren Gott (Christlicher Glaube in moderner Gesellschaft, Quellenband 7), Freiburg 1984

Texte

Gotteslehre I und II (Texte zur Theologie Dogmatik), bearbeitet von
H. Vorgrimler, Graz 1989 (Bibliographie!)

1 Voraussetzungen und Grundlagen der Gotteslehre

1.1 Gotteserkenntnis

Es gibt eine christliche Auffassung, nach der die wirkliche, echte und unverfälschte Erkenntnis Gottes nur in der geschichtlichen Wortoffenbarung Gottes begründet und darum im Glauben allein gegeben ist. Diese Auffassung ist in besonderer Weise in der reformatorischen Tradition beheimatet; sie wurde in unserem Jahrhundert stark von Karl Barth und seinen Schülern vertreten.[1] Im 19. Jahrhundert entstand bei französischen katholischen Philosophen und Theologen (L.-G.-A. de Bonald, H.-F.-R. de La Mennais, L.-E.-M. Bautain, A. Bonnetty) die Meinung, die individuelle menschliche Vernunft könne sichere religiös-sittliche Erkenntnisse nicht haben. Diese seien vielmehr nur zu erlangen durch eine göttliche Offenbarung, die autoritativ bezeugt werde durch Tradition, Volksgeist, Kirche. Die Vernunft des einzelnen Menschen, an die sich Offenbarung und geschichtliche Überlieferung wenden, damit er verantwortlich entscheidend das geschichtliche Wort annehmen könne, wird hier also ausgeblendet. Wenn so die Offenbarung die einzige religiöse Erkenntnisquelle sein soll, verliert sie gerade ihren freien geschichtlichen Charakter: sie ist nicht mehr Teil eines Gesprächs aus Anruf und Antwort. Der menschliche Partner Gottes ist, wenn diese Sicht richtig ist, seiner Würde und Ehre beraubt.
Im selben 19. Jahrhundert trat jedoch eine noch viel breitere Strömung zutage, die sich *gegen* religiöse Erkenntnis im allgemeinen richtete: Aus dem Enthusiasmus über die neu entstandene Welt der Naturwissenschaften, die von Technik und Industrialisierung geprägt war, wurde die Ansicht geboren, sichere Erkenntnis gebe es überhaupt nur dort, wo das Erkannte mit naturwissenschaftlichen Methoden nachgewiesen und analysiert werden kann. Diese Ansicht hatte immer schon Vorläufer in der denkenden Mensch-

---

[1] Vgl. *W. Joest*, Dogmatik, I, 124ff, 146–151.

heit. Was aber früher die Sache einzelner Skeptiker geblieben war, wurde im 19. Jahrhundert zur Meinung breiter Massen.[2] Gegen diese beiden genannten Strömungen, Traditionalismus und Agnostizismus, erklärte das Erste Vatikanische Konzil 1870, daß das »natürliche Licht« der Vernunft Gott aus der geschaffenen Welt mit Sicherheit erkennen könne. Für katholische Christen bildet diese dogmatische Definition einen verpflichtenden Glaubenssatz (DS 3004, 3026; NR 27, 45).

Diese kirchliche Lehre kann sich auf bestimmte biblische Aussagen berufen: Nach Weish 13,1–9 kann Gott aus der Schönheit der Welt erkannt werden; nach Röm 1,18–21 wird seit Erschaffung der Welt die ewige Macht und Göttlichkeit durch das Denken erschaut; auch Apg 17,22–30 spricht von der Möglichkeit der Heiden, Gott zu erkennen. Diese Aussagen wurden von der kirchlichen Tradition wiederholt und schon bei den Kirchenvätern in die Form von philosophischen Gottesbeweisen gebracht. Erst bei den Reformatoren kam deutlich der Zweifel auf, ob die menschliche Erkenntniskraft nicht so sehr durch die Sünde gebrochen sei, daß tatsächliche Gotteserkenntnis erst in und durch Jesus Christus möglich sei. So ist der Glaubenssatz des I. Vaticanum einer genaueren Interpretation – auch in ökumenischem Geist – bedürftig.

Für ein heilsgeschichtliches Denken, das manchen als besonders wichtig in ökumenischer Hinsicht gilt, läßt sich das Problem der Gotteserkenntnis durch die Unterscheidung von Möglichkeit und Tatsächlichkeit klären. Dann würde der Glaubenssatz nur von der Möglichkeit sprechen, die von Gott »an sich« der Natur, dem natürlichen Licht der Vernunft, zugedacht worden sei. Er ließe aber völlig offen, ob je tatsächlich eine solche natürliche Gotteserkenntnis eingetreten ist; es bliebe Raum genug für die Annahme, daß durch die menschliche Sünde von Anfang an alle Möglichkeiten natürlicher Gotteserkenntnis so geschwächt und getrübt worden sind, daß es faktisch nur die Erkenntnis Gottes aus der Gnade Jesu Christi gibt.

---

[2] Vgl. W. *Kern* (Hrsg.), Aufklärung und Gottesglaube, Düsseldorf 1981; *K.-H. Weger*, Vom Elend des Kritischen Rationalismus, Regensburg 1981 (diskutiert die Spätform dieses Agnostizismus des 19. Jahrhunderts in der Gegenwart).

Jene Katholiken, die annehmen, daß real zwei Ordnungen existieren, die natürliche und die übernatürliche oder gnadenhafte, verstehen die Gotteserkenntnis so, daß die menschliche Natur Gott mehr im allgemeinen, aber noch nicht in jener Helligkeit und Genauigkeit erkennen könne, die erst durch die Wortoffenbarung gegeben sei.

In einer neueren Sicht ist »Natur« nur ein Hilfsbegriff. Er besagt, daß Menschsein auch ohne Selbstmitteilung Gottes sinnvoll wäre, und daß das Nahekommen Gottes zu den Menschen mit dem Willen, sich selber mitzuteilen, auch schon im voraus zur menschlichen Schuld den Menschen »ungeschuldet«, also reine Gnade, sei. Damit ist aber eine rein hypothetische Ordnung ausgesagt, um die Freiheit Gottes und die Ungeschuldetheit seiner Gnade zu wahren. Eine derartige »Natur« hat nie als solche existiert, und das, was wir in unseren existentiellen Erfahrungen von uns wissen, ist nie unsere »bloße« Natur. Konkret sind alle Menschen von der Gnade Gottes angerufen, finden nur in Gott ihr reales Ziel, dann, wenn auch Gott in der endgültigen Annahme seiner Selbstmitteilung an die Menschheit am Ziel seiner ekstatischen Liebe angelangt ist. Von dieser Gnade sagt die kirchliche Lehre im Gefolge der biblischen Gnaden- und Rechtfertigungsaussagen, daß sie, wo immer einem Menschen Positives gelingt, das Wollen, das Können und das Vollbringen gibt. Konkret muß daher überall, auch bei Nichtglaubenden, mit der wirksamen Gegenwart der Gnade Gottes gerechnet werden. Auf die Fragestellung des I. Vaticanum angewendet, heißt das, daß jenes »natürliche Licht« der Vernunft konkret nie ein bloß natürliches Licht ist, in dem rein menschliche Kräfte am Werk wären, daß vielmehr überall dort, wo Gott erkannt wird, diese Erkenntnis von seiner zuvorkommenden Gnade ermöglicht und getragen ist, und zwar auf eine solche Weise, daß menschliche Erkenntnis dabei wirkliches Erkennen des Menschen und nicht Überwältigung durch Gott ist. So gesehen ist jede Gotteserkenntnis, wo immer sie geschehen mag, ermöglicht durch eine Offenbarung Gottes.

Die Lehre des I. Vaticanum hat erhebliche Bedeutung dadurch, daß in ihr eine Absage an elitäres und esoterisches Denken mitgegeben ist. Gotteserkenntnis ist diesem Konzil zufolge *allen* möglich; sie ist nicht besonderen Geheimnisträgern oder Eingeweihten reserviert. Nach der überlieferten Lehre der katholischen Tradition sind die sogenannten Gottesbeweise geeignete Wege, um abgesehen von der Wortoffenbarung Gott zu erkennen. So, wie diese Gottesbeweise schulmäßig vorgetragen werden, setzen sie eine bestimmte logische Gewandtheit und Grundkenntnisse bestimmter elementarphilosophischer Begriffe voraus.[3] Es kann sich bei ihnen also nicht um die Art und Weise handeln, wie weniger »Gebildete« ihre Gotteserfahrungen und -erkenntnisse aussprechen. Vielmehr handelt es sich bei den unterschiedlichen Gottesbeweisen nur um einzelne, besonders ausgeprägte Reflexionsgestalten, die der transzendentalen Grunderfahrung des menschlichen Daseins gelten. Was ist damit gemeint?

Jeder Mensch hat es in seiner geistigen Existenz, in seinen geistigen Akten – also: wenn er urteilt und wenn er sich frei entscheidet, worüber auch immer – mit Gott zu tun. Ob ein Mensch dasjenige, mit dem er urteilend und entscheidend zu tun hat, »Gott« nennt oder nicht oder anders, ob er darüber reflektiert oder nicht, ob er die Erkenntnis an sich herankommen lassen und bejahen oder nicht wahrhaben und verdrängen will, ist für den Erkenntnisvorgang selber gleichgültig. Es handelt sich um eine Erkenntnis, die den ganzen Menschen betrifft in der Einheit seiner geistigen Existenz, also in der Einheit von Einsicht und Freiheit; in den sogenannten Gottesbeweisen aber kommt nur eine Seite dieser geistigen Existenz zum Vorschein: das, was abstrakt begrifflich formuliert werden kann. Es handelt sich um eine Erkenntnis, die sich auf das bezieht, was »eigentlich« jeder Mensch »immer schon« weiß – in einer Art von »unthematischem« Bewußtsein – und gerade deswegen so schwer in die Begriffssprache bringt (ähnliche Beispiele des immer schon Gewußten und so schwer Sagbaren sind: Zeit, Verantwortung, Liebe . . .).

---

[3] Vgl. zu einer Erstinformation über die sogenannten Gottesbeweise und ihre Voraussetzungen *O. Muck*, Philosophische Gotteslehre (Leitfaden Theologie, 7), Düsseldorf 1983, bes. 103–149; *B. Weissmahr*, Philosophische Gotteslehre, Stuttgart 1983; *K. Kienzler*, Gotteserkenntnis, in: NHThG, II, 1984, 149–160; *J. Meurers*, Gott – bist du? Graz 1984, bes. 169–192 (Gottesbeweise in heutiger naturwissenschaftlicher Sicht).

Wo ein Mensch überhaupt etwas erkennt, zu etwas Stellung nimmt, da geschieht das nur, indem er gleichzeitig das Sein überhaupt bejaht. Wo er mit der gegenständlichen Wirklichkeit seines Alltags bewußt umgeht, kann er das nur, indem er zugleich den tragenden Grund aller Wirklichkeit bejaht oder, anders gesagt, indem er einen Vorgriff auf die Fülle aller Wirklichkeit vollzieht, ohne den es überhaupt kein Begreifen gäbe. Diese Bejahung, dieser Vorgriff auf den umfassenden Horizont geschehen im allgemeinen unthematisch, ungegenständlich. Sie geschehen auch dort, wo eine solche Bejahung bestritten wird, wo nur Zweifel und Frage gelten sollen. Kein Mensch entkommt dieser Grundverfassung seines geistigen Daseins.[4] Für Leugnende oder Zweifelnde zeigt sich der umfassende Horizont, der tragende Grund als »namenlos abweisend Anwesendes«.

Wo ein Mensch sich auf dieses Erkannte einläßt, versucht er, dem Erkannten Namen zu geben; es wurde in der abendländischen Geistesgeschichte mit den unterschiedlichsten Namen bezeichnet: als das Sein schlechthin, als das Geheimnis, als absolutes Gut, als personales, absolutes Du, als der Grund schlechthinniger Verantwortung. Diese Namen entstehen aus den konkreten Erfahrungen, innerhalb deren Menschen diese Gotteserkenntnis haben, aus Erfahrungen der Liebe, der Angst, einer absoluten sittlichen Verpflichtung, des Todes. Es gibt vielfältige Orte und Weisen solcher Transzendenzerfahrungen.[5] Wenn auch eine einzelne Erfahrung noch trügerisch erscheinen mag, können mehrere oder viele sol-

---

[4] Zur transzendentalen Grunderfahrung: *H. Krings*, Freiheit. Ein Versuch, Gott zu denken, in: Philosophisches Jahrbuch 77 (1970) 225–237; *J. B. Lotz*, Transzendentale Erfahrung, Freiburg 1978; *J. Javaux*, Prouver Dieu? in: Nouvelle Revue Théologique 102 (1980) 364–385 (zu J. Maréchal); *J. B. Lotz*, Zur Struktur der Gottesbeweise, in· Theologie und Philosophie 56 (1981) 481–506; *R. Schaeffler*, Fähigkeit zur Erfahrung. Zur transzendentalen Hermeneutik des Sprechens von Gott, Freiburg 1982; *J. B. Lotz*, Zur Klärung der transzendentalen Erfahrung, in: Theologie und Philosophie 58 (1983) 226–237.

[5] K. Rahner hat sich sehr darum bemüht, konkrete Orte der Transzendenzerfahrung namhaft zu machen, vgl. z. B. *K. Rahner*, Schriften zur Theologie, XII, Zürich 1975, und XIII, Zürich 1978 (jeweils mehrere Beiträge). Vgl. dann auch die sehr wichtigen Ausführungen von *H. Peukert*, Wissenschaftstheorie – Handlungstheorie – Fundamentale Theologie, Frankfurt [2]1978, über die im Handeln erschlossene und erfahrene Wirklichkeit Gottes (vor allem Ziffer 13 b und c).

cher Erfahrungen für einzelne Menschen eine große Wahrscheinlichkeit, ja eine Sicherheit der Gotteserkenntnis bewirken. Bei sogenannten Gottesbeweisen handelt es sich also um einen Vorgang im reflektierenden Selbstbewußtsein des Menschen, nicht um einen Demonstrations- oder Informationsvorgang, bei dem ein bisher unbekannter und auch gleichgültiger »Gegenstand« von außen her an Menschen herangebracht würde.

In der Tradition wurden zwei Wege der Gotteserkenntnis beschritten,[6] die auch heute noch im Zusammenhang mit einer Gotteslehre interessant sind. Der eine Weg wurde der *affirmative* genannt. Es ist der vor allem von den sogenannten Gottesbeweisen gegangene Weg. Er nahm im Verlauf der abendländischen Geistesgeschichte unterschiedliche Gestalten an. In der platonischen Tradition ging es um den Weg der menschlichen Seele im Aufstieg durch den Eros über die Welt der körperlichen Dinge, über die verschiedenen seelischen Kräfte zum göttlichen Ur-Schönen, um die Ahnung vom Ziel des Menschen, der Erhebung der gottgeliebten Seele zur Gottähnlichkeit, um das Finden der wahren Heimat der Seele beim Schönen, Wahren und Guten, nachdem sie die materielle Welt hinter sich gelassen hat, um die Erfüllung der Gotteserkenntnis in ekstatischer Schau. Augustinus fühlte sich diesem Gedankengut verpflichtet.[7] Die aristotelische Sicht ging von der konkreten Weltordnung aus und zog von ihr aus Folgerungen auf eine göttliche Ursache, etwa von der Beobachtung der Bewegung aus, von der Ursachenlehre aus, von der Unterscheidung von Möglichkeit und Wirklichkeit her, vom Unterschied zwischen Kontingenz und Notwendigkeit aus. Diese schlußfolgernde Denkbewegung erreichte ein Verständnis Gottes als erster unbewegter Beweger, als ein Erstes in Wirklichkeit und Notwendigkeit, als ewiges, unbewegtes, vollkommenstes Sein. Auf diesem aristotelischen Erbe baute, unter Beibehaltung neuplatonischen Gedankenguts, Thomas von Aquin den Gottesbeweis seiner fünf Wege auf,[8] nicht ohne schließlich selber auf das Unzulängliche dieser Beweisführung und die sprachliche Problematik hinzuweisen.

---

[6] Vgl. zu einer Erstinformation *K. Kienzler*, Gotteserkenntnis (Anm. 3).
[7] Vgl. die Augustinus-Literatur unten Kap. 4, Anm. 6.
[8] Vgl. *O. Muck*, Philosophische Gotteslehre (Anm. 3).

Seit Kant gilt dem sogenannten ontologischen Gottesbeweis besondere Aufmerksamkeit. Eine einfachere Form hatte er bei Descartes: Gott besitzt notwendigerweise alle Vollkommenheiten; Existieren ist eine Vollkommenheit; also existiert Gott.[9] Bis zur Gegenwart werden die Gedanken, die viel früher Anselm von Canterbury zu diesem Gottesbeweis vortrug, viel diskutiert. Sie lauten in einer modernen Fassung[10]:

(1) Gott ist das, worüber nichts Größeres gedacht werden kann (oder: Gott ist das, über das hinaus Größeres nicht gedacht werden kann).

(2) Gott existiert nur im Verstand, nicht aber in der Wirklichkeit.

(3) In Wirklichkeit existieren ist größer als allein im Verstand existieren.

(4) Etwas, das alle Eigenschaften Gottes besitzt plus Existenz in Wirklichkeit, kann gedacht werden.

(5) Etwas, das alle Eigenschaften Gottes besitzt plus Existenz in Wirklichkeit, ist größer als Gott.

(6) Etwas, das größer als Gott ist, kann gedacht werden.

(7) Es ist falsch, daß etwas, das größer als Gott ist, gedacht werden kann.

(8) Also ist es falsch, daß Gott allein im Verstand existiert und nicht in der Wirklichkeit.

(9) Es ist klar, daß Gott im Verstand existiert.

(10) Also existiert er auch in Wirklichkeit.

Bei Anselm ist Gedankengut von Augustinus her erhalten, der von einer Einheit von Selbsterfahrung und Gotteserkenntnis ausging: Der Verstand des Menschen erfährt sich als verwiesen auf ein anderes (einen Anderen), über das er nicht verfügt und das ihn

---

[9] Vgl. hierzu den Artikel ›Gottesbeweis‹, in: Enzyklopädie Philosophie und Wissenschaftstheorie, hrsg. von J. Mittelstraß, I, Mannheim 1984, 800f.

[10] Ich übernehme hier die rekonstruierte Fassung aus der soeben zitierten Enzyklopädie, ebd. 801ff (mit kritischer Diskussion). Näheres zu Anselm: *G. R. Evans*, Anselm and talking about God, Oxford 1978; *H. Verweyen*, Nach Gott fragen, Essen 1978; *K. Kienzler*, Glauben und Denken bei Anselm von Canterbury, Freiburg 1981. Zum sogenannten ontologischen Gottesbeweis: *Th. G. Bucher*, Zur Entwicklung des Ontologischen Beweises nach 1960, in: J. Möller (Hrsg.), Der Streit

unendlich übersteigt. Das menschliche Denken gelangt jedoch höchstens dahin, sich als erwartendes und möglicherweise hörendes zu erkennen. Es erreicht von sich aus dieses andere nie, da dieses sich immer neu dem suchenden Denken entzieht – es sei denn, dieses andere spreche von sich her geschichtlich-personal Menschen an.[11] Was diesen ontologischen »Gottesbeweis« vor anderen auszeichnet, ist dies: In allen anderen »Beweisgängen« wird Gott zum Bestandteil einer Stufenpyramide der Wirklichkeit gemacht. Als dem letzten Grund oder dem höchsten Seienden werden ihm Funktionen zugewiesen, ein Vorgehen, das seine eigenen Absichten gefährdet. Denn ein funktional eingesetzter Gott kann nicht in allen Bereichen und in jeder Hinsicht der absolute und letzte Grund bleiben: er wird zur entbehrlichen Hypothese oder zum bloßen Lückenbüßer. Der Gedankengang Anselms erspart Gott diese Funktion, »zu etwas« zu dienen.

Die zweite Gestalt der Gotteserkenntnis, die der Tradition geläufig ist, geht den Weg der *Negation*. Wird dieser Weg in einer methodischen Reflexion beschritten, dann heißt er »negative Theologie«[12]. Gott, der im Suchen und Fragen erahnt wird, soll genauer erkannt werden, indem ihm alle Begrenzungen und Unvollkommenheiten abgesprochen werden. Auf diesem gedanklichen Weg zeigen sich absolute Transzendenz und Unbegreiflichkeit als Wesensmerkmale Gottes. Damit ist aber auch schon auf die Grenze menschlicher Begriffe und Sprache hingewiesen. Wo, wie im Platonismus, das Göttliche sogar als jenseits des Seins liegend gedacht wird, ist es absolut unsagbar. In der christlichen Tradition sprachen vor

um den Gott der Philosophen. Anregungen und Antworten, Düsseldorf 1985, 113 bis 139.

[11] Das wird eindringlich thematisiert bei *K. Rahner*, Hörer des Wortes, München ²1963, neu bearbeitet von J. B. Metz.

[12] Vgl. dazu *H. Vorgrimler*, Negative Theologie, in: LThK, VII, 1962, 864f; *H. Theill-Wunder*, Die archaische Verborgenheit. Die philosophischen Wurzeln der negativen Theologie, München 1970; *Ch. Yannaras*, De l'absence et de l'inconnaissance de Dieu d'après les écrits aréopagitiques et M. Heidegger, Paris 1971; *V. Lossky*, Théologie négative et connaissance de Dieu chez Maître Eckhart, Paris 1973; *J. Hochstaffl*, Negative Theologie. Ein Versuch zur Vermittlung des patristischen Begriffs, München 1976; *W. Kasper*, in: Christlicher Glaube in moderner Gesellschaft, 22, Freiburg 1982, 40–45; *H. U. von Balthasar*, Bibel und negative Theologie, in: W. Strolz (Hrsg.), Sein und Nichts in der abendländischen Mystik, Freiburg 1984, 13–31.

allem bedeutende griechische Kirchenväter von Gott dem Unaussprechlichen, unendlich Erhabenen, Unergründbaren. Seit Dionysius Areopagita (Pseudonym für einen oder mehrere Theologen Ende des 5. oder Anfang des 6. Jahrhunderts) [13] nehmen solche Aussagen auch paradoxe Gestalt an: Gott ist das überwesentliche Wesen, das Wissen um ihn ist Nicht-Wissen, sein Name ist Nicht-Name usw. In der Mystik sind solche paradoxe Aussagen geläufig; auch Nikolaus von Kues verwendet sie. Der Satz bei Thomas von Aquin »Was Gott ist, wissen wir nicht«, ist ein Grund-Satz solcher negativer Theologie.[14] Zu ihr können auch jene Theologien gezählt werden, die wie die evangelische Dialektische Theologie im Gefolge Kierkegaards allem Reden »über« Gott in »kritischer Negation« gegenüberstehen und Gott als den im Vergleich mit menschlichen Denk- und Sprachversuchen ganz Anderen bezeichnen. Innerhalb dieser Tradition steht katholischerseits Karl Rahner insofern, als er in der Unbegreiflichkeit Gottes nicht eine göttliche Eigenschaft neben anderen, sondern das Wesensmerkmal Gottes schlechthin sah. Negative Theologie denkt also über die Grenzen menschlicher Denk- und Aussagemöglichkeiten nach; sie leugnet Gott nicht, sondern erahnt ihn als eine alles Denkbare und Aussagbare noch einmal unendlich übersteigende Wirklichkeit.

So kommen letztlich beide Wege der Gotteserkenntnis, der affirmative und der negative, darin überein, daß sie auf eine Wirklichkeit stoßen, die von Menschen nicht erfaßt, nicht begriffen und nicht adäquat zur Sprache gebracht werden kann.[15]

---

[13] Vgl. *B. Brons*, Gott und die Seienden. Untersuchungen zum Verhältnis von neuplatonischer Metaphysik und christlicher Tradition bei Dionysius Areopagita, Göttingen 1976.

[14] *Thomas*, De pot. q. 7 a. 2 ad 11; vgl. S. c. g. I 30 u. ö.

[15] Vgl. dazu *K. Rahner*, Über den Begriff des Geheimnisses in der katholischen Theologie, in: ders., Schriften zur Theologie, IV, Einsiedeln 1960, 51–99; *ders.*, Über die Verborgenheit Gottes, ebd. XII, Zürich 1975, 285–305 (285 Literatur); *ders.*, Fragen zur Unbegreiflichkeit Gottes nach Thomas von Aquin, ebd. 306–319; *W. Kern/W. Kasper*, Atheismus und Gottes Verborgenheit, in: Christlicher Glaube in moderner Gesellschaft, 22, Freiburg 1982, 5–57; *E. Jüngel*, Die Offenbarung der Verborgenheit Gottes, in: K. Lehmann (Hrsg.), Vor dem Geheimnis Gottes den Menschen verstehen, München 1984, 97–104.

1.2   Das analoge Sprechen von Gott

Die Einsicht in diese Grenzen menschlichen Sprechens von Gott
hat zu dem theologischen Grund-Satz geführt, daß alles Sprechen
von Gott analog ist. Mit diesem aus der platonischen Philosophie
stammenden Begriff, der auch ins griechische Alte Testament Ein-
laß fand (Weish 13,5), wird gesagt, daß ein bestimmter Begriff,
wenn er auf verschiedene Seiende oder Seinsbereiche angewendet
wird, einen wesentlichen Sinnwandel mitmacht, ohne daß er dabei
die Einheit seines Inhalts verliert.[16] Solche analoge Begriffe und
Aussagen sind nicht häufig. Begriffe und Aussagen sind im allgemeinen äquivok oder univok. Äquivok ist ein Begriff dann, wenn
ein selbes Wort völlig verschiedene Sinne hat. Univok ist ein Begriff dann, wenn er immer den streng gleichen Sinn hat und in der
Anwendung nur durch äußere Merkmale differenziert wird. Im
analogen Begriff dagegen sind Gemeinsames und Verschiedenes,
Ähnliches und Unähnliches des Gemeinten in logisch nicht mehr
trennbarer Einheit enthalten. Der theologische Grund-Satz von
der Analogie kann nicht verstanden werden, wenn nicht geklärt ist,
was die christliche Philosophie unter dem Sein und unter dem Seienden versteht.[17] »Seiendes« heißt zunächst jeder denkbare Gegenstand einer Erkenntnis, etwas, das nicht nichts ist. Es ist deutlich: Dieser Begriff des Seienden wird durch eine ganz radikale
Abstraktion gewonnen, indem nämlich alle unterscheidenden Eigentümlichkeiten außer acht gelassen werden und alle möglichen
Gegenstände unter den denkbar weitesten Begriff gebracht werden: sie sind Seiendes. »Sein« ist dann dasjenige, was dieses
»etwas«, das nicht nichts ist, eben zu »Seiendem« macht. Dieser
Begriff des Seins ist aber nicht ein Produkt nachträglicher Abstraktion aus vielen Einzelerfahrungen. Immer, wenn wir »etwas« erkennen, etwas einzelnes, Seiendes also, geschieht das innerhalb
eines umfassenden »Horizontes«, der es erst möglich macht, daß
wir einzelnes miteinander vergleichen, das eine auf das andere

---

[16] Vgl. zum Folgenden *K. Rahner/H. Vorgrimler*, Analogie, in: Kleines Theologisches Wörterbuch, Freiburg [15]1985, 19f.
[17] Vgl. den Artikel ›Sein‹, ebd. 381f.

beziehen, über »etwas« absolut urteilen können. Wenn unser Denken urteilt, also zwischen wenigstens zwei Gegenständen unterscheidet oder sie miteinander verbindet, setzt es einen gemeinsamen Maßstab schon voraus, es schafft ihn aber nicht. Wenn unser Denken so urteilend in Funktion tritt, übt es gleichsam einen Vorgriff auf die ursprüngliche Ganzheit möglicher Wirklichkeit überhaupt aus. Das Woraufhin dieses – apriorisch – die Einzelgegenstände gleichzeitig unterscheidenden und vereinigenden Vorgriffs unserer Erkenntnis und unseres Wollens (unserer Liebe) auf die ursprüngliche Ganzheit möglicher Erkenntnis und Liebe nennen wir: »Sein«. Damit ist das unumgreifbar Unendliche mit ausgesagt. Denn würden wir das Sein als von sich aus endlich verstehen, dann wäre es bereits umgriffen und also innerhalb eines weiteren Horizontes zu verstehen, und erst dieser wäre dann wirklich der des Seins schlechthin.

Besteht die Theologie auf dem Grund-Satz, daß alles Sprechen und Denken von Gott analog ist, so bedeutet das den Versuch, den Zusammenhang von Endlichem und Unendlichem so zu denken, daß weder von notwendigem Zusammenhang (Dialektik) noch von Beziehungslosigkeit (Positivismus) gesprochen werden kann. Es wird behauptet, daß eine analoge Gemeinsamkeit und Verschiedenheit alles Seienden in seinem Sein besteht. Würde eine Univokheit des Seins einseitig ausgesagt, so wäre eine letzte Gemeinsamkeit zwischen dem unendlichen und dem endlichen Sein bzw. zwischen dem menschlichen und dem göttlichen Erkennen die Folge. Würde eine Äquivokheit des Seins einseitig ausgesagt, so fiele das Sein in letzte Verschiedenheit und radikale Sonderung auseinander. Unser jetziges menschliches Erkennen kann das Sein selber nur am Seienden erreichen, aber durch unser Ausgreifen über das einzelne hinaus (also durch die Transzendenz unserer Erkenntnis) so, daß das analoge Seinsverständnis der ursprünglich tragende Boden für alles univoke Begreifen des einzelnen ist.

Die denkerische Ausgestaltung der Analogielehre ist im wesentlichen Thomas von Aquin zu verdanken. Diese Lehre gelangte schon im Vierten Laterankonzil 1215 zu amtlicher Geltung: »Denn von Schöpfer und Geschöpf kann keine Ähnlichkeit ausgesagt werden, ohne daß sie eine größere Unähnlichkeit zwischen beiden einschlösse« (DS 806; NR 280). Damit ist der Theologie eine äußerst schwierige und immer neu zu bewältigende Aufgabe gestellt: »Das vierte Laterankonzil sagt ausdrücklich, man könne über Gott von der Welt aus, also von jedwedem denkbaren Ausgangspunkt der Erkenntnis aus, nichts an Inhaltlichkeit positiver Art sagen, ohne dabei eine radikale Unangemessenheit dieser positiven Aussage mit der gemeinten Wirklichkeit selbst anzumerken. Aber im praktischen Betrieb der Theologie vergessen wir das immer wieder. Wir reden von Gott, von seiner Existenz, von seiner Persönlichkeit, von drei Personen in Gott, von seiner Freiheit, seinem uns verpflichtenden Willen usf.; wir müssen dies selbstverständlich, wir können nicht bloß von Gott schweigen, weil man dies nur kann, wirklich kann, wenn man zuerst geredet hat. Aber bei diesem Reden vergessen wir dann meistens, daß eine solche Zusage immer nur dann einigermaßen legitim von Gott ausgesagt werden kann, wenn wir sie gleichzeitig auch immer wieder zurücknehmen, die unheimliche Schwebe zwischen Ja und Nein als den wahren und einzigen festen Punkt unseres Erkennens aushalten und so unsere Aussagen immer auch hineinfallen lassen in die schweigende Unbegreiflichkeit Gottes selber.«[18]

Nicht nur in theologischen Abhandlungen, sondern vor allem auch in der kirchlichen Alltagsverkündigung über Gott und seine Willensbekundungen wird nicht deutlich, daß es sich um analoge Rede handelt, die Gottes unbegreifliche Größe und absolute Souveränität respektiert; die weithin übliche univoke Rede erweckt den Anschein, als gelänge es Menschen, sich Gottes zu bemächtigen und ihn als innerweltlichen Faktor einzusetzen. Die Lehre von der Analogie jedoch ist ständiger Impuls zur Selbstkorrektur.

---

[18] *K. Rahner*, in: K. Lehmann (Hrsg.), Geheimnis (Anm. 15), 106f. Zur Vertiefung auch: *H. Krings*, Wie ist Analogie möglich? in: Gott in Welt, I, Freiburg 1964, 97–110; *G. Siewerth*, Die Analogie des Seienden, ebd. 111–135.

Literatur

Zum Problem der Analogie

Analogie, in: Enzyklopädie Philosophie und Wissenschaftstheorie, hrsg. von J. Mittelstraß, I, Mannheim 1984, 97 f

Chavannes, H., L'analogie entre Dieu et le monde selon saint Thomas d'Aquin et selon Barth, Paris 1969

Kluxen, W., Analogie, in: HWPh, I, 1971, 214–227

de Schrijver, G., Le merveilleux accord de l'homme et de Dieu, Löwen 1983 (zum Analogieverständnis bei H. U. von Balthasar)

Schwanz, P., Analogia imaginis, Göttingen 1980 (zu P. Tillich)

Terán Dutari, J., Christentum und Metaphysik, München 1973 (zur Analogiekonzeption E. Przywaras)

Zeitz, J. V., Spirituality and Analogia Entis According to Erich Przywara, Washington 1982

Zum heutigen Problem der »Rede von Gott«

Casper, B. (Hrsg.). Gott nennen, Freiburg 1981

Christen, E., u. a., Gott – eine unausweichliche Frage, Zürich 1983

Dalferth, I. U., Religiöse Rede von Gott, München 1981

Dumas, A., Nommer Dieu, Paris 1980

Eicher, P. (Hrsg.), Gottesvorstellung und Gesellschaftsentwicklung, München 1979

Funk, R., Sprache und Transzendenz im Denken von Emmanuel Levinas. Zur Frage einer neuen philosophischen Rede von Gott, Freiburg 1989

Honecker, M., Zur Diskussion um die Gottesfrage: Theologische Rundschau 45 (1980) 358–381 (Literaturbericht)

Krenn, K. (Hrsg.), Die wirkliche Wirklichkeit Gottes, Paderborn 1974

Licharz, W. (Hrsg.), Wie können wir heute verantwortlich von Gott reden?, Frankfurt 1982

Moser, S. / Pilick, E. (Hrsg.), Gottesbilder heute, Königstein 1979

Ott, H., Das Reden vom Unsagbaren. Die Frage nach Gott in unserer Zeit, Stuttgart 1978

Pohier, J., Wenn ich Gott sage, Olten 1980

Ricken, F., Sind Sätze über Gott sinnlos? in: Stimmen der Zeit 197 (1975) 435–452

Ders. (Hrsg.), Klassische Gottesbeweise in der Sicht der gegenwärtigen Logik und Wissenschaftstheorie, Stuttgart 1990

Tilliette, X., u. a., Von Gott reden, in: Evangelische Theologie 43 (1983) 1–88

Track, J., Sprachkritische Untersuchungen zum Reden von Gott, Göttingen 1977

Weger, K.-H., Der Mensch vor dem Anspruch Gottes, Graz 1981

Zu D. Bonhoeffers und P. Tillichs »nichtreligiöser« Rede von Gott

Jüngel, E., Gott als Geheimnis der Welt, Tübingen 1977, 83–132 (zu D. Bonhoeffer)

Müller, G. L., Tod und Auferstehung Gottes heute, in: Zeitschrift für Katholische Theologie 105 (1982) 172–190 (zu D. Bonhoeffer)

Ross, R. R. N., The non-existence of God, New York 1978 (zu P. Tillich)

Seigfried, A., Gott über Gott. Die Gottesbeweise als Ausdruck der Gottesfrage in der philosophisch-theologischen Tradition und im Denken Paul Tillichs, Essen 1978

Wenz, G., Subjekt und Sein. Die Entwicklung der Theologie Paul Tillichs, München 1979

Zu nichttheologischem Denken und Reden von Gott

Neuenschwander, U., Gott im neuzeitlichen Denken, 2 Bände, Gütersloh 1977

Pannenberg, W. (Hrsg.), Die Erfahrung der Abwesenheit Gottes in der modernen Kultur, Göttingen 1984

Rössner, H. (Hrsg.), Der nahe und der ferne Gott, eingeleitet von L. Kolakowski, Berlin 1981

Schlette, H. R. (Hrsg.), Der moderne Agnostizismus, Düsseldorf 1979

Schulz, W., Der Gott der neuzeitlichen Metaphysik, Pfullingen [6]1980

Weischedel, W., Der Gott der Philosophen, 2 Bände, Darmstadt 1971, [3]1975; dazu G. *Pöltner*, Erfahrung radikaler Fraglichkeit als Grundlage einer philosophischen Theologie? in: Theologie und Philosophie 53 (1978) 367–396

1.3 Gotteserkenntnis durch Offenbarung und Glauben

Es könnte den Anschein haben, als hätten die bisherigen Überlegungen nur den Anstrengungen des menschlichen Denkens und der menschlichen Sprache gegolten, Gott zu erkennen und mit unseren Begriffen auszusagen, und als seien wir dabei an unvermeidliche Grenzen gestoßen, die nicht von uns zu Gott, sondern nur von Gott zu uns hin überschritten werden könnten. »Hinter« diesen menschlichen Anstrengungen sei nun aber ein neuer und eindeutiger Erkenntnisweg aufzuzeigen, derjenige, den der Glaube an Gottes Selbsterschließung geht. Gegen diesen Anschein muß nun noch einmal über das, was Offenbarung ist, nachgedacht werden.[19]

Offenbarung ist nicht das Ereignis eines rein von außen kommenden Eingriffs Gottes, der die Menschen anspricht und ihnen durch Propheten Wahrheiten in Sätzen mitteilt, die für sie sonst nicht zugänglich sind, und Weisungen sittlicher Art erteilt, die Menschen zu befolgen haben. Wenn Gott sich der Kreatur zuwendet, sich selber erschließend und mitteilend, dann muß in der Kreatur selber etwas geschehen, damit diese Gott überhaupt vernehmen kann, und zwar so, daß sie ihn deutlich vernimmt und dennoch in der Annahme oder Ablehnung Gottes frei bleibt. Offenbarung kann also in keiner Hinsicht mit einer Information verglichen werden, die auf phonetischem oder visuellem Weg vernehmbar und unausweichlich ergeht.

Die geschichtliche Wortoffenbarung muß dem einzelnen hörenden Menschen die Möglichkeit geben, diese Selbsterschließung Gottes so anzunehmen, daß weder Gott einfach auf das Niveau der endlichen Kreatur heruntergezogen noch der Mensch zum willenlosen Befehlsempfänger wird.

Ein solches Verhältnis des sich selber mitteilen wollenden Gottes zu dem von Gott angesprochenen Menschen ist, verglichen mit allen mitmenschlichen Verhältnissen und Beziehungen, einzigartig. Es wird in der Sprache der christlichen Tradition als »Gnade« bezeichnet und besagt: Gottes Nähe zerstört die Freiheit und Eigenständigkeit des Menschen nicht, sondern erhebt sie gerade zu ihrer eigenen Identität. Gott gibt, wenn er dem Menschen so nahekommt, nicht etwas Äußeres (etwa: eine Information), sondern sich selber, und dieser Vorgang befreit den Menschen zu sich selber, befreit ihn zu einem, der Gott vernehmen und annehmen kann. So trägt Gott selber die Annahme seiner Offenbarung mit.

Dieses Verhältnis Gottes zur Menschheit setzt nicht punktuell erst in einer bestimmten Epoche der Geschichte ein, sondern ist (im Hinblick auf die Menschwerdung Gottes) in der Form eines Ange-

[19] Vgl. *K. Rahner/H. Vorgrimler*, Offenbarung, in: Kleines Theologisches Wörterbuch (Anm. 16), 304–309; auch *H. Vorgrimler*, Offenbarungsgeschichte, in: LThK, VII, 1962, 1115f.

bots an alle Menschen zu allen Zeiten gegenwärtig, und zwar eben so, daß Gott selber das Angebotene angenommen werden, wirksam werden läßt. Darum kann alles dasjenige, was im vorherigen Abschnitt über die affirmativen und negativen Wege der Gotteserkenntnis gesagt wurde, nicht als »bloß natürliches« Herantasten der Menschen an die Gottesfrage angesehen werden, das »an sich« ganz überflüssig wäre. Vielmehr ist die Frage nach Gott schon eine Art und Weise, in der Gott selber – der im fragenden Menschen Gegenwärtige – sich bewußtseinsmäßig zur Geltung bringt. So ist die unendliche Frage des Menschen nach Gott immer schon von Gott mit der unendlichen Antwort, die er selber ist, beantwortet. So ist menschliche Geschichte immer auch Heils- und Offenbarungsgeschichte. Aber: Diese innere, gnadenhafte Selbstoffenbarung Gottes im Kern der geistigen Person ist für den ganzen Menschen in allen seinen Dimensionen bestimmt (und nicht nur an individuellen Geist und einzelnes Ich-Bewußtsein gerichtet). Geschieht die Offenbarung Gottes in der eben umschriebenen Form, in der Tiefe der geistigen Person, dann ist sie zunächst noch nicht in die Reflexion erhoben. Sie ist noch nicht gegenständliche, »satzhafte« Aussage. Sie ist noch nicht Prinzip des konkreten Handelns des Menschen in seinem reflexen Bewußtsein, sie wird in der gesellschaftlichen Dimension noch nicht effizient. Das heißt: sie muß »übersetzt« werden in »satzhafte«, gegenständliche Gewußtheit. Zum oben beschriebenen Verständnis der Selbstmitteilung Gottes gehört es, daß diese »Übersetzung« noch einmal von Gott selber mitgetragen wird. Eine zweifache Geschichte spielt sich ab: die Geschichte der Selbsterschließung Gottes und die Geschichte der Reflexion und Übersetzung dieser Selbsterschließung. Dort, wo diese Übersetzung und »Vergegenständlichung« der Offenbarung Gottes durch einen Kommunikationsvorgang gemeinschaftsbildend wirkt und wo die dadurch entstehenden Gemeinschaften »Israel« und »Kirche« heißen, sprechen wir von der »amtlichen« und »öffentlichen« Offenbarung Gottes; dort ist innerhalb der allgemeinen Menschheitsgeschichte und innerhalb der allgemeinen Religionsgeschichte noch einmal eine besondere Geschichte eröffnet.

Diese besondere Offenbarungsgeschichte hat für christliches Verständnis ihren absoluten Höhepunkt in der Selbstmitteilung Gottes an die kreatürlich-geistige Wirklichkeit Jesu, in jener Selbstmitteilung, die wir Menschwerdung Gottes nennen. Hier sind das Ausgesagte, nämlich Gott, die Aussageweise, nämlich die menschliche Wirklichkeit Jesu, und der Empfänger, nämlich Jesus als der von Gottes Selbstmitteilung Erfüllte, absolut einer (nicht: dasselbe!) geworden. In Jesus ist die gnadenhafte Mitteilung Gottes an die Menschen und die Selbstauslegung dieser Mitteilung in der Dimension des leibhaftig Greifbaren und Gesellschaftlichen zu ihrem Höhepunkt gekommen, zur Offenbarung schlechthin geworden. Mit dieser Konzeption ist gegeben, daß die Gottesoffenbarung in Jesus rein, ungetrübt und endgültig ist. Darum kommt in dem von Gott selber bewirkten und getragenen Glauben an die Gottesoffenbarung in Jesus die Gotteserkenntnis zu ihrem unüberbietbaren Höhepunkt. Es ist aber zu beachten, daß der Prozeß der Selbsterschließung Gottes an sich ein und derselbe ist, das heißt, daß überall dort, wo Gott wirklich erkannt wird – für uns bleibt dunkel, wo das der Fall ist –, es sich um ein und denselben Gott handelt und um eine Erkenntnis, die von diesem Gott innerlich ermöglicht und getragen wird. Und es ist weiterhin zu bedenken, daß die Selbstoffenbarung Gottes in Jesus so sehr in das menschliche Geschick Jesu hineinverwoben ist, daß ungeachtet des Höhepunktcharakters die Offenbarung für den Glaubenden zugleich licht und dunkel ist. Wenn das menschliche Schicksal Jesu Kreuz und Auferweckung bedeutete, wenn die Offenbarungsbotschaft nach dem Weggang Jesu in die Hände von Boten und Auslegern gegeben ist, dann bedeutet das, daß die grundsätzliche Unbegreiflichkeit Gottes nicht aufgehoben ist, daß er das Geheimnis schlechthin bleibt und daß er auch nach dem Höhepunkt seiner Selbsterschließung der Verborgene ist.

2 Die Gottesaussagen der kirchlichen Lehrüberlieferung

\

Im Folgenden werden nun die Aussagen der kirchlichen Lehrüberlieferung über Gott zusammenfassend wiedergegeben.[1] Dabei wird entsprechend dem eingangs Gesagten das Prinzip beibehalten, nach dem zuerst von dem einen und sodann von dem dreieinigen Gott zu sprechen ist. Die von der Kirchenlehre gemachten Gottesaussagen sind alle unter den Grund-Satz gestellt, den eben diese Kirchenlehre selber für gültig erklärt hat und der besagt, daß alle diese Aussagen analoge Aussagen sind. Die hier zu berichtenden Lehraussagen ergeben zusammengenommen nicht »das« christliche Gottesbild. Denn zu diesem gehören auch jene Gottesbekenntnisse, wie sie in den Gebetstexten, vor allem im Vaterunser und im Credo, enthalten sind. Die Lehraussagen gehören aber trotz ihres mehr abstrakten Charakters als unverzichtbare Bestandteile zu einer theologischen Gotteslehre.

2.1 Der eine Gott

Die kirchlich orientierte Philosophie und Theologie sieht Gott als das absolut heilige, das höchste, überweltliche, persönliche, absolut notwendige, unverursachte, von sich seiende, daher ewige und unendlich vollkommene Wesen (Erstes Vatikanisches Konzil 1870: DS 3001; NR 315), das alles andere aus dem Nichts geschaffen hat (ebd.: DS 3002; NR 316). Diese kirchenamtliche Aussage ist im Gesamtzusammenhang der kirchlichen Theologie zu sehen:
1. Wenn von Gott gesagt wird, er sei der absolut von sich Seiende, dann wird er nicht auf dieselbe Weise »seiend« genannt wie das geschaffene Seiende. Gott hat den »Grund« für seine Existenz in sich selber, das heißt in seinem eigenen Wesen, darum kommt ihm

---

[1] K. Rahner und ich haben diese kirchlichen Lehraussagen für das Kleine Theologische Wörterbuch (163–166) zusammengestellt, aus dem ich sie hier übernehme.

das Sein schlechthin und in absolutem Maß zu; er ist das »ipsum esse subsistens«. Das geschaffene Seiende besitzt Sein nur als von Gott begründetes und wird darum nur in analoger Weise seiend genannt. Weil Gott absolutes Sein in ewigem Selbstbesitz ist, ist jede Einschränkung und jeder Zusatz in ihm unmöglich. Es gibt keine positive Möglichkeit, die in ihm nicht erfüllt wäre; er ist reiner Akt, »actus purus«. In diesem absoluten, ursprünglichen und durch nichts eingeschränkten Selbstbesitz gründet die reine Geistigkeit Gottes; er ist »spiritus purus«.

Sosehr sich auch menschliches Denken an Gott herantasten kann, indem es aus der vielschichtigen Erfahrung des endlich-bedingten Seienden auf den Grund (die Ursache) unserer endlich-bedingten Wirklichkeit schließt, so ist doch Gott in seiner Unendlichkeit, Absolutheit und absoluten Andersheit für unser menschlich-endliches Denken unbegreifbar, weil die Unendlichkeit Gottes nicht von einem anderen umfaßt und nicht von einem andern her verstanden werden kann. Sie bleibt vielmehr als Grund allen Verstehens das Unergründliche, das nie als »Gegenstand« innerhalb der menschlichen Erkenntnis vorkommt. Gott bleibt somit das absolute und unauflösliche Geheimnis, das gerade als solches erfaßt werden muß, soll Gott als Gott verstanden werden. Als absolutes Geheimnis ist Gott der Grund und das Ziel der Bewegungstranszendenz des endlichen menschlichen Geistes, der auf das Unendliche hin offen ist. Wenn dieser menschliche Geist sich selber vollzieht, in Erkennen und Wollen, ist der Grund und das Ziel dieses Vollzugs unthematisch schon immer mitbejaht. Wenn Gott als solches Geheimnis dem Menschen gegeben ist und die kirchliche Lehre sagt, daß er von der natürlichen Erkenntnis des Menschen erreichbar ist (Erstes Vatikanisches Konzil 1870: DS 3005; NR 29 f), muß das Wesen unserer erkennenden Vernunft als das Vermögen der Offenheit auf dieses Geheimnis hin verstanden werden. Alle positiven analogen Aussagen über Gott als das unendliche Geheimnis müssen dann von vornherein mit dem Bewußtsein gelesen werden, daß sie nur dann richtig verstanden sind, wenn sie bei vollkommener Bejahung des positiv Gesagten als Verweis in das unsagbare Geheimnis hinein und zugleich als Abwehr aller Antastungen dieses Geheimnisses gemeint sind.

2. Diese »metaphysischen« Aussagen über Gott leben in unseren religiösen Akten und in unseren theologischen Bemühungen weder in ihrer Inhaltlichkeit noch in ihrer Kraft und Entschiedenheit allein von der »metaphysischen« Gotteserkenntnis aus der Welt im allgemeinen. Denn auch sie sind erwirkt von Gottes Gnade, und auch sie sind Glaubensaussagen, das heißt, sie sind von der geschichtlichen Selbsterschließung Gottes mitgetragen (Erstes Vatikanisches Konzil 1870: DS 3005; NR 29f) und als Glaube vollzogen (Viertes Laterankonzil 1215: DS 800; NR 918; I. Vaticanum: DS 3001; NR 315). Die »metaphysischen« Aussagen über Gott sind also immer von der heilsgeschichtlichen und gnadenhaften Erfahrung in Israel und in Jesus Christus her zu hören, so daß wir immer von dem, von dessen Wirken in der Heilsgeschichte wir erfahren, sagen, daß er Gott ist. Unsere Glaubensaussage lautet also letztlich und adäquat nicht: »Es gibt einen Gott«, sondern: Dieser, mit dem wir es in der Geschichte Israels und Jesu Christi zu tun haben, der darin erscheint, der sich als dreieiniger offenbart und mitteilt, ist Gott, ist der einzige Gott, der Grund aller vielfältigen und widersprüchlichen Wirklichkeit und das Geheimnis schlechthin. Dadurch zielen alle metaphysisch-abstrakten Aussagen über Gott in der theologischen Gotteslehre nicht auf das abstrakte Subjekt einer Metaphysik, sondern sie sind immer auch das Bekenntnis, daß wir in unserer Geschichte mit dem konkret zu tun haben, von dem wir so Unsagbares aussagen, und daß wir von ihm diese Aussagen machen, weil er sich in der Geschichte so zeigt, als einer, der so ist und zu dem wir dennoch »Du« sagen.

3. In den kirchenamtlichen dogmatischen Aussagen über Gott geht es also genauerhin darum, diesen Gott in seiner absoluten Einmaligkeit auszusagen und daraus die absolute Verbindlichkeit des Glaubens an *diesen* Gott der Offenbarung in Jesus zu folgern:

Gott ist die Wirklichkeit, die sich in absoluter Wesensunterscheidung von der Welt hält (Viertes Laterankonzil 1215, Pius IX. 1861, I. Vaticanum 1870, Leo XIII. 1887, Pius XII. 1950: DS 806, 2842f, 3001, 3201, 3875; NR 280, 15f, 315, 58, 71 u. ö.), *obwohl er der bleibende, alles durchdringende und alles in sich behaltende* (»Athanasianisches« Glaubensbekenntnis, Viertes Laterankonzil, I. Vaticanum: DS 75, 800, 3001; NR 915, 918, 315) *Grund der Welt ist. Er kann also nicht »pantheistisch« als die »personifizierte« Summenformel aller Wirklichkeit gedacht werden* (I. Vaticanum: DS 3023 f; NR 320 f). *Es gibt nur eine einzige solche Wirklichkeit, die nicht eine Qualität dieser Welt ist, sondern absolut in sich und für sich besteht* (= Monotheismus); *sie ist absolut »einfach«* (Viertes Laterankonzil, I. Vaticanum: DS 800, 3001; NR 918, 315) *gerade in ihrer unendlichen Seinsfülle, die keine der Dimensionen ihres Daseins mit einem anderen Seienden gemeinsam hat und deswegen nicht auf dieses andere verwiesen ist. Diese eine und einmalige Wirklichkeit wird als die »Ganzheit unendlicher Vollkommenheit« bezeichnet* (Allmacht, Allwissenheit usw., I. Vaticanum: DS 3001; NR 315). Die Unendlichkeit dieser Vollkommenheit ist theologisch nicht weiter aufhellbar: wir können zuletzt nur von der Unbegreiflichkeit Gottes sprechen. Die kirchenamtliche Gotteslehre sagt auf diesem affirmativen Weg der Gottesaussagen auch, daß Geist, Wollen, Selbstbewußtsein, Leben in jener einmaligen, absoluten Wirklichkeit, die Gott ist, ihren absoluten Höhepunkt finden: jede Seinswirklichkeit muß immer schon durch ihren eigenen Ur-Grund restlos eingeholt sein und muß somit in diesem unendlich erhaben vorliegen. *Gott ist also der absolut freie, lebendige, personale Gott* (I. Vaticanum: DS 3001; NR 315), »intellectu et voluntate infinitus«, der sich in seiner Selbsterschließung dem Menschen in eben dieser Fülle und in reueloser Liebe mitgeteilt hat.

2.2   Der dreieinige Gott

Während die kirchenamtliche Lehre über den *einen* Gott das metaphysische Gottesdenken aufnimmt und so vom heilsgeschichtlich erfahrenen Gott abstrahiert, will die kirchenamtliche Lehre über den *dreieinigen* Gott eine genauere Entfaltung der Selbstbekundung des Dreieinigen sein. Darum wird ausdrücklich gelehrt: Die Dreifaltigkeit Gottes ist ein Geheimnis im strengen Sinn (vgl. Erstes Vatikanisches Konzil 1870: DS 3015; NR 38), das unabhängig von Gottes Offenbarung nicht gewußt und auch nach dem Ereignis dieser Offenbarung dem endlichen, geschaffenen Verstand nicht innerlich einsichtig werden kann. Es besagt:

1. *Der eine Gott ist in drei »Personen« (Subsistenzen), die die eine göttliche Natur (das eine göttliche Wesen, die eine göttliche Substanz) sind* (Papst Dionysius um 260, Viertes Laterankonzil 1215: DS 112, 800; NR 248, 918 u. ö.) *und die darum gleich ewig und gleich allmächtig sind* (Glaubensbekenntnis des Epiphanius um 374, Elfte Synode von Toledo 675, Konzil von Florenz 1442: DS 44, 526 ff, 1330; NR 912 f, 268 ff, 281 ff u. ö.).

2. *Diese drei »Personen« sind (real) voneinander unterschieden* (»Athanasianisches« Glaubensbekenntnis, Elfte Synode von Toledo, Konzil von Florenz: DS 75, 800, 1330; NR 915, 918, 281 ff); *der Sohn subsistiert durch die ewige Mitteilung des göttlichen Wesens (»Zeugung«, Aussage des »Logos«) vom Vater allein* (Glaubensbekenntnis des Epiphanius, Elfte Synode von Toledo, Zweites Konzil von Konstantinopel 553: DS 44, 525 ff, 422 ff; NR 912 f, 266 ff, 181 ff u. ö.); *der Heilige Geist ist nicht gezeugt, sondern geht aus dem Vater und dem Sohn zugleich (als einem einzigen Prinzip) durch eine einzige »Hauchung« hervor* (»Athanasianisches« Glaubensbekenntnis, Papst Dionysius, Konzil von Florenz: DS 75, 112, 1331; NR 915, 248, 285 f u. ö.).

3. *Also gibt es in dem einen Gott durch diese zwei Ursprungsverhältnisse voneinander (real) verschiedene* (Elfte Synode von Toledo, Konzil von Florenz: DS 528, 1330; NR 270, 281 ff) *Beziehungen oder Relationen* (Elfte Synode von Toledo, Konzil von Florenz: DS 528, 531, 1330; NR 270, 274 f, 281 ff) *und Proprietäten* (Elfte Synode von Toledo, Viertes Laterankonzil: DS 531, 800; NR 274 f, 918), *die ihrerseits aber nicht real vom Wesen Gottes unterschieden sind* (Konzil von Florenz: DS 1330; NR 281 ff). *Eine jede »Person« ist der eine Gott; ihnen ist unterschiedslos alles eins, soweit nicht ein Gegensatz der Beziehung besteht* (Konzil von Florenz: DS 1330; NR 281 ff). *Eine jede göttliche »Person« ist ganz in jeder anderen (= »Perichorese«)* (Konzil von Florenz: DS 1331; NR 285 f), *eine jede ist der eine wahre Gott* (Elfte Synode von Toledo, Papst Innozenz III. 1208, Glaubensbekenntnis des Michael Paläologus 1274: DS 528 f, 790, 851; NR 271, 294, 921). *Nach »außen hin« (gegenüber dem Geschaffenen) sind sie nur ein einziges Wirkprinzip* (Viertes Laterankonzil, Konzil von Florenz: DS 800, 1330; NR 918, 281 ff). Die Begriffe »Zeugung«, Ursprung oder Hervorgang, Aus-

sage des »Logos« und »Hauchung« sind aus biblischen Formulierungen über den Sohn und den Geist und ihr Verhältnis zum Vater
abgeleitet. Die übrigen in dieser kirchenamtlichen Lehre verwen-
deten Begriffe werden amtlicherseits nicht weiter erklärt oder definiert.

3   Biblische Gotteserfahrungen

3.1   Die Gotteserfahrungen nach dem Zeugnis des Alten Testaments

3.1.1   Die Anfänge des alttestamentlichen Redens von Gott

Wer sich für theologische Gotteslehre interessiert, der muß sich unweigerlich die Frage stellen, auf welche ältesten Zeugnisse diese Lehre zurückgeht. Er wird damit an das sogenannte Alte Testament verwiesen.[1] Nach der heutigen Textfolge haben wir dort von Genesis bis Josua die Schilderung einer historisch-chronologischen Abfolge, die es gestatten würde, den Anfängen des Gottesglaubens der »Vorväter« auf die Spur zu kommen. Dieser Eindruck ist von der alttestamentlichen Detailforschung gründlich widerlegt. Wir stehen vor einer Ansammlung höchst unterschiedlicher und voneinander unabhängiger Überlieferungsthemen und -schichten. Wir können nirgendwo mehr, weder für die sogenannte Patriarchenzeit noch für die Ägypten- und Exodustradition, historische Abläufe rekonstruieren. Das Gebiet wird fortlaufend stark bearbeitet, so daß eine Hypothese relativ schnell der anderen folgt. Unter Beachtung aller Vorbehalte kann der Fachfremde vielleicht folgende grobgerasterte Feststellungen treffen.

Aus den Erzählungen über die Väter (Patriarchen) läßt sich die

---

[1] Über den Gottesglauben Israels unterrichten die Theologien des Alten Testaments und die Darstellung der israelitischen Geschichte und Religionsgeschichte, z. B. *W. Zimmerli*, Grundriß der alttestamentlichen Theologie, Stuttgart ⁴1982; *W. H. Schmidt*, Alttestamentlicher Glaube in seiner Geschichte, Neukirchen ⁴1982; *A. H. J. Gunneweg*, Geschichte Israels bis Bar Kochba, Stuttgart ⁵1984. – Hier orientiere ich mich vor allem an: *H.-P. Müller*, Gott und die Götter in den Anfängen der biblischen Religion, in: O. Keel (Hrsg.), Monotheismus im Alten Israel und seiner Umwelt, Fribourg 1980, 99–142; *E. Zenger*, Gottes Bogen in den Wolken, Stuttgart 1983; *P. Weimar*, Struktur und Komposition der priesterschriftlichen Geschichtsdarstellung, in: Biblische Notizen 23 (1984) 81–134, 138–162.

Religion dieser Väter nicht mehr rekonstruieren, da die Erzählungen aus Zeiten stammen, in denen diese Religion nicht mehr bestand. Aber Bruchstücke sind erhalten, und selbst das ist singulär. Denn es handelt sich um Zeugnisse aus der Nomadenzeit, und unseres Wissens sind sonst aus keiner vergleichbaren Kultur des Alten Vorderen Orients Überlieferungen aus der Zeit vor dem Seßhaftwerden erhalten. Diesen bruchstückhaften Zeugnissen zufolge waren die Vorväter Nomaden, die sich in religiöser Hinsicht an Familiengötter hielten, also nach dem heutigen Begriff Polytheisten waren.

Polytheistische Religionen kommen nach unseren heutigen Erkenntnissen dort vor, wo eine sogenannte Hochkultur gegeben ist, wo Arbeitsteilung herrscht und eine Gesellschaft differenziert strukturiert ist. Dieser strukturellen Vielfalt auf gesellschaftlicher Ebene entspricht eine strukturelle Vielfalt (nach Verwandtschaftsgefüge und Rangfolge) auf seiten der Götter. Religionspsychologisch hängt der Polytheismus mit den differenzierten Erfahrungen des Geheimnisvollen (in der Natur, an besonderen Orten, bei bestimmten Lebensereignissen) zusammen; Menschen, die das höchst unterschiedlich erfahrene Geheimnisvolle nicht auf ein einziges Geheimnis zurückzuführen vermögen, benennen es mit unterschiedlichen Namen. Darin liegt auch eine besondere kulturelle Leistung: Menschen beginnen, das differenzierte Walten unterschiedlicher Mächte zu durchschauen und in unterschiedlichen Kultformen zu bewältigen.

Die Vorväter lebten also in einem polytheistischen Kontext, ohne daß dieser Polytheismus reflex-theoretischer Natur gewesen wäre. Offenbar aber gab es bei diesen Beduinen (wie übrigens bei fast allen bekannten polytheistischen Gruppierungen) eine monolatrische Tendenz, das heißt: ein bestimmter Gott genoß eine Vorzugsverehrung. Jene semitischen Nomaden verehrten zwar eine Göttervielzahl, beispielsweise die Ortsgötter in bestimmten Oasen, denen sie opfern mußten. Sie waren aber emotional einer einzigen Gottheit zugetan, dem Gott El. Aller Wahrscheinlichkeit nach war im syrisch-palästinischen Kulturraum der freundliche, ehrwürdige El der Götterkönig, Schöpfer der Welt, Vater aller Götter und Menschen, den man sich zusammen mit seiner Frau Aschera auf einem Thron ruhend vorstellte und der nicht an einen bestimmten Ort gebunden war. Die sprachlichen Zeugnisse zeigen, daß El für die Vorväter als Familiengott galt: er garantierte der Familie das Lebensnotwendige, Nachkommenschaft, den Schutz der Ahnfrau, Schutz beim nomadischen Unterwegssein, Geleit beim Weidewechsel, Fruchtbarkeit. Das Durchsetzevermögen der Familie gegen äußere Gegner wurde auf den Schrecken verbreitenden Familiengott, den El Shaddaj, den »Allherrscher«, zurückgeführt.[2] Der Familiengott heißt in der Fachliteratur auch »persönlicher Gott«. Damit ist aber nicht im Sinn der späteren Fragestellung die Personhaftigkeit Gottes gemeint, sondern das Faktum, daß dieser Familiengott an die Gruppe oder auch an einen einzelnen Menschen als Schutzgott gebunden war. Der Beschützte oder die Beschützten hatten jederzeit ohne priesterliche Vermittlung Zutritt zu ihrem Gott. Sie feierten ohne Festkalender und Heiligtümer die besonderen Ereignisse ihrer einfachen Lebenswelt (Geburten, Weidewechsel) mit bescheidenen Opfern für den Gott, dem sie vertrauten (man kann hier von einem Kleinkult sprechen, das heißt von einem Kult, der auf den Sozialfaktor Familie beschränkt war).

Von den damaligen Religionen ist in unserem Zusammenhang jene von besonderem Interesse, die in den Bereichen vorherrschte, in die die Beduinen vordrangen, in den städtischen Zentren und in dem sie umgebenden Kulturland. Diese Religion war mythisch, sie vergöttlichte die Natur. Die Prozesse der Natur wurden als Abbilder von Prozessen im göttlichen Bereich aufgefaßt; diese göttlichen Prozesse wurden im Kult nachgespielt (Großkult mit Heiligtümern, Priestern und kalendarisch festgelegten Festen). Vorherrschend war die Überzeugung, das menschliche Leben habe im

---

[2] Die Fachliteratur zeigt, daß die ältere Religion heute vor allem aus Personennamen, Ortsnamen und Keramikfunden erschließbar ist. Im heutigen Alten Testament wird Gott noch etwa 2500mal als »El« (andere Götter als »elim«) bezeichnet, im Vergleich dazu kommt »Jahwe« etwa 6500mal vor. Nachklänge der El-Religion finden sich in »Isra-El« = »stark ist El«. Abrahams Name »abrâm« = »der Vater ist erhaben« deutet auf die Vaterrolle des El hin. Aus dem »El Shaddaj« wurde in der griechischen Übersetzung der »pantokrator«, der Allherrscher, und in der späteren Theologie in einer weiteren Übersteigerung der »Allmächtige«. Vgl. *H.-P. Müller*, Gott (Anm. 1), 126f.

Dienst der Götter zu stehen: wenn die Menschen für die Ordnung des Kosmos sorgen, können die Götter ihr Wohlleben weiterpflegen.

3.1.2 Die Herkunft der Jahwe-Religion

Soviel wir heute wissen oder begründet annehmen können, ist »Jahwe« im 2. Jahrtausend v. Chr. der Name eines Schutzgottes der Wüsten- und Bergregion zwischen dem Toten und dem Roten Meer. Er heißt auch »der Gott aus Sinai«, wobei Sinai eine ganze, durch edomitische Namen gekennzeichnete Region meint. Die Jahwe-Verehrer kannten ihren Gott aus schreckenerregenden Naturereignissen (Erdbeben), in denen er erschien und ihr Leben erschütterte; aus diesem Kommen entstand Fruchtbarkeit. Jahwe war nicht an bestimmte Orte fest gebunden; er konnte sich seinen Beduinen außerhalb »seiner« Region bekunden oder auch mit ihnen unterwegs sein und, Fruchtbarkeit bringend, Leben in der Wüste möglich machen.

Es wird heute angenommen, daß Beduinen, die Jahwe verehrten, aus ihrer Bergregion in das Kulturland einsickerten und dort mit El-Verehrern in Berührung kamen. Diese friedlich verlaufende Begegnung führte dazu, daß El und Jahwe unpolemisch nebeneinander Geltung haben konnten und die Tendenz anwuchs, beide Gestalten miteinander zu verschmelzen.[3] Die Begegnung im palästinischen Kulturland hätte *vor* dem Exodus aus Ägypten stattgefunden.

Zu einer uns unbekannten Zeit sind nach heute vertretener Annahme Jahwe-Verehrer aus dem Jahweland, die Schasu-Leute, in Ägypten eingedrungen. Sie hätten dort staatlichen Arbeitsdienst leisten und die Staatsreligion – Verkörperung und Vermittlung der Heilsordnung durch den Pharao – anerkennen müssen. Gegen Ende des 12. Jahrhunderts v. Chr. sei eine kleine Gruppe dieser

---

[3] Die Namen bezeugen, daß El und Jahwe friedlich koexistieren. Es finden sich Namen, in denen der El allein genannt wird, wie Israel oder die Namen der Erzengel oder Daniel, daneben Mischformen mit beiden Namen wie Elija oder Joel und Namen mit Jahwe allein wie Jesus oder Josef. In der frühen Jahwe-Volksreligion wurde Jahwe vielleicht als mit Aschera verheiratet gedacht; vgl. *O. Keel*, Monotheismus (Anm. 1), 170.

Halbnomaden unter Führung des Mose durch die stark gesicherte Grenze ausgebrochen und habe bei den mit ihr verwandten Sinai-beduinen neue Lebensmöglichkeiten gefunden.

Die Exodus-Erfahrung ist als Schlüsselerfahrung überliefert worden: Was auf den ersten Blick wie Selbstbefreiung aussah, verstand die Gruppe als Ergebnis einer Befähigung durch ihren Gott Jahwe. Diesen Gott sah man als Geber von Leben und Freiheit an, als Parteiischen, Mächtigen, dessen Macht auch fern vom Sinai-Land sich noch als größer denn die Macht der Kulturland-Götter erwiesen hatte. Spätestens um 1100 v. Chr. sind Nachfahren dieser kleinen Exodusgruppe in Palästina eingedrungen; es begann jener Prozeß, der »Landnahme« oder theologisch »Landgabe« heißt. Nach einer heute häufig vertretenen Auffassung gab es in den kanaanäischen Stadtkönigtümern mit ihrer feudalistischen Ordnung ein zahlenmäßig starkes Proletariat, das in Unterdrückung gehalten wurde. Die auf der Landsuche von Süden kommenden Beduinen hätten sich mit Leuten aus unterdrückten Randgruppen verbündet, beide zusammen hätten sich gewaltsam gegen die Städte und ihre Könige Lebensraum und Freiheit erkämpft. Nicht zwischen Eingesessenen und Eingewanderten, sondern zwischen Herrschenden und Leuten minderen Rechts hätte sich der Kampf abgespielt. Diese Theorie kann erklären, warum die Götter El und Jahwe miteinander identifiziert wurden und nicht der einheimische El durch den eingewanderten Jahwe ersetzt wurde. Im Zug dieser Identifizierung, in höchstens zwei Jahrhunderten nach der Landnahme, wurde das berühmte Heiligtum Bet-El (Tempel des El) zu einer Hauptverehrungsstätte Jahwes, ohne daß sein Name geändert wurde. Die bäuerlichen Feste (ungesäuerte Brote, Wochenfest, Laubhüttenfest) wurden wichtige Jahwe-Feste.

In dieser Phase, bevor Israel zur Monarchie wurde, ist vielleicht das Verhältnis der Jahwe-Anhänger zu Jahwe privilegrechtlich konzipiert worden: im Zusammenhang mit einem Heiligtum wurde ein Privilegbereich Jahwes geschaffen, in dem Arme und Schwache besonderen Schutz erfuhren. Daraus und aus anderen Hinweisen wird deutlich, daß die Jahwe-Leute einen Gegenentwurf gegen die bestehende gesellschaftliche Ordnung leben wollten (»Kontrastgesellschaft Gottes«: Norbert Lohfink). Auf dieser Linie seien die Regelungen des Dekalogs, sei später auch die scharfe Sozialkritik der Propheten des 8. vorchristlichen Jahrhunderts zu sehen.

Entgegen einer lange Zeit hindurch vertretenen Ansicht hat der Jahweglaube im frühen israelitischen Staat keinen Ausschließlichkeitsanspruch erhoben, ja, mindestens bis zum Exil gibt es Spuren des Polytheismus. Wie im ganzen syrisch-palästinischen Raum blieb der oberste Gott, König der Götter, Schöpfer der Welt und Menschen der kanaanitische El. Hauptgott als Landes- oder Nationalgott war der häufig mit El identifizierte Jahwe. Aus 2 Sam 7 ist bekannt, daß David Jahwe zum »persönlichen Gott« erwählte; fortan wurde eine besondere Schutzfunktion Jahwes für die Dynastie angenommen, eine »offizielle« Religion wurde geschaffen. Dadurch, nimmt man an, entstand eine religiöse Spaltung: Das »Volk« verehrte die Baale und Astarten, die Oberschicht wandte sich wegen ihrer Bindung an die Dynastie an Jahwe.[4] Zum Polytheismus gehörten ferner Götter für einzelne Bereiche wie das Wetter, die Fruchtbarkeit; Frauen verehrten die »Himmelskönigin« (beliebt waren die Höhenheiligtümer der Aschera). Die Gottheiten wurden durch Opferkult geehrt: Wertvolles wurde vernichtet, um die Gottheit gnädig zu stimmen; aus sozialem Denken heraus wurden nur Fettstücke verbrannt, das übrige Götzenopferfleisch wurde preisgünstig verkauft. Zwei weitere Praktiken waren für diese Religion charakteristisch: In Fällen nationaler Not wurden Menschenopfer dargebracht. An vielen Heiligtümern (so auch am Jerusalemer Tempel) gab es Tempelbordelle. Die Jahwereligion wandte sich gegen diese beiden Praktiken und stellte auch damit wieder die ihr innewohnenden humanen Impulse unter Beweis.

---

[4] Vgl. dazu *F. Crüsemann*, Der Widerstand gegen das Königtum. Die antiköniglichen Texte des Alten Testaments und der Kampf um den frühen israelitischen Staat, Neukirchen 1978; *N. Lohfink*, in: ders. u. a., Ich will euer Gott werden. Beispiele biblischen Redens von Gott, Stuttgart 1981, 11–73, bes. 49 ff.

3.1.3 Die Durchsetzung des Monotheismus

Wie neuere Publikationen annehmen, setzte sich der Monotheismus in Israel in fünf Phasen durch.[5]

1. Die erste Phase ist markiert durch den Kampf gegen den Gott Baal im 9. Jahrhundert v. Chr. Initiator war offenbar der Prophet Elija, der zur Zeit des Königs Ahab (874–853) zum Mord an den Dienern des Baal aufrief. Elija und nach ihm Elischa unternahmen den Versuch, die Jahwe-Verehrer von den anderen Landinsassen abzusondern: nur noch Jahwe soll verehrt werden. Die Gründe für diese Absonderung und für das Entstehen der »Jahwe-allein-Bewegung« sind nicht mehr bekannt. Die Fremdheit Jahwes mag dazu beigetragen haben: der selber kinderlose, selten vermählt gedachte Jahwe war nie richtig in die Götterfamilie eingebunden gewesen. »Der Außenseiter in der Welt der Götter ist Gott der Außenseiter.«[6]

2. Die zweite Phase wird charakterisiert durch den Propheten Hosea um 740 v. Chr. In Hos 13,4 findet sich das Programm, das später Grundlage des Dekalogs ist: Die Israeliten sollen Jahwe allein verehren und alle anderen Götter vernachlässigen. Hosea dachte das Verhältnis Jahwes zu Israel wie das eines Gatten zu der (treulosen) Gattin. Sein Kampf galt auch der Tempelprostitution.

3. Als dritte Phase wird die Kultreform des Königs Hiskija (728 bis 699) angesehen: eine kupferne Schlange im Tempel, die auf Mose zurückging, wurde zerstört; es begann eine Polemik gegen den Bildkult im Nordreich, wo man Jahwe als Stierkalb darstellte. Daraus wird geschlossen, daß die »Jahwe-allein-Bewegung« Einfluß am Hof des Reiches Juda und am Tempel in Jerusalem gewann.

4. Breiteren Erfolg erlangte nach dieser Theorie die »Jahwe-

[5] Vgl. *H. D. Preuss*, Verspottung fremder Religion im Alten Testament, Stuttgart 1971; *H. Vorländer*, Mein Gott. Die Vorstellung vom persönlichen Gott im Alten Orient und im Alten Testament, Kevelaer 1975; *O. Keel* (Hrsg.), Monotheismus (Anm. 1); *B. Lang* (Hrsg.), Der einzige Gott. Die Geburt des biblischen Monotheismus, München 1981; *ders.*, Neues über die Geschichte des Monotheismus, in: Theologische Quartalschrift 163 (1983) 54–58 (Literatur); *ders.*, Jahwe allein! Ursprung und Gestalt des biblischen Monotheismus, in: Concilium 21 (1985) 30–35.

[6] *B. Lang*, Gott (Anm. 5), 61.

allein-Bewegung« zur Zeit der Reform des Königs Joschija (641 bis 609), in deren Folge der Kult reformiert (Verschwinden fremder Kultsymbole und des Bordells aus dem Tempel), der Kult in Jerusalem zentralisiert und die neue Kultordnung staatliches Gesetz wurde mit der Bestimmung, daß allein Jahwe zu verehren sei. Die Landheiligtümer wurden geschlossen. Unter den Propheten, die sich für diese monotheistische Bewegung einsetzten, werden Zefanja, Ezechiel und Jeremia genannt.

5. Nach dem Jahr 586 (Exil in Babylon) erfolgte der Durchbruch des Monotheismus. Vor allem im deuteronomistischen Geschichtswerk und bei Deutero-Jesaja wird mit reflexen Formulierungen bezeugt, daß niemand außer Jahwe Gott sei, was Folgen für den Kult (Sabbat) hatte und ethische Weisungen (Dekalog) nach sich zog und eine Gesetzgebung mit deutlich zu beobachtender politischer Zielsetzung (Wiederherstellung Israels). Die Priesterschaft an dem 515 nach Rückkehr aus dem Exil eingeweihten Jerusalemer Tempel sei vollständig Teil der »Jahwe-allein-Bewegung« gewesen.

3.1.4 Der Prozeß des Gottesverständnisses im Monotheismus

Die Unheilspropheten des 8. Jahrhunderts (Amos, Hosea, Jesaja und Micha) sahen sich als Künder eines absoluten sittlichen Willens. Sie verstanden den Geltungsbereich dieses Willens als universal, soweit ihr begrenzter Horizont das zuließ: die »Welt«, wie sie sie kennen, ist radikal gestört, durch inhumane Zustände deformiert. Kann sich der absolute sittliche Wille nicht durchsetzen, dann ist sie dem Untergang geweiht. So wie diese Propheten den absoluten sittlichen Willen in seiner Einheit begriffen, konnte er nur einen einzigen Träger haben, dessen Name »Jahwe« ist. Damit waren eine ursprüngliche Begründung des Monotheismus und zugleich seine Universalität gegeben, mit der Folge, daß Jahwe nicht nur als Schutzgott einer Gruppe oder Nationalgott eines Volkes, sondern auch als Herr über fremde Völker (z. B. Assur) und über das Chaos angesehen wurde. Die Einheit von Monotheismus und Sozialkritik wird bei späteren vorexilischen Propheten noch deutlicher ausgesprochen. Die Einheit von richtigem Verhalten gegenüber Gott und den Menschen, die leicht erst als neutestamentliche Botschaft ausgegeben wird, ist hier bereits gegeben.

Das Exil war Ort und Gelegenheit, den manchmal naiven Glauben an den persönlichen familiären Gott angesichts der leidvollen Erfahrungen neu zu durchdenken. Eine Schlüsselrolle kam dabei jenen Theologen zu, deren Überlegungen im Deuteronomium, im Deutero-Jesaja und in der Priesterschrift erhalten sind. Die Betonung des Monotheismus im Exil sollte der Gefahr eines möglichen Abfalls der Exilierten zu den Göttern Babylons wehren.[7] Darum wird, im Zusammenhang mit der Abweisung der Göttermythen, die Schöpfung durch den einen Gott überhaupt erst thematisiert: alles, was nicht der eine, einzige Gott ist, ist von ihm erschaffen worden, auch die anderswo als Götter verehrten Gestirne. Die Schöpfung gipfelt in der Schaffung Israels, aber auch die anderen Völker sind in die Sicht einbezogen: der ewige Bund, der mit ihnen geschlossen wurde, soll den Bestand der Welt sicherstellen.

Der Deuteronomist versucht, das »Volk Jahwes« mit Hilfe des Bundesgedankens neu zu motivieren: Israel steht mit Jahwe in einem Vertragsverhältnis, dessen Inbegriff das 1. Gebot im Dekalog ist. Die Nichtbeachtung dieses Hauptgebotes führt als Strafe die Verhältnisse der Exilszeit wieder herbei. Typisch für den so konzipierten Monotheismus ist, daß die Gegenwart als nicht Gottes Willen entsprechend kritisiert wird. Damit wird eine vergangene Epoche zur Zeit eines idealen Gottesverhältnisses, zur Zeit gelungener Gotteserfahrungen hochstilisiert; zudem wird eine ähnliche Nähe von Gott und Menschen wie in der Frühzeit Israels unter bestimmten Bedingungen für die Zukunft in Aussicht gestellt. Die Gegenwart steht unter dem Vorzeichen einer Verborgenheit Gottes. Diese Sicht verbindet sich im Monotheismus mit einem immer stärkeren Auseinandertreten von Gott und Welt (verglichen etwa mit der Religion der Vorväter): Gott wird als absolut weltüberlegen, die Welt als entgöttlicht gedacht. Die Tendenzen sowohl zur Weltflucht (um in einem Aus– und Aufstieg Gott zu

---

[7] Vgl. hierzu besonders die Beiträge von *N. Lohfink* (Anm. 4) und *P. Weimar* (Anm. 1).

erreichen) als auch zu einer gott-losen Weltbewältigung sind hier mit grundgelegt.

In der Endredaktion des Deuteronomiums wird die Vorstellung, Gott verhalte sich zu seinem Volk Israel im Rahmen eines Vasallenvertrags (eine Erklärungsmöglichkeit im Exil, die Strafe als gerecht und verdient wegen des Vertragsbruchs zu deuten), wieder aufgegeben. Jahwe wird als freier Gott dargestellt, der auch vom guten oder bösen Verhalten von Menschen unabhängig ist; er ist ein treuer Gott, dessen Treue nicht mit menschlicher Vertragserfüllung verbunden ist. Dieses Gottesbild hat die »Höhe« der neutestamentlichen Gottesbotschaft: Gott ist nicht wegen der von Menschen erbrachten Treue und Vorleistungen treu und fühlt sich nicht durch Nichteinhaltung eines Vertrags zur Strafe verpflichtet; er ist vielmehr in souveräner Freiheit gnädig.

Damit ist aber die »Transzendentalisierung« Gottes noch weiter vorangetrieben. Gerichtsdrohungen wie die der Unheilspropheten können nicht mehr »ankommen«, wenn Gottes Eingreifen in weltliche Zusammenhänge nicht mehr bestimmten Gesetzen (der Strafe und Vergeltung oder der Belohnung) folgt. Die Geschichte scheint nicht mehr, wie sie in der Weisheitsliteratur gedacht war, der Schauplatz der Taten Jahwes zu sein. Diese resignative Haltung kommt wenige Jahrhunderte nach dem Exil, im apokalyptischen Schrifttum, erst richtig zur thematischen Geltung.

Die Überzeugung von der Distanz Gottes zu Welt und Geschichte bedeutet aber keine Abkehr vom Gottesglauben und seinen notwendigen praktischen Folgen, im Gegenteil.[8] In dem Maß, in dem die Skepsis wächst, ob das »Volk« Partner Gottes und Instrument seines Willens in der Geschichte ist, in dem Maß wächst das Bewußtsein, daß der primäre Ansprechpartner Gottes das individuelle Ich ist, das zur Entscheidung in religiösen Akten und im Gewissen aufgerufen ist und so auch für die innerweltliche Entwicklung Verantwortung trägt, für dessen Rettung aus dem Tod der treue Gott besorgt ist, der aber im Tod auch Rechenschaft verlangen wird.

---

[8] *R. Albertz*, Persönliche Frömmigkeit und offizielle Religion, Stuttgart 1978, bes. 169ff.

3.1.5 Grundzüge des Jahwe-Glaubens

Natürlich kann hier nicht im entferntesten der Versuch gemacht werden, die Religion Israels darzustellen. Es geht vielmehr um einige Grundzüge des Jahwe-Glaubens, die auf dem Weg über den Jahwe-Glauben Jesu zu unverlierbaren Bestandteilen der christlichen Gottesauffassung geworden sind.[9]

1. Der einzigartige Gott: Jahwe nimmt, verglichen mit anderen Göttern, insofern eine einzigartige Stellung ein, als er dem glaubenden Menschen mehr bedeuten möchte als irgendein anderer Wert: er will, daß Menschen ihn lieben, das heißt, ihn bejahen, sich an ihm orientieren, sich ihm anvertrauen und alle ihre Werte einschließlich der menschlichen Beziehungen in diese Gottesbeziehung einschließen. Das wird in dem bis heute gültigen jüdischen Glaubensbekenntnis, dem »Schemá Israel«, das auch das Glaubensbekenntnis Jesu war, sehr stark emotional ausgedrückt: »Höre Israel: Jahwe, unser Gott, ist *ein* Jahwe. Darum sollst du Jahwe, deinen Gott, lieben mit deinem ganzen Herzen, mit deiner ganzen Seele, mit deiner ganzen Kraft« (Dtn 6,4f).

2. Der zuverlässige und unverfügbare Gott: Die Geschichte Israels ist eine Geschichte fortgesetzter Erfahrungen der Treue Jahwes, mit der gleichwohl Menschen nicht in eigener Souveränität kalkulieren können. Gott ist für die Menschen da, wo sie ihn brauchen, er ist jedoch von ihnen nicht abhängig. Er verlangt die Anerkennung der Gültigkeit seines Willens auch dort, wo dieser auf Widerstände von Menschen trifft.

3. Der befreiende und parteiische Gott: Jahwes Wille ist auf die Schaffung wahrhaft menschlicher Verhältnisse und auf die Entstehung von »Kontrastgesellschaften« zur üblichen hierarchisch-unterdrückenden Gesellschaftsgestaltung gerichtet. Von der individuellen menschlichen Beziehung bis hin zu den Beziehungen zwischen den Großgruppen soll das »Regelverhalten« außer Kraft gesetzt werden. Wo Jahwe nicht als dieser befreiende Gott

---

[9] Vgl. zum Folgenden vor allem *E. Zenger*, Wie spricht das Alte Testament von Gott? in: H. Fries u. a., Möglichkeiten des Redens über Gott, Düsseldorf 1978, 57–77; *N. Lohfink* (Anm. 4).

respektiert wird, offenbart er sich als der im Zorn parteiische Gott der Schwachen und Unterdrückten. Zu diesem Aspekt, daß Gott ein befreiender Gott ist, gehört auch, daß seine religiösen Weisungen nicht belasten und verknechten, sondern zu Festen und Feiern befreien wollen.

4. Der liebende Gott: Jahwes Liebe wird in einer in der Religionsgeschichte einzigartigen Weise im Alten Testament mit sehr eindringlichen Worten beschrieben: sie bringen eine starke Emotionalität zum Ausdruck, ein Sich-eins-Fühlen mit dem Partner, Zärtlichkeit, personale Bindung, etwa in dem Wort »Verloben« in Hos 2,21f, Solidarität, Erbarmen. Diese Ausdrücke sind insgesamt viel reicher als das abgegriffene Wort »Gnade«. Jahwes Liebe wird auch mit psychologisch wichtigen Bildern dargestellt: Jahwe als großer Vogel, der die Jungen beschützt (Dtn 32,10–14), als Hirt (Ps 23), als Mutter (Hos 11; Jes 49,14f; 66,13). Jahwes Herz ist mütterlich und väterlich zugleich.

Bedeutsam für das Thema der Liebe Jahwes ist, daß das Alte Testament eine Entwicklung bezeugt, die zum Teil einen Wandel der Erfahrungen auf menschlicher Seite wiedergibt, zum Teil aber auch Konflikte, Ängste und Veränderung in Jahwe selber nahelegt.[10] Der Gott der Vorväterreligion war ein kriegerischer Gott (Ex 15,3). Die veränderte Erfahrung besagt, daß Jahwe zwar weiterhin kämpferisch seinen Willen, insbesondere zugunsten der Rechtlosen, zur Geltung bringt, ihn aber nicht im Kriegsgeschehen offenbart; daß sein Wille vielmehr darin besteht, daß Schwerter zu Pflugscharen und Lanzen zu Winzermessern umgeschmiedet werden (Jes 2). Ein Wandel in Jahwe selber wird dort ausgesprochen, wo Jahwes Offenbarungswort besagt, daß Gott in »liebender Selbstbeherrschung« seinen eigenen Zorn besiegt hat (Hos 11,8f). Gott ist inkonsequent, er kann seinen eigenen Plan ändern, tut dies aber immer zum Guten hin: er übt Geduld und Schonung, wird aber nicht »berechenbar«.

5. Der den Menschen ehrende Gott: Die Gottesoffenbarung dient nicht dazu, die Rätsel der Welt oder die Probleme menschlicher

---

[10] Vgl. dazu *J. Jeremias*, Die Reue Gottes. Aspekte alttestamentlicher Gottesvorstellung, Neukirchen 1975.

Sinnfragen aufzuhellen. Das bedeutet, daß Menschen die Verantwortung für eine positive Bewältigung der Welt haben, womit auch gesagt ist, daß sie sich nicht von Gott Hilfe versprechen dürfen – auch nicht Hilfe in Form einer Welterklärung –, wo Gott diese Hilfe nicht leisten kann. Sie werden ermutigt, von ihrem Verstand Gebrauch zu machen; sie werden nicht an einen blinden Glauben verwiesen. Aber nicht alles Mißlingen innerhalb der Schöpfung und Geschichte ist auf das Versagen der Menschen zurückzuführen. In vielem bleibt die Frage »Warum«, die an niemand anderen als an Gott zu richten ist. Auch hier fordert das Alte Testament nicht demütige Unterwerfung der Menschen unter einen undurchsichtigen Willen Gottes. Es sieht Jahwe oft in der Position des Angeklagten. Jahwe ist der Adressat von Klagen, ja von Beschimpfungen. Gott gegenüber bestehen keine Frage- und Sprachverbote, es gibt keine Angst vor etwaigen Nachteilen und darum Verdrängungen. Die Anklage wird zur Herausforderung an Jahwe, sich am Tag der Vollendung zu rechtfertigen. So kommt das Verhältnis zu Jahwe aus der Banalität heraus; die Menschen werden in diesem Gottesverhältnis nicht entehrt.

3.1.6 Probleme einer alttestamentlichen »Gotteslehre«

Das Alte Testament bietet von seiner Eigenart her selbstverständlich keine Gotteslehre, wie sie in der theologischen Systematik entworfen wird. Es spricht hauptsächlich von Gottes Umgang mit Menschen. Es finden sich kaum reflexe Aussagen über das Wesen Gottes und über die notwendig zu diesem gehörenden Eigenschaften (Ausnahmen etwa in Psalmen). Hier können nicht jene Inhalte einer Gottesoffenbarung zur Sprache gebracht werden, die Gottes Schöpfersein, sein Wirken in der Schöpfung (Macht, Gegenwart, Vorsehung) und sein Verhältnis zur Zeit (Ewigkeit) verdeutlichen wollen und die Menschen als seine Ebenbilder darstellen. Die hier festgehaltenen Grundzüge könnten durch manche biblische Aussagen ergänzt werden, Aussagen zum Beispiel über die Unverfügbarkeit Gottes, die in aller Kürze das bezeichnet, was im Alten Testament eingehend über Gottes Herrlichkeit, Erhabenheit und Heiligkeit bezeugt ist. Die systematische Gotteslehre versucht, die vielschichtigen Aussagen zusammenzufassen, sie sich mit anderen, vermeintlich oder wirklich verständlicheren Begriffen zu verdeutlichen und sie von allzu menschenähnlichen Vorstellungen (Anthropomorphismen) zu reinigen. Dabei rückt die eminent wichtige Frage nach der Personalität Gottes in den Vordergrund. Der Begriff der Person ist von großer Bedeutung in der Gotteslehre, aber erst an späterer Stelle genauer zu erörtern. Vorläufig kann der Hinweis genügen, daß dieser Begriff der christlichen Philosophie ein vernunftbegabtes Wesen meint, das im Besitz von Selbstbewußtsein und Freiheit ist und als solches in Beziehungen mit anderen tritt, die ihm etwas »bedeuten«. Dieses Verständnis von Person hat zwingend zur Folge, daß der Gott des Alten Testaments als personaler Gott verstanden werden muß: er ist nicht eine blind waltende Energie, ein allumfassendes »Es«; sondern dieser Gott bekundet einen Willen, ist in souveräner Weise »bei sich selber« und zugleich an seinen Geschöpfen »interessiert«, so daß diese mit Recht »Du« zu ihm sagen. Dieses »personale« Wesen Gottes kommt nicht nur in Umschreibungen nach Menschenart (Anthropomorphismen) zum Ausdruck, etwa wenn vom »Angesicht« Gottes und von seinem »Herzen« die Rede ist, sondern wird in besonderer Weise in der Offenbarung des Gottesnamens »Jahwe« bekundet.[11]

Literatur

Angerstorfer, A., Der Schöpfergott des Alten Testaments, Frankfurt/Bern 1979

Coppens, J. (Hrsg.), La notion biblique de Dieu, Gembloux 1976, 77 bis 228

Deissler, A., Der Gott des Alten Testamentes, in: J. Ratzinger (Hrsg.), Die Frage nach Gott (Quaestiones disputatae, 56), Freiburg [4]1973, 45–58

Jeremias, J., Gott und Geschichte im Alten Testament, in: Evangelische Theologie 40 (1980) 381–396

Lohfink, N., Unsere großen Wörter, Freiburg [2]1979

[11] Vgl. *H. Schüngel-Straumann*, Überlegungen zum Jahwe-Namen in den Gottesgeboten des Dekalogs, in: Theologische Zeitschrift 38 (1982) 65–78. Um die Darstellung der Personalität Gottes im Alten Testament bemühte sich besonders *A. Deissler*; vgl. z.B. ders., Der Gott des Alten Testamentes, in: J. Ratzinger (Hrsg.), Die Frage nach Gott (Quaestiones disputatae, 56), Freiburg [4]1973, 45–58.

Ders., Kirchenträume, Freiburg 1982

Ders. u. a., Ich will euer Gott werden. Beispiele biblischen Redens von Gott, mit Beiträgen von N. Lohfink u. a., Stuttgart 1981, 11–149

Seebaß, H., Der Gott der ganzen Bibel, Freiburg 1982

Steck, O. H., Wahrnehmungen Gottes im Alten Testament, München 1982

Welten, P., Gott Israels – Gott vom Sinai. Zur Gottesfrage in der heutigen alttestamentlichen Wissenschaft, in: Berliner Theologische Zeitschrift 1 (1984) 225–239 (Literatur)

Zenger, E., Wie spricht das Alte Testament von Gott?, in: H. Fries u. a., Möglichkeiten des Redens über Gott, Düsseldorf 1978, 57–77

Ders., Der Gott der Bibel, Stuttgart 1979

3.2 Die Gotteserfahrungen und Gotteserkenntnisse nach dem Zeugnis des Neuen Testaments

Noch mehr als bei der »Jahwe–allein-Bewegung«, die sich doch erst durchsetzte, als sie von eigentlichen theologischen Experten getragen war, wurden die im Neuen Testament bezeugten Gotteserfahrungen von Theologen reflektiert, die dem Gottesbild des Neuen Testaments wichtige Züge einprägten. Hier ist darum nicht nur von den Gotteserfahrungen, sondern auch von eben diesen theologischen Erkenntnissen in neutestamentlicher Zeit zu sprechen.

3.2.1 Der Gott Jesu von Nazaret

Die verstärkten Bemühungen der letzten Jahrzehnte, Jesus selber »hinter« der frühchristlichen Jesusauslegung zu erblicken, haben es möglich gemacht, einige Grundzüge der Gottesauffassung Jesu zu rekonstruieren.[12] Die strenge Unterscheidung von historischen

---

[12] Zum Gottesbild Jesu vor allem *P. Hoffmann*, »Er weiß, was ihr braucht ...« (Mt 6,7). Jesu einfache und konkrete Rede von Gott, in: N. Lohfink u. a., Ich will euer Gott werden, 151–176, hier 153 (Literatur). Zum zentralen Thema des Reiches Gottes: *H. Merklein*, Die Gottesherrschaft als Handlungsprinzip, Würzburg 1978; *H.-J. Kraus*, Systematische Theologie im Kontext biblischer Geschichte und Eschatologie, Neukirchen 1983; *H. Schürmann*, Gottes Reich – Jesu Geschick, Freiburg 1983. – Zum Verhältnis Jesu zum Täufer Johannes: *H. Merklein*, Die Umkehrpredigt bei Johannes dem Täufer und Jesus von Nazaret, in: Biblische Zeitschrift 25 (1981) 29–46.

Erinnerungen auf der einen, aktualisierender Verkündigung und theologischer Reflexion auf der anderen Seite macht es nötig, von einigen liebgewordenen Positionen auch hinsichtlich des Gottesbildes Jesu Abschied zu nehmen. So hatte sich weithin die Auffassung eingestellt, die Rede Jesu vom »Vater« oder von »meinem Vater« sei singulär. Diese Redeweisen gehen aber eher nicht auf Jesus selber zurück, und auch das »Vater unser« ist nicht ohne weiteres auf Jesus zurückzuführen.[13]

Die Gotteserfahrung seines Lehrers, des Täufers Johannes, blieb im wesentlichen auch für Jesus gültig: gemeint ist die Erfahrung, daß Gott nicht harmlos ist und daß sein Anspruch radikal ernst zu nehmen ist. Die Begegnung mit diesem Gott führt Menschen vor eine Entscheidung, in der sie ihr Leben endgültig finden oder verlieren können. Jesus übernahm zur Illustration dieses Ernstes die Gerichtsmotive aus der Tradition; sie spielten bei ihm aber nicht die erstrangige Rolle, in der sie beim Täufer auftraten. Denn die Abkehr Jesu vom Täufer, äußerlich gekennzeichnet durch seinen Weggang aus der Wüste ins Kleinleuteland Galiläa, ging einher mit der Verkündigung eines Gottes, der nicht verzehrendes Feuer, sondern annehmende Liebe ist. Jesus verglich das Finden dieses Gottes mit der Stunde der Hochzeit, mit einem großen Fest, mit der Freude über das Wiederfinden des Verlorenen.

Jesus selber stand, was heute von niemand bestritten wird, in der Kontinuität der Glaubensgeschichte seines Volkes. Er war ein Anhänger der »Jahwe-allein-Bewegung«. Am deutlichsten tritt er selber in den Texten der Evangelien aus den Übermalungen hervor, wo von seinen Konflikten mit zeitgenössischen religiös-theologischen Anschauungen berichtet wird. Der Konflikt Jesu mit führenden Repräsentanten Israels war ein Streit um den Gott Israels. Die Gegner aus dem Kreis der Gesetzeslehrer betonten mit der Weisheitstradition den Zusammenhang von Tun und Ergehen; sie glaubten an einen Gott, der sein Verhalten in erster Linie am Leistungsprinzip orientierte. Demgegenüber griff Jesus auf den »per-

---

[13] Vgl. dazu *P. Hoffmann*, »Er weiß« (Anm. 12), 154, Anm. 1 (Literatur von A. Vögtle). Als Beispiel einer einseitigen Betonung des Vaterverhältnisses Jesu: *W. Kasper*, Der Gott Jesu Christi, Mainz 1982, 171–187.

sönlichen Gott« der Vorväter zurück. Sein Gott ist der Gott Abrahams, Isaaks und Jakobs. Die Israeliten, die an diesem Gott festhielten, konnten ihn mit der Tradition als »Vater« anrufen.

In der Gottesverkündigung Jesu dominierten nicht die Züge einer ausgleichenden Gerechtigkeit, im Gegenteil. Jesus verstand Gottes Güte und Menschenfreundlichkeit als unbedingt und voraussetzungslos: Gott geht als erster dem Verlorenen nach. Er fordert sich selbst gegenüber eine ungeheuchelte Haltung der »Einfachheit« und »Lauterkeit«, den Mitmenschen gegenüber Solidarität und gegenseitiges Annehmen, wobei beide Haltungen, die gegenüber Gott und die gegenüber den Mitmenschen, untrennbar zusammengehören (Mt 20; Lk 15).

In Jesu souveränen Stellungnahmen zu Gesetz und Gesetzesfrömmigkeit erscheint sein Gott als einer, der freie und frei verantwortliche Menschen möchte, etwa wenn der Feiertag um des Menschen willen da ist (Mk 2,27), wenn die Liturgie hinter der Versöhnung zurückzutreten hat (Mt 5,23f), wenn der in der Antike fundamentale Unterschied zwischen Rein und Unrein und damit auch der zwischen Heilig und Profan aufgehoben wird (Mk 7,15).

Entsprechend der ursprünglichen alttestamentlichen Intention (vgl. die Gebote 4–10 des Dekalogs mit ihrer Aufforderung, dem anderen konkret gerecht zu werden) möchten die Antithesen der Bergpredigt das gesetzliche Mißverständnis des Willens Gottes beseitigen. Die menschlichen Beziehungen sollen nach dem Willen Gottes radikal umgestaltet werden, durch Sensibilität für die Nöte und Rechte der anderen, durch Kontrolle der Aggressivität, durch umfassende Wahrhaftigkeit.

Für die Rede Jesu von Gott war die Einheit von Lehre und Praxis charakteristisch. Was er »über« Gott sagte, wollte er in seiner Praxis zu konkreter Anschauung bringen; wurde er wegen dieser Praxis angegriffen, so rechtfertigte er sie damit, daß er Gott für sich in Anspruch nahm. Das Gottesverständnis Jesu erschließt sich besonders deutlich in seinem konkreten, nicht theoretischen Reden von Gott in den mit hoher Wahrscheinlichkeit auf Jesus selbst zurückzuführenden Gleichnissen von den Arbeitern im Weinberg (Mt 20,1–15) und von dem, was verlorengegangen war, dem Schaf, der Drachme und dem Sohn (Lk 15).

Jesus wußte sich jener jüdischen Überlieferung zugehörig, nach der Gott ein parteiischer Gott ist, der für die Armen und Entrechteten eintritt. Die Apokalyptik hatte zunehmend diese Rettung in ein Jenseits des Todes und der Geschichte verlagert und dabei auch den Kreis der Geretteten immer mehr auf besondere Fromme eingeengt. Jesus verstand sich gegenüber den Rechtlosen und Betrogenen als der endzeitliche Freuden- und Friedensbote Gottes, der »jetzt« den Armen, Hungernden und Trauernden (Lk 6,20 f) die veränderten Verhältnisse des Reiches Gottes ansagt. Aber er weitete dabei zweifellos den Begriff der »Armen« noch aus, statt ihn einzuengen (vgl. Mt 25); Gott ist nicht im »Besitz« der Frommen, er ist immer ein Gott der anderen (vgl. die Weisung, das Regelverhalten durch Feindesliebe zu überwinden).

Neu am Gottesverständnis Jesu gegenüber der Tradition, in der er stand, war die Art und Weise, wie er vom Reich oder von der Herrschaft Gottes redete: Er verkündete, daß die Herrschaft Gottes jetzt, das heißt hier und heute, anbreche, in der Gestalt eines Angebotes Gottes, und daß sie von Menschen, die sie bejahen und annehmen, jetzt, in den alltäglichen Situationen, zu verwirklichen sei. Dieser Anbruch war engstens mit ihm selber, mit seinem Auftreten, verbunden. Gewißheit hatte Jesus über dieses Kommen der Gottesherrschaft in seiner Person durch die Erfahrung gewonnen, daß dort, wo er wirkte, die »bösen Geister« (die kondensierte Macht des Bösen) wichen. In der Praxis und Lehre von der Gottesherrschaft[14] stand Jesus nicht in der Gefahr der Apokalyptik, in der Menschengeschichte nicht mehr den Ort der Gegenwart Gottes zu sehen. Er bejahte vielmehr – gemeinsam mit der Weisheitsliteratur – die Welt als Schöpfung Gottes und als Ort seines Wirkens. Die Vision vom Satan (Lk 10,18) zeigte Jesus, daß dieser Gott begann, inmitten einer vom Bösen geprägten Zeit seine Welt schöpferisch umzugestalten. Jesus verstand sich als Hauptakteur dieses innerweltlichen göttlichen Wirkens. So war seine Gottesverkündigung eine von ihm selber geleistete Verbindung apokalyptischer Elemente – vom Täufer her, zum Teil mit dessen dramatischem Wortschatz –

---

[14] Vgl. vor allem *H. Merklein* und *H.-J. Kraus* (Anm. 12).

mit weisheitlichen Auffassungen, wobei die Frage, wer und wie Gott sei, in der Praxis Jesu unmittelbar konkret beantwortet wurde.

3.2.2 Die Auferweckung Jesu und die Anfänge der Christologie

Das Aufkommen christologischer Aussagen ist für die christliche Gotteslehre bestimmend geworden. Die neutestamentliche Wissenschaft unterscheidet implizite christologische Aussagen, die sich auf das beziehen, was wir mit heutigen Methoden im Hinblick auf das Selbstverständnis des historischen Jesus ergründen können, und explizite christologische Aussagen, die erst in der Folge der Ostererfahrungen erfolgten. Für eine implizite Christologie beim historischen Jesus selber muß nach heutigem Erkenntnisstand genügen, daß Jesus sich als der aktive Exponent des göttlichen Willens in Israel und damit in der Welt verstand.[15]

Die älteste Form einer Auferweckungsaussage ist eine Aussage über Gott. Sie geht vermutlich auf die Anfänge der christlichen Urgemeinde in Jerusalem zurück und hatte ihren »Sitz im Leben« im Gottesdienst dieses kleinen Jüngerkreises. Sie lautet: »Gott, der Jesus aus (den) Toten auferweckt hat«.

Dieses Bekenntnis nicht zur Sonderstellung Jesu, sondern zur Tat Gottes an Jesus zeigt, daß die früheste Gemeinde Jesus als Gerechten und Märtyrer ansah, als einen jener Menschen, an denen der treue Jahwe wegen ihrer Treue seine den Tod überwindende Macht erwies, indem er sie nicht im Tod beließ, sondern im Tod sogleich zu einer himmlischen Auferstehung führte, wobei er ihnen einen neuen, unverweslichen Leib schuf, der nicht auf die Reste des alten Erdenleibes angewiesen war.[16]

---

[15] Vgl. *H. Merklein*, Zur Entstehung der urchristlichen Aussage vom präexistenten Sohn Gottes, in: G. Dautzenberg u. a. (Hrsg.), Zur Geschichte des Urchristentums, Freiburg 1979, 33–62; *ders.*, Die Auferweckung Jesu und die Anfänge der Christologie (Messias bzw. Sohn Gottes und Menschensohn), in: Zeitschrift für die Neutestamentliche Wissenschaft 72 (1981) 1–26.

[16] Vgl. *H. Vorgrimler*, Hoffnung auf Vollendung, Freiburg ²1984, 30f (Literatur): es handelt sich um eine andere Auferweckungshoffnung als bei der Auferstehungserwartung im Buch Daniel.

Aber die Erfahrung, daß Jesus lebt, eine Erfahrung, die darin bestand, daß Gott den lebendigen Jesus zur Erscheinung brachte, rief natürlich die Frage wach, *warum* Gott gerade an Jesus so außergewöhnlich gehandelt hatte. Der Grund konnte in Gott selber liegen: er bedurfte angesichts des Scheiterns seines Gesandten, angesichts des Kreuzes der Rechtfertigung. Er konnte aber auch mit Jesus zusammenhängen: dann bedeutete diese Auferweckung, daß Gott sich zu Jesus bekannte und zu verstehen gab, daß die Geltung der Worte und Taten Jesu durch den Tod nicht überholt worden war. Die Jünger der Jerusalemer Urgemeinde suchten nach einer Möglichkeit, die außergewöhnliche Bedeutung Jesu zu formulieren, um auch in der Öffentlichkeit die Sendung Jesu fortsetzen, seinen Anspruch verteidigen zu können.

So wurden Formulierungen gewählt, die im jüdischen Denkhorizont allgemein bekannt waren; sie wurden aber mit zum Teil neuen Inhalten gefüllt und originell miteinander kombiniert. Dieses Vorgehen der ältesten christlichen Gemeinde war ohne theologische Fachkenntnisse nicht möglich. Den ersten Begriff für die einzigartige und endgültige Funktion Jesu fand man dadurch, daß man sich den erst so kurze Zeit zurückliegenden Prozeß gegen Jesus vergegenwärtigte. Wegen seiner Kritik am Tempel(un)wesen hatte sich Jesus den Zorn der aristokratischen Priester (Sadduzäer) zugezogen. Er wurde von einem jüdischen Gericht verurteilt und bei den Römern beschuldigt, er habe sich als *Messias* ausgegeben; als Messiasprätendent wurde er von den Römern hingerichtet. Jesus selber hatte sich nicht als Messias bezeichnet.

Der Ursprung der Messiasidee ist in der jüdischen Königszeit zu suchen. Als die Königsdynastie – das Haus David – eine göttliche Legitimation suchte, wurde sie in der Prophezeiung gefunden, der Sohn Davids werde von Gott als Sohn angenommen werden (2 Sam 7,14; auch Ps 89); dem gleichen Zweck diente die Aussage, der König werde bei der Inthronisation zum Sohn Gottes eingesetzt (Ps 2,7). Als man in schwerer Krisenzeit auf die Zustände der Königszeit als vermeintlicher Idealzeit zurückgriff und eine »Wiederherstellung« des Hauses David in Aussicht stellte, kamen Erwartungen eines davidischen Retters auf, den man sich in der Gestalt eines Königs, eines Hohenpriesters oder eines Propheten vorstellte. Allen diesen Gestalten war gemeinsam, daß sie zu ihrem Amt gesalbt werden mußten, daher die Bezeichnung »maschiach«, der Gesalbte, woraus »Messias« wurde, griechisch »Christos«. Worauf immer der genauere Akzent lag, der »Gesalbte« würde ein zugleich politischer und religiöser Führer und Retter sein.

Wenn die früheste christliche Gemeinde auf messianische Bezeichnungen zurückgriff, um die einmalige Geltung Jesu zum Ausdruck zu bringen, lag darin ein Gegensatz zur schimpflichen Hinrichtung, wie er in der damaligen Mentalität kaum größer gedacht werden konnte. Die Bezeichnung »*Sohn Gottes*« für Jesus stammt aus messianischem Denken. Die Urgemeinde wollte damit sagen, »daß Gott selbst den als Messiasanwärter Gekreuzigten definitiv bestätigt und ihn tatsächlich zum ›Messias‹ bzw. ›Sohn Gottes‹ eingesetzt hat«[17]. Eine frühe Formel, die Paulus in Röm 1,3f zitiert, bringt diese Theologie auf einen klassisch kurzen Begriff: »Jesus [Christus], der geboren ist aus dem Samen Davids (dem Fleische nach), der eingesetzt wurde zum Sohn Gottes (dem Geist der Heiligkeit nach) seit (kraft) der Auferweckung von den Toten«. Auch andere altertümliche Formulierungen, die in diese Richtung gehen, sind erhalten (Apg 2,[32–]36; 13,33).

Die Anwendung dieser messianischen Vorstellungen auf einen, der leiden und sterben mußte, war in besonderem Maß befremdlich. Die daraus entstehenden Verständnisschwierigkeiten wurden dadurch zu beheben gesucht, daß die Gedanken an einen leidenden, von Gott geretteten und erhöhten Gerechten (etwa Weish 2) mit den messianischen Vorstellungen kombiniert wurden.

Eine Aussage für die Zukunft war damit allerdings noch nicht gemacht. Die Zukunftsdimension wurde in die erwähnten Gedanken erst eingebracht durch den Rückgriff auf die Gestalt des apokalyptischen *Menschensohns*.[18] Jesus hatte von diesem kommenden Menschensohn gesprochen (Lk 12,8f par; vgl. 17,24. 26f), hatte sich selber aber nicht so bezeichnet. Wenn Jesus nun als dieser Menschensohn bezeichnet wurde, so wollte man damit sagen, daß

[17] *H. Merklein*, Die Auferweckung Jesu (Anm. 15), 13.
[18] *P. Weimar*, Daniel 7, in: R. Pesch / R. Schnackenburg (Hrsg.), Jesus und der Menschensohn, Freiburg 1975, 11–36.

der bei seiner Auferweckung zum Messias bzw. Sohn Gottes einge-
setzte Jesus als der endzeitliche Menschensohn vom Himmel her
zum Gericht erscheinen und die sich zu ihm Bekennenden vom
kommenden Zorngericht errettet werde. Eine eigentliche »Men-
schensohnchristologie« mit entsprechenden gottesdienstlichen Be-
kenntnissen gab es jedoch nicht.

3.2.3   Die Entstehung der Präexistenzchristologie

Die Präexistenzchristologie bedeutet jenen entscheidenden Ansatz, durch den sich die christliche Gottesauffassung von der jüdischen (und jeder anderen) zu unterscheiden begann und von dem
aus es schließlich zur Ausprägung der Lehre von der göttlichen
Dreieinigkeit oder Dreifaltigkeit kam. Die Grundaussage der
Präexistenzchristologie lautet, daß vor der irdischen Existenz des
Menschen Jesus von Nazaret in Gott ein Sohn Gottes existierte,
der sich – auf eine hier nicht genauer zu bestimmende Weise – mit
dem geschichtlichen Jesus verband. Diese Aussage findet sich in
einer nicht zu übersehenden Breite bereits im Neuen Testament.[19]
Sie tritt in verschiedenen Zusammenhängen auf: dort, wo die for-
melhaften Aussagen, Jesus sei von Gott gesandt worden, mit Aussagen über seine Präexistenz kombiniert werden (bei Paulus und
Johannes: Gal 4,4f; Röm 8,3f; Joh 3,16f; 1 Joh 4,9); dort, wo in alten überlieferten Hymnen von einer Präexistenz Jesu gesungen
wird, ohne daß er als »Sohn Gottes« eingeführt würde (Phil 2,6 bis
11; Kol 1,15–20; Joh 1,1–16 u. a.); dort, wo Jesus als ein Mensch
aufgezeigt wird, in dem die göttliche Weisheit wohnt, aus dem sie
spricht, ja, der mit dieser präexistenten göttlichen Weisheit identisch ist (vorwiegend aus der Logienquelle Q: Lk 7,31–35 par;
11,49–51 par; 13,34f par; Mt 11,28–30). Diese Aussagen entstanden nicht unmittelbar aus der Ostererfahrung, sondern aus der
Frage, was das Einmalige, Rätselhafte und Überragende an Jesus
war, verbunden mit der Frage, warum gerade dieser sterben
mußte.[20] Die sprachliche Gestalt, in der diese Fragen angegangen

[19] Vgl. besonders *H. Merklein*, Zur Entstehung (Anm. 15).
[20] Ebd. 42.

wurden, war eine Kombination der Aussage: »Jesus wurde gesandt« mit der Aussage: »damit«, »für«, »um ... willen«. Dieses »damit« zielt auf die Heilsbedeutung des Todes Jesu. In neuester Zeit ist viel diskutiert worden, ob Jesus selber von der Heilsbedeutung seines Todes gewußt und gesprochen habe.[21] Hier geht es nicht um dieses soteriologische Problem, sondern um die Frage, von wo her Jesus gesandt wurde und wer er gerade deshalb war.

Nach der neueren Forschung ist die Fragestellung und sind die versuchten Antworten sehr alt, älter als bisher angenommen. Danach wäre es falsch, das palästinische Judenchristentum als die älteste christliche Gruppe und traditionsgeschichtliche Phase anzusehen und ihr erst später das hellenistische Judenchristentum als zweite und neue Phase folgen zu lassen. Vielmehr haben Christen, die hellenistische Juden waren, vielleicht Osterpilger aus Alexandrien, von Anfang an zur Urgemeinde in Jerusalem gehört.[22] Diese Gruppe nahm, um das Einzigartige an Person und Wirken Jesu zum Ausdruck bringen zu können, Vorstellungen und Begriffe auf, die größtenteils aus dem hellenistischen, speziell dem ägyptischen, Judentum stammten. Das ist aus dem alttestamentlichen Buch »Weisheit Salomons« und vor allem aus den Schriften des Philosophen Philon von Alexandrien (13 v. Chr. bis 45/50 n. Chr.) bekannt, der, mit rabbinischer und griechischer Bildung ausgestattet, den gebildeten Heiden seiner Zeit Kenntnisse des Judentums vermitteln und Übereinstimmungen zwischen griechischer Religionsphilosophie und dem jüdischen Pentateuch aufzeigen wollte.

In Philons Spekulationen über die göttliche Weisheit und das göttliche Wort, den Logos, wurden frühere Vorstellungen von innergöttlichen Lebensvorgängen weiter ausgebaut, aber durchaus nicht auf konsequent einheitliche Weise, so daß die Grenzen zwischen philosophisch-theologischer Rede und dichterischen Bildern fließend sind. So etwa kann mit Gott, dem Vater des Universums, die göttliche Weisheit als Mutter verbunden sein; ihrer beider Lo-

---

[21] Vgl. *A. Vögtle*, Todesankündigungen und Todesverständnis Jesu, in: Der Tod Jesu (Quaestiones disputatae, 74), Freiburg ²1982, 51–113; *L. Oberlinner*, Todeserwartung und Todesgewißheit Jesu, Stuttgart 1980.

[22] Vgl. *H. Merklein*, Zur Entstehung (Anm. 15), 49, Anm. 91 (Literatur).

gos übernimmt nach Philon dann Funktionen, die anderswo der Weisheit zugeschrieben wurden: er ist Abbild Gottes, von ihm gesandt, ja sein erstgeborener Sohn, gezeugt vor allen anderen Söhnen Gottes, der Mittler zwischen Gott und Menschen. Oder: von Gott, dem Vater, stammt die göttliche Weisheit als Tochter ab, die nichts anderes ist als die Tora, das Gesetz Gottes, ein gleichsam weibliches Wort Gottes.

Diese Identifizierung der göttlichen Weisheit mit der Tora wurde von den jüdischen Hellenisten, die als Osterpilger nach Jerusalem kamen, geteilt; ebenso sahen sie im dortigen Tempel den »Ort« der präexistenten göttlichen Weisheit. Tora und Tempel hatten für sie heilsmittlerische Bedeutung. Und hier setzte nun die Spaltung dieser hellenistisch-jüdischen Gruppe ein: Jene von ihnen, die sich zur heilsmittlerischen Funktion Jesu oder zur Heilsvermittlung durch seinen Tod bekannten, sahen in Jesus die Verkörperung der präexistenten göttlichen Weisheit; sie lehnten damit im Unterschied zu den anderen die Heilsvermittlung durch Tempel und Tora ab. So entstand die Präexistenzchristologie (Helmut Merklein).

Es handelt sich dabei also um eine gedankliche Operation, die nur von theologisch sehr bewanderten Fachkräften vorgenommen werden konnte. Die ältesten Spuren dieser Präexistenzchristologie sind in den Logien erhalten, in denen Jesus mit der Sophia, mit der Weisheit-Tora identifiziert wird (Mt 11,28–30; Lk 11,49–51 par; 13,34 par; auch 10,21f). Als die judenchristlichen Hellenisten aus Jerusalem vertrieben worden waren und sich nach Syrien (Antiochien) geflüchtet hatten, wurden diese Überlieferungen wohl als Q zusammengestellt oder in die schon vorhandene Spruchsammlung Q eingetragen. Dort muß Paulus mit dieser Überlieferung Bekanntschaft gemacht haben, er übernahm den Motivzusammenhang von Präexistenzchristologie und Torathematik (Gal 4,4; Röm 8,3f). Ein analoger Vorgang spielte sich beim Verfasser des Johannesevangeliums ab.[23] Der Weg von der Identifizierung Jesu mit der präexistenten göttlichen Weisheit bis zur Identifizierung Jesu mit einem präexistenten Sohn Gottes war nicht weit. In dem alexandrinischen, aus dem 1. Jahrhundert v. Chr. stammenden

---

[23] Belege ebd. 54.

Buch »Weisheit Salomons« wurde wiederholt die Weisheit personifiziert (7,25 ff; 8,1. 17f; 9,4. 9f). Wurde nun von der judenchristlichen Hellenistengruppe in Jerusalem Jesus mit der präexistenten göttlichen Weisheit identifiziert, dann konnte er nicht gut als Throngefährtin oder als Tochter Gottes angesprochen werden: er wurde als der präexistente Sohn Gottes bezeichnet.

Wie in der jüdisch-hellenistischen Tradition von einer Sendung der göttlichen Weisheit oder des göttlichen Logos gesprochen wurde, so sprach man nun alsbald auch von einer Sendung Jesu durch Gott, die schon »vor« der irdischen Zeit Jesu grundgelegt war. Diese Gedanken wurden kombiniert mit den in manchen jüdischen Kreisen geläufigen Aussagen über den Märtyrertod des Propheten. Damit war für fachkundige Kreise verständlich ausgesprochen, warum die verkörperte göttliche Weisheit, Jesus, von Menschen abgelehnt und dem Tod überantwortet wurde. Wie bei diesem Propheten war das Sterben Jesu als ein »Sterben für ... « zu verstehen (ein ältestes Zeugnis für dieses »Sterben für ... « ist die Glaubensformel 1 Kor 15,3 ff). Von da aus war der Weg bis zum »dahingegeben« (durch Gott den Vater) nicht mehr weit.

3.2.4 Gott, Jesus und die Menschen nach dem Neuen Testament

Das Neue Testament bietet keine Gotteslehre »abgesehen« von Jesus und »abgesehen« von der Gottesauffassung Jesu. Anklänge an den Gott der griechischen Philosophen finden sich ganz spärlich dort, wo Heiden als Adressaten einer christlichen Missionspredigt gedacht werden (Röm 1,19 ff; Apg 17,22–31). Die Frage, wer Gott ist, läßt sich nach dem Neuen Testament nicht trennen von der anderen Frage, was Gott an uns und für uns getan hat und weiterhin tut. Er ist ansichtig geworden in jener »Ikone Gottes«, die Jesus Christus selber ist (2 Kor 4,4; Kol 1,15).

In den Evangelien und der Apostelgeschichte treten zugleich die hoheitliche Macht und das grundlose Erbarmen Gottes hervor. Gott hat Jesus »bewirkt«, seine Friedens- und Vergebungsbotschaft getragen, seine Taten ermöglicht, ihn mit seinem Geist begabt und beglaubigt; auch der Tod Jesu war in Gottes ewigem Rat-

schluß beschlossen, und seine Auferweckung ist durch Gott bewirkt worden. Er hat Jesus nun zum »Herrn« und Richter eingesetzt. So wird alles Heil, von dem das Neue Testament weiß, auf
Gott als die einzige Quelle zurückgeführt.

Paulus brachte das Motiv des Zornes Gottes wieder stärker zur
Geltung, um seine heilsgeschichtliche Konzeption dramatisch zu
verdeutlichen: In ewiger Macht und Herrlichkeit verlangt Gott von
den Menschen Ehre und Gehorsam; die Abwendung von ihm for-
derte seinen Zorn heraus. »Jetzt aber« zeigt sich, daß der zornige
und der gnädige Gott identisch sind: wegen der am Kreuz geschehenen Versöhnung schenkt Gott aus Gnade den Sündern jene Gerechtigkeit, auf der seine Forderung besteht und die zur Erfüllung
des göttlichen hoheitlichen Willens führt. So tritt in der Paradoxie
das Geheimnis Gottes erst recht hervor: es kann nicht ergründet
werden, warum Gottes Schwachheit und Narrheit stärker sind als
die Macht und Klugheit von Menschen. Bei dieser »Schilderung«
Gottes erstellt Paulus nicht eine Theorie oder Gotteslehre, sondern eher eine geschichtstheologische Mystik, die ihr Ziel in der
Rühmung Gottes finden soll.

Die johanneischen Schriften heben die Einzigartigkeit des Gottesverhältnisses Jesu besonders stark hervor. Der unsichtbare und
allen unbekannte Gott ist nur »dem Sohn« bekannt, der der
schlechthinnige Offenbarer ist. In ihm ist es möglich, in innigste
Gemeinschaft mit Gott zu treten und ohne Ende darin zu bleiben
(»ewiges Leben«). Im Blick auf diesen die Menschen suchenden
und bejahenden Willen Gottes kommt Johannes zu der Aussage,
daß Gott Liebe ist (1 Joh 4,16). Paulus wie Johannes verbinden mit
ihren Aussagen über die unergründliche und zuvorkommende
Liebe Gottes den Appell, dieser Liebe entsprechend zu handeln
und so diesen Gott glaubhaft zu bezeugen.

Auch dort, wo das Neue Testament im Gefolge der judenchristlichen Hellenisten präexistenzchristologische Aussagen von Jesus
macht, wird Jesus nicht einfach mit Gott/Jahwe gleichgesetzt (ho
theos meint im Neuen Testament fast immer den Vater Jesu und
den Vater der vielen Menschen, die um Jesu willen seine Kinder
sind). Für die neutestamentlichen Christologien bleibt Jesus als der
Auferweckte der Mensch, der in einer einzigartigen Beziehung zu

Gott steht. Bei Paulus wie bei Johannes finden sich Ausdrücke, die unmißverständlich besagen, daß der Sohn Gott untergeordnet ist oder daß der Vater »größer« ist als der Sohn (1 Kor 3,23; 15,28; Joh 14,28; 1 Joh 3,19f; 4,4). So bleibt Jesus auch als der Verherrlichte der Mensch »für andere«. Er übt seine Mittlerstellung zwischen Gott und den Menschen, in der ihn vor allem Paulus und Johannes sehen, insbesondere dadurch aus, daß er den Geist gibt (weiteres dazu unter 3.2.6), der die Einheit bewirkt, die Einheit der Menschen mit Jesus, die Einheit der Menschen untereinander und dadurch ihre Einheit mit dem Vater.

3.2.5   Die Gottheit Jesu nach dem Neuen Testament

Wenn Theologen des Neuen Testaments in Jesus die personifizierte göttliche Weisheit oder den Sohn Gottes schlechthin sehen konnten, lag es für sie auch nicht fern, ihn mit dem göttlichen Wort (Logos) zu identifizieren, zum einen, weil schon in vorchristlicher Zeit die Weisheit mit dem Wort Gottes (der Tora) in Verbindung gebracht worden war, zum andern, weil Jesus als *der* Offenbarer, als der Vermittler des göttlichen Willens schlechthin, verstanden wurde. Die »klassischen« Formulierungen über den göttlichen Logos und Sohn finden sich bei Johannes (speziell im Prolog zum Evangelium und in 1 Joh). Bei ihm sind präexistenter Logos und präexistenter Sohn Gottes identisch, und dieser Logos/Sohn ist in Jesus Fleisch geworden. Johannes spricht so über das Wort, das Licht und den Sohn, daß die Aussageabsicht klar ist: sie haben göttliche Qualität oder ihr Wesen ist göttlich. So kann in diesem Evangelium Jesus auch einmal als Gott angeredet werden (20,28). Dabei reflektiert der Verfasser/Redaktor offenbar nicht auf die Frage, ob er nun von zwei Göttern spricht oder ob er von einer unausgesprochenen Einheit (zahlenmäßiger Art) der beiden ausgeht. Im Zusammenhang mit der Frage der kleinasiatischen Christen in der zweiten Hälfte des 1. Jahrhunderts n. Chr. nach den eigentlichen Herrschern der Welt kommen im Epheser- und Kolosserbrief (nach heutiger Erkenntnis beide nicht von Paulus verfaßt) die Mächte und Gewalten zur Sprache, die praktisch den Ablauf der Weltgeschichte, Politik und Kultur, bestimmen. In diesen Briefen wird jeder mögliche Dualismus mit Entschiedenheit abgewiesen: die Mächte waren nie Gott ebenbürtige Mächte, und sie haben auch jetzt nur jene Macht, die Menschen ihnen einräumen, indem sie als Menschen böse werden. Diese Bosheit ist von Gott in Jesus Christus »im Prinzip« bereits besiegt. In diesem Zusammenhang sagt Kol, der wahre Weltherrscher (Kyrios) sei Jesus Christus, der schon bei der Erschaffung der Welt eine einzigartige Mittlerstellung gehabt habe (1,15–20), und in ihm wohne »die ganze Fülle der Gottheit leibhaftig« (2,9). Ähnlich werden angesichts des römischen Kaiserkults und der Bedrängnis der Christen im 2. Jahrhundert von den Pastoralbriefen die Herrschertitulaturen einfach auf Jesus Christus übertragen. So heißt er zum Beispiel Tit 2,12 »unser großer Gott und Retter«.

Bei all diesen Gottbekenntnissen zu Jesus war es selbstverständlich, daß die frühchristlichen Gemeinden am Bekenntnis der Vorfahren zum einzigen Gott festhielten. Dies ergab für die nachbiblische Zeit einen Problemüberhang, der von den Begriffen »Sohn« (Zeugung des Sohnes) und »Wort« (Sprechen des Logos) aus angegangen wurde.

3.2.6 Der Heilige Geist im biblischen Zeugnis

In der hebräischen, griechischen und lateinischen Sprache ist das Wort »Geist« nicht philosophischen Ursprungs, sondern es stammt aus der Alltagserfahrung und meint: Hauch, Wind, bewegte Luft,[24] also etwas, das dem Anschein nach nicht-materiell und unsichtbar ist. Die Daseinsart Gottes wird in biblischen Zeugnissen manchmal mit diesem Begriff bezeichnet (Ps 139,7; Weish 1,7) bis hin zu der Aussage: Gott ist Geist (Joh 4,24).

Das Alte Testament bezeugt, daß Gott die Welt durch Wort und Geist erschaffen hat. Lebende Geschöpfe leben durch den Geist Gottes, denn Gott atmet auf sie hin seinen Geist aus, und er atmet ihn bei ihrem Tod wieder ein. So ist der göttliche Geist mitteilbar.

---

[24] Vgl. *W. H. Schmidt u. a.*, Geist / Heiliger Geist / Geistesgaben, in: TRE, XII, 1983, 170–254, vor allem die biblischen Teile; auch *E. Schweizer*, Heiliger Geist, Stuttgart 1978.

Parallel zu dem »Wort«, das Menschen mit situationsbezogenen Aufgaben betraut, kommt er »über« erwählte Menschen (Richter, Propheten und andere Charismatiker, den Messias). Zur erwarteten Neugestaltung gehört es, daß Gottes Geist allen zuteil werden wird (Ez, Jes, besonders Joel 3,1f).

Die Redeweisen von Gottes Geist, Wort und Weisheit haben den strengen jüdischen Ein-Gott-Glauben nie beeinträchtigt. Es handelt sich vielmehr um Ausdrücke, die zugleich Gottes weltüberlegene Transzendenz wahren und sein Hineinwirken in die Welt, seine Gegenwart in Welt und Menschen bekunden können.

Die ältesten Geistaussagen des Neuen Testaments sind von diesen alttestamentlich-jüdischen Geistauffassungen geprägt. Es ist der Geist Gottes, der die Auferweckung Jesu gewirkt hat (Röm 1,4), und wie der erweckte Leib Jesu, so sind auch die andern Auferstehungsleiber als geistgewirkt zu denken (1 Kor 15,44ff).

Wo immer man sich die Einsetzung Jesu zum Sohn Gottes dachte, bei seiner Auferweckung (Röm 1,4, vorpaulinisch), bei seiner Taufe (Mk 1,10f) oder bei seiner physischen Entstehung (Lk 1,35; Mt 1,18–20), da wurde auch die Gottessohnschaft Jesu aus dem Geist begründet.

In einer ebenfalls alten Tradition, die sowohl bei Paulus wie auch bei Johannes greifbar ist, gelten Jesus und der göttliche Geist miteinander als Anwälte und Fürsprecher der Menschen, nämlich bei den Menschen (vor seinem Weggang Jesus, danach der Geist) wie auch »im Himmel« bei Gott (nach Ostern vor allem Jesus), wobei Elemente des jüdischen Prozeßrechtes verarbeitet wurden. Von hier aus konnte dann die Frage nach dem Personsein des göttlichen Geistes entstehen.

Das Wirken des göttlichen Geistes läßt nach den Zeugnissen des Neuen Testaments ebenfalls Rückschlüsse auf Gott selber zu. Nach Auffassungen vor allem der Apostelgeschichte (aber auch im übrigen Neuen Testament feststellbar) wird der göttliche Geist als Sanftheit erkannt: das, was von Gott kommt und was zu Gott gehört, wird am Verzicht auf Anwendung von Macht erkennbar.[25]

Der Geist Gottes macht den einzelnen Menschen zum Kind Gottes

[25] TRE, XII, 1983, 187.

und ist in ihm das Angeld seiner künftigen Auferstehung. In dem neuen, vom Geist gewirkten ethischen Verhalten wird der Wille Gottes erfüllt und die Herrschaft Gottes in der Welt verwirklicht.

Für Paulus schafft der göttliche Geist vor allem die Einheit der Gemeinde der Glaubenden, er ist die Grundlage der Charismen. Durch die ethische, kirchliche und anthropologische (das heißt die Auferstehung betreffende) Dimension ist der Geistbesitz nicht individualistisch verstanden und nicht weltflüchtig.

Die Einheit der Gemeinde war auch der Grund dafür, warum die »klassische« neutestamentliche Geiststelle, der Pfingstbericht Apg 2,1–13, komponiert wurde: historischer Anlaß war nach neuerer Forschung[26] die Frage, wie die Einheit zwischen ortsansässigen Christen und Wanderaposteln zu wahren sei. Die von Lukas gefundene Lösung (eine »Ätiologie«) sucht die Vermittlung des Geistes allein den Zwölfen in Jerusalem zu reservieren. Wie das Lukasevangelium, so versteht auch Johannes die Zeit der Kirche als Zeit des Geistes, wobei der göttliche Geist die »Kontinuität« mit Jesus gewährleistet.

Für Johannes entfaltet der göttliche Geist eine eigene Aktivität, er ist »neben« Jesus ein eigener Zeuge, der einführt, lehrt, erinnert usw. und der auch eine andere »Richtung« einschlägt als der göttliche Logos/Sohn: dieser geht von Gott aus, der Geist/Paraklet führt zu Gott zurück.

Die neutestamentlichen Zeugnisse vom Heiligen Geist enthalten wichtige Gotteserfahrungen der frühen christlichen Gemeinden.[27] Diese Erfahrungen bestanden darin, von der Güte und zugleich von der Nähe Gottes überzeugt zu sein, von der unmittelbaren Gegenwart Gottes in den Menschen zu wissen. Der Begriff des »Geistes« ermöglichte es, bei allem Festhalten an der Transzendenz Gottes seine Immanenz in Menschen und Welt auszusagen. Diese Gotteserfahrung machte es auch möglich, gegen negative Erfahrungen (wie die »Begierden«) positive Erfahrungen und Emotionen durch den christlichen Glauben auszumachen (»Freude im Heiligen Geist«). Wenn der Geist auch sehr stark in den Dienst der Kirche

---

[26] Ebd. 183 f.
[27] Ebd. 194 f.

genommen wurde und die Legitimität nachösterlicher Aussagen über Gott garantieren sollte, so hat die frühchristliche Rede von Gottes heiligem Geist doch immer auch befreiende Folgen gehabt: wenn der Geist ein Geist der Einheit der Christen ist, bewirkt er auch eine grundlegende Gleichheit aller Glaubenden und eine Aufhebung der Schranken gegeneinander (1 Kor 12,12 f; Gal 3,14. 27 f); er ist die Art und Weise, wie Gott seine Schöpfung aus jeder Knechtschaft befreit zu seiner eigenen Herrlichkeit (Röm 8,12 ff).

Eine Erneuerung der Pneumatologie [28] in jüngster Zeit ist einseitig am kirchlichen Wirken des göttlichen Geistes interessiert. Damit wäre der theologische Ort, an dem in besonderer Weise vom Heiligen Geist zu sprechen wäre, die Ekklesiologie. In ihrem Rahmen würde er vor allem in der Sakramentenlehre thematisiert. Demgegenüber ist der Hinweis wichtig, daß die Gnadentheologie der vorrangige Platz der Erörterung des Heiligen Geistes ist. Wird Gnade als ungeschaffene, das heißt als Selbstmitteilung Gottes an die Menschen verstanden, dann ist der Heilige Geist die Art und Weise, wie der eine Gott bei uns in der Geschichte und in uns selber ist.

3.2.7 Das Verhältnis der biblischen Gotteszeugnisse zueinander

Die großen Züge und wesentlichen Inhalte der alttestamentlichen Gottesbotschaft werden durch das Neue Testament nirgendwo angetastet. Der Jahwe-Monotheismus bleibt unberührt, und Jesus tritt – ebenso wie seine Jünger – als Anhänger der »Jahwe-allein-Bewegung« auf. Theorien über das »Wesen« Gottes und seine Eigenschaften finden sich nirgendwo. Aber es wird in unterschiedlichen Zugängen gezeigt, daß Gott ein entschiedenes Interesse an seiner Menschheit und Schöpfung hat, daß er auf unterschiedliche Weise in Menschheit und Schöpfung hineinwirkt, um seinen Willen zu offenbaren und durchzusetzen. Dieser Wille meint es gut, er ist

---

[28] Ich begnüge mich hier mit dem Hinweis auf die Literaturangaben zur Pneumatologie und auf die in der Reihe ›Leitfaden Theologie‹ erscheinende Pneumatologie von B. J. Hilberath.

Liebe, er sucht Gemeinschaft, stößt aber immerfort auf menschliche Widerstände. So ist auch vom Zorn und den Gerichten Gottes die Rede, aber Gott wird als einer erfahren, der sein Erbarmen wirksam über seinen Zorn siegen läßt. Gott tritt so aus dem Bereich des Begreifbaren und Verständlichen heraus, da er Gegensätzliches in sich vereint und in seiner Liebe zum Nichtgöttlichen erst recht noch einmal unbegreiflich bleibt. Ist er so einerseits in den Bereich der fernen Transzendenz entrückt, so kommt er andererseits nach dem Zeugnis des Neuen Testaments der Menschheit in neuer Weise näher als zuvor, da er nicht nur seine Weisheit und sein Wort (die Tora) sendet, sondern sein Wort Fleisch werden läßt und seinen Geist »ausgießt« in die Menschheit hinein, sich also selber mitteilt und dadurch eine Bewegung auslöst, die in unüberbietbare, bleibende Gemeinschaft der Menschheit mit Gott münden soll.

Der Weg dieser Bewegung ist in beiden Testamenten grundsätzlich identisch geschildert. Die Erkenntnis Gottes und das Erreichen der Nähe Gottes sind engstens verbunden mit der Verwirklichung des Gotteswillens in der Menschheit, nämlich der Schaffung einer gerechten Sozialordnung. Diese Zusammengehörigkeit von Gottesnähe und Verwirklichung einer Jahwegesellschaft wird im Alten Testament in unterschiedlichen Redeweisen verdeutlicht; sie reichen von eindringlichen, leicht verständlichen prophetischen Appellen bis zu schwerer zugänglichen Kategorien, die wohl nur eine theologische Elite verstand. Die Verkündigung Jesu stand ganz im Dienst dieses geoffenbarten Willens Gottes, der gerechten Sozialordnung Gottes. Aber die konkreten Umstände des Lebens und vor allem des Sterbens Jesu und die Erfahrungen seines Auferwecktseins drängten zu noch stärkerer und stärker differenzierter Theologisierung. Der Grundimpuls blieb unbestritten erhalten: Gerade aus dem Kreuz und der Auferstehung Jesu wird jener Heilige Geist entbunden und den Menschen ins Herz gegeben, der sie dazu befähigt, Gottes Sozialordnung zu verwirklichen (das heißt vor allem nach den Imperativen der Bergpredigt das Regelverhalten außer Kraft zu setzen und wahrhafte »Früchte des Geistes« zu erbringen) und so immer mehr zu Gottes neuer Menschheit zu werden. Aber neben diesem Grundimpuls drängten sich theologische

Probleme in den Vordergrund, die dazu führten, daß das Christentum immer stärker zu einer »Lehre« und innerhalb der Lehre die Gotteslehre immer mehr zur Domäne von Spezialisten wurde.

Literatur

Allgemein

Coppens, J. (Hrsg.), La notion biblique de Dieu, Gembloux 1976, 231 bis 330

Lohfink, N., u. a., Ich will euer Gott werden. Beispiele biblischen Redens von Gott, Stuttgart 1981, 151–226 (Beiträge über das Gottesbild Jesu: P. Hoffmann: 151–176; des Paulus: E. Gräßer: 177–205; des Johannes: H. Ritt: 207–226)

Rahner, K., Theos im Neuen Testament, in: ders., Schriften zur Theologie, I, Einsiedeln 1954, 91–167

Der Gott Jesu von Nazaret

Becker, J., Das Gottesbild Jesu und die älteste Auslegung von Ostern, in: G. Strecker (Hrsg.), Jesus Christus in Historie und Theologie, Tübingen 1975, 105–126

Erlemann, K., Das Bild Gottes in den synoptischen Gleichnissen, Stuttgart 1988

Feneberg R. / Feneberg, W., Das Leben Jesu im Evangelium, Freiburg 1980

Hoffmann, P., Auferstehung, in: TRE, IV, 1979, 450–467, 478–513

Koch, D.-A., u. a. (Hrsg.), Jesu Rede von Gott und ihre Nachgeschichte im frühen Christentum, Gütersloh 1989

Oberlinner, L., Todeserwartung und Todesgewißheit Jesu, Stuttgart 1980

Schillebeeckx, E., Jesus. Die Geschichte von einem Lebenden, Freiburg 1975

Vögtle, A., Todesankündigungen und Todesverständnis Jesu, in: Der Tod Jesu (Quaestiones disputatae, 74), Freiburg ²1982, 51–113

Urgemeinde

Christ, F., Jesus Sophia, Zürich 1970

Grundmann, W., Weisheit im Horizont des Reiches Gottes, in: R. Schnackenburg (Hrsg.), Die Kirche des Anfangs, Freiburg 1978, 175 bis 199

Kramer, W., Christos Kyrios Gottessohn, Zürich 1963

Merklein, H., Zur Entstehung der urchristlichen Aussage vom präexistenten Sohn Gottes, in: G. Dautzenberg u. a. (Hrsg.), Zur Geschichte des
Urchristentums, Freiburg 1979, 33–62

Ders., Die Auferweckung Jesu und die Anfänge der Christologie (Messias
bzw. Sohn Gottes und Menschensohn), in: Zeitschrift für die Neutestamentliche Wissenschaft 72 (1981) 1–26

Wengst, K., Christologische Formeln und Lieder des Urchristentums, Gütersloh 1972

Sonstige

Langbrandtner, W., Weltferner Gott oder Gott der Liebe. Der Ketzerstreit
in der johanneischen Kirche, Frankfurt/Bern 1977

Ritt, H., Das Gebet zum Vater. Zur Interpretation von Joh 17, Würzburg
1979

Schlier, H., Grundzüge einer paulinischen Theologie, Freiburg 1978, 25
bis 54

Pneumatologie

Banawiratma, J. B., Der Heilige Geist in der Theologie von Heribert Mühlen, Frankfurt/Bern 1981

Blank, J./Knauer, P., Geist, Hl./Pneumatologie, in: NHThG, II, 1984,
34–52

Bouyer, L., Le Consolateur, Paris 1980

Concilium 15 (1979) 493–558 (= Heft 10: Der Heilige Geist im Wider-
streit)

Congar, Y., Je crois à l'Esprit Saint, 3 Bände, Paris 1979–1980; deutsche
Kurzfassung Freiburg 1982

Cramer, W., Der Geist Gottes und des Menschen in frühsyrischer Theologie, Münster 1979

Dilschneider, O. (Hrsg.), Theologie des Geistes, Gütersloh 1980

Freyer, Th., Pneumatologie als Strukturprinzip der Dogmatik, Paderborn
1982 (speziell zu K. Barth)

Heitmann, C./Mühlen, H. (Hrsg.), Erfahrung und Theologie des Heiligen
Geistes, München 1974

Jaschke, H.-J., Der Heilige Geist im Bekenntnis der Kirche, Münster 1976
(Irenäus und sein theologischer Hintergrund)

Kasper, W. (Hrsg.), Gegenwart des Geistes, Freiburg 1979, darin bes. G.
Kretschmar, Der Heilige Geist in der Geschichte: 92–130

Kern, W./Congar, Y., Geist und Heiliger Geist, in: Christlicher Glaube in
moderner Gesellschaft, 22, Freiburg 1982, 59–116 (Literatur)

Kothgasser, A. M., Wege der katholischen Pneumatologie im 20. Jahrhundert, in: Theologie und Leben (Festschrift für G. Söll), Regensburg
1983, 167–212

Ladaría, L. F., El espíritu en Clemente Alejandrino, Madrid 1980

Lies, L., Trinitätsvergessenheit gegenwärtiger Sakramententheologie? in:
Zeitschrift für Katholische Theologie 105 (1983) 290–314

Mühlen, H., Der Heilige Geist als Person, Münster [4]1980

Paprocki, H., Le Saint Esprit dans les sacrements de l'Eglise, in: Istina 28
(1983) 267–281

Schmidt, W. H. u. a., Geist/Heiliger Geist/Geistesgaben, in: TRE, XII,
1983, 170–254 (Literatur)

Schweizer, E., Heiliger Geist, Stuttgart 1978 (neutestamentlich)

Tossou, K. K. J., Streben nach Vollendung. Zur Pneumatologie im Werk
H. U. von Balthasars, Freiburg 1983

4 Das Werden des christlichen Gottesbildes

Theologische Probleme mit der Tendenz zur Bildung verschiedener »Richtungen« entstanden bereits durch das Nebeneinander von hebräischen und griechischen Juden in der frühesten christlichen Gemeinde; größere Relevanz erhielten diese Probleme mit der Trennung der frühen Christen vom jüdischen Glaubensverband. Von da an beschäftigten sich Christen immer häufiger mit den Fragen des »Dogmas« und der »reinen Lehre«, mit theoretischen Stellungnahmen zu Jesus von Nazaret, mit dem Ergründen des »Wesens« Gottes und seiner inneren Lebensvollzüge als mit der Verwirklichung der »Kontrastgesellschaft Gottes in dieser Welt« (Norbert Lohfink). Die aus dem jüdischen Mutterboden erwachsene Kirche war zum überwiegenden Teil auf Gedächtnis und Meditation des in Jesus Christus Geschehenen (des »schon« erlangten Heils) bedacht. Insofern sie nach »vorwärts« orientiert war, galt ihre Aufmerksamkeit mehr dem Gewinn neuer Jesusanhänger (durch die Mission) im Sinn rechtgläubiger Lehre als den praktischen Impulsen der Gottesbotschaft. Die Gotteslehre wurde dadurch noch stärker von Gotteserfahrungen losgelöst: In den Händen subtiler Theoretiker wurde sie zum Teil der bevorzugte Platz weltlich-philosophischer Gedanken und Begriffe in der Folge dialogischer Auseinandersetzung und missionarischer Kontakte mit der nichtchristlichen Welt (Lehre vom Wesen und den Eigenschaften des einen Gottes), zum Teil zu einem immer kunstvolleren System früherer Gotteserfahrungen (Trinitätslehre).

Diese theologischen Prozesse förderten, obwohl sie Gott und Jesus Christus und dem göttlichen Geist galten, die christliche Einheit nicht. Abgesehen von den Spaltungen, die sich aus den christologischen Streitigkeiten ergaben, entstanden tiefe Unterschiede in der Trinitätsauffassung der östlichen und der westlichen Kirchen. Die teils mehr philosophischen, teils mehr biblischen Ansätze der Gotteslehre ließen Glaubensgegensätze erkennen, die bis zur Gegenwart nicht überbrückt werden konnten.

4.1 Begegnung mit der griechischen Philosophie: Erarbeitung der Grundzüge einer Lehre von Wesen und Eigenschaften Gottes

Christliche Lehrer und Schriftsteller im 2. Jahrhundert n. Chr., zum Teil auch noch im 3. Jahrhundert, die wir heute »Apologeten« nennen, bemühten sich gegenüber gebildeten griechischen »Heiden« um den Nachweis, daß der jüdisch-christliche Jahwe der Gott ist, nach dem die griechische Philosophie suchend fragte.[1] Ausgangspunkt bei den Christen war der monotheistische Jahweglaube, die Überzeugung, daß es zu allen Zeiten, an allen Orten, bei allen Völkern nur einen einzigen wahren Gott gebe. Der Anknüpfungspunkt bei den nichtchristlichen Griechen war die Frage, *was* das wahrhaft Göttliche sei. Diese Frage hatte zur Zeit des frühen Christentums schon einen langen Weg hinter sich. Sie entstand in der Auseinandersetzung griechischer Philosophen mit dem Volksglauben, der im normalen alltäglichen Geschehen eine Vielzahl von Göttern am Werk sah. Man begann nach einer möglichen Gemeinsamkeit all dieser Götter zu suchen: »Das Göttliche« könnte ihnen allen gemeinsam sein, aber was ist die Grundstruktur oder das Wesen dieses Göttlichen?

Der Volksglaube nahm an, daß die Götter der Ursprung des alltäglichen Geschehens seien, also müßte auch das Göttliche dieser Ursprung sein. Der Gedanke an einen »Umkehrschluß« legte sich nahe: aus alltäglichem Geschehen, aus »normaler« Erfahrung müßte dann eine Rückfrage und auch eine Schlußfolgerung hinsichtlich des Wesens des Göttlichen möglich sein. Dieser Gedanke kam schon bei den Vorsokratikern (ab dem 7. Jahrhundert v. Chr.) auf: In der Welt unserer Erfahrung (dem Kosmos) besteht eine sinnvolle Ordnung, darum muß an ihrem Ursprung ein planender Geist stehen (Diogenes von Apollonia, ähnlich später Sokrates und Platon). Das Rückschlußverfahren besteht wesentlich in der

---

[1] Grundlegend für das Folgende ist *W. Pannenberg*, Die Aufnahme des philosophischen Gottesbegriffs als dogmatisches Problem der frühchristlichen Theologie, in: ders., Grundfragen systematischer Theologie, I, Göttingen ³1979, 296–346.

Frage nach *der* Ursache von allem schlechthin, und das wahrhaft Göttliche wird als dasjenige erkannt, was der notwendige Ursprung aller bekannten Wirklichkeit ist.

Die griechische Philosophie, von der sich das frühe Christentum stark beeinflussen ließ, war der sogenannte mittlere Platonismus (entstanden in der Zeit von 70 v. Chr. bis 40 n. Chr.). Hier wurde die Frage nach dem Ursprung (der »archē«) weiterhin und noch strenger reflektiert. Die Existenz mehrerer Ursprünge wurde abgelehnt, denn mehrere Ursprünge würden voraussetzen, daß es mindestens einen den Unterschied bewirkenden Ursprung oder Grund gäbe. Die Frage galt dem letzten Ursprung oder Grund[2] von allem: dieser Ursprung oder Grund müßte das bestehende Vielfältige begründen, »hinter« ihm dürfte nicht ein weiterer Grund oder Ursprung kommen, und darum würde dieser letzte Ursprung unbegrenzt sein und unvergänglich, denn das Bestehen von Grenzen und von Vergänglichkeit würde wiederum auf einen letzten, »dahinter« liegenden Ursprung oder Grund verweisen. So ließ diese griechische Philosophie zur Zeit des frühen Christentums eine starke Tendenz gegen den Vielgötterglauben der griechischen Volksreligion erkennen, ohne daß sie dadurch schon eindeutig auf dem Weg zum Monotheismus gewesen wäre, denn das so gesuchte »Göttliche« war noch keineswegs ein persönlicher Gott im Sinn der Bibel.

Im Nachdenken über den letzten Ursprung oder Grund kam man durch Schlußfolgerungen dazu, diesem letzten Grund eine ganze Reihe von Eigenschaften zuzuerkennen. Der letzte Grund mußte numerisch einer oder, wie eher gesagt wurde, das Eine (to hen) sein, das schon von Platon mit dem Sein oder mit dem Guten identifiziert worden war, also der Gegensatz zu dem vergänglichen Vielen unserer Erfahrungswelt. Weil dieses Eine oder der letzte Ursprung so verschieden gedacht werden mußte von dem Vielerlei der Dinge unserer Erfahrungswelt, blieb er – das Göttliche – zuletzt immer unbegreiflich: es gab für das Denken keine Mög-

---

[2] Für die Gottes- und Schöpfungslehre ist es wichtig, zwischen Ursprung und Grund zu unterscheiden: Der Grund meint nicht nur das einmal Begründende, sondern auch das bleibend Grundlegende und somit das, was bleibend im Dasein hält.

lichkeit, ihn – es – definierend zu umgreifen und einzuordnen. Die Erfahrungswelt setzte sich für jenes griechische Denken aus sichtbaren, also körperlichen Dingen zusammen. Alles Sichtbare und Körperliche unterliegt der Bewegung und ist gerade deswegen veränderlich. Darin liegt seine Begrenztheit. Der unbegrenzte letzte Ursprung muß, als ganz andersartiger, bewegungslos, unkörperlich, unveränderlich sein. Oder, anders gesagt: er muß geistig sein.

Es ist dem platonischen Denken bewußt, daß wir so etwas nur ungenau begrifflich fassen können, da unsere Erkenntnis auf die sinnliche Wahrnehmung angewiesen ist. In der denkerischen Annäherung, die das Göttliche mit dem Menschlichen vergleicht und die wesentlichen Unterschiede auszumachen versucht, treten so die Umrisse einer weltordnenden Vernunft hervor. Sie wäre das Göttliche.

Suchen wir nach einem Grund für die Veränderungen in unserer Erfahrungswelt, so zeigt sich, daß die Dinge, die wir erfahren und untersuchen können, deswegen veränderlich sind, weil sie zusammengesetzt sind. Dinge, die zusammengesetzt sind, können wieder aufgelöst werden; es muß etwas geben, das ihnen »überlegen« ist, weil es die Ursache ihrer Zusammensetzung ist. Der letzte Ursprung alles Zusammengesetzten muß daher einfach sein. Unsere Erkenntnis ist deswegen zutreffend, weil sie die verschiedenen Bestandteile, aus denen etwas zusammengesetzt ist, miteinander vergleichen und sie so »definieren« kann. Bei etwas ganz Einfachem ist das nicht möglich. So kann das Göttliche gerade wegen seiner Einfachheit nicht begriffen, sondern allenfalls dunkel erahnt werden.

Mit diesen Denkprozessen traten nicht Eigenschaften eines freien Verhaltens des Göttlichen hervor, sondern notwendige Eigenschaften: sie erhellten die Grundstruktur oder die Eigenart des Göttlichen, soweit es von Menschen gedacht werden kann, das heißt, es handelte sich um *Wesens*eigenschaften, die so ergründet wurden.

Im (späten) Alten und im Neuen Testament gibt es einige wenige Stellen, die zeigen, daß das Rückschlußverfahren, von dem hier die Rede war, auch bei den Jahwegläubigen bekannt war (Weish 13; Röm 1,18 ff): aus der erfahrbaren Schöpfung ist das unsichtbare Wesen Gottes zu erschließen. Die frühchristlichen Theologen (Apologeten) knüpften in mehrfacher Hinsicht bei den Überlegungen des mittleren Platonismus an, ohne ihn aber insgesamt als System in die christliche Theologie zu übernehmen.

Beim Nachdenken über die Schöpfung war es ihnen vor allem wichtig, wie betont die Griechen von der *Einzigkeit* der letzten Ursache oder des allerersten Ursprungs sprachen. Diese Auffassung verband sich mit ihrer monotheistischen Sicht und diente dazu, die in der Umwelt nicht seltenen dualistischen Prinzipien zurückzuweisen. Hier herrschte ja nicht selten die Überzeugung vor, die Schöpfung sei der Schauplatz eines gigantischen Kampfes zwischen einem guten und einem bösen Prinzip. Aber auch vom jüdischen Erbe her lag der Gedanke an einen Dualismus von Gott und Materie nicht fern: Die Genesis schließt dem Wortlaut nach nicht aus, daß am Anfang der Zeit Gott und eine ungeschaffene, ungeformte Materie koexistierten. Schon das hellenistische Judentum (vgl. auch 2 Makk 7,28) hatte das Bedürfnis empfunden, diese mögliche Sicht mit der Aussage zu korrigieren: Gott schuf aus nichts. Von den Griechen her ließ sich diese Überzeugung weiter präzisieren: es gehört zum Begriff Gottes, daß Gott einzig und die letzte Ursache aller übrigen Dinge ist.

Die frühen christlichen Theologen waren sehr empfänglich für die Meinung des mittleren Platonismus, daß Gott *geistig* und *unbegreiflich* sei. In diesem Zusammenhang nahmen sie vor allem die Aussage auf, daß diese und andere Bezeichnungen Gottes nur »vergleichsweise« angemessen seien und daß Gott »eigentlich« *unaussprechlich* sei. Angemessene Bezeichnungen ergeben sich immer aus Vergleichen – Gott aber ist unvergleichlich. Das Namengeben setzt immer irgend eine Art von Überlegenheit voraus (wie die des Erzeugers über sein Kind), niemand aber ist Gott so überlegen, daß er ihm den richtigen Namen geben könnte. Von da aus stimmten diese Christen dem mittleren Platonismus zu: Gott ist unaussprechlich und namenlos.

Eine große Gemeinsamkeit zwischen den beiden Gruppen, von denen hier die Rede ist, ergab sich im Nachdenken über die *Unveränderlichkeit* Gottes. Der Gedanke der Unveränderlichkeit war eng mit dem des Ursprungs oder Anfangs verbunden: Das Veränderliche, das wir kennen, ist immer verursacht, und es kann auch aufhören. Der Ursprung von allem muß seinerseits ohne Anfang und ohne Ende und eben darum – und weil er nicht zusammengesetzt ist – unveränderlich sein. Daraus ergab sich die Meinung, daß Gott auch *nicht leiden* kann, denn Leiden besagt eine Beeinflussung von außen und zugleich eine Zustandsänderung. Da Gott von außen her nicht verändert werden kann – andernfalls wäre er nicht Gott –, darf er auch nicht leiden können. In dieser Apathie sah die frühchristliche Theologie eine der wichtigsten Eigenschaften Gottes mit weitreichenden Folgen auch für den Bereich menschlich-ethischen Verhaltens: Wenn der Weg des Glaubenden zur Vollkommenheit ein Weg des Ähnlichwerdens mit Gott ist, muß sein Ziel darin bestehen, immer unempfindlicher für Leiden, immer leidenschaftsloser, gelassener und apathischer zu werden.

Im Gespräch mit der griechischen Philosophie wurde auch die Frage erörtert, *wo* Gott sei. Die grundlegende Sicht war die, daß Gott von nichts umfaßt oder umschlossen wird, denn was umfaßt oder umschließt, ist größer als das Umschlossene; Gott ist daher der Unumfaßbare, der seinerseits alles umschließt. Das bedeutet, daß er sein »eigener Ort« ist, allem anderen aber *überall gegenwärtig* ist. Daher kann in dem Umschlossenen auch nichts ohne das *Wissen Gottes* geschehen. Dieses Wissen muß aber mit dem Willen Gottes zusammenfallen, infolgedessen kann in dem von Gott Umschlossenen nichts ohne den *Willen Gottes* geschehen. Nicht alles ist für uns einsichtig, da wir den Willen Gottes nicht kennen, aber alles ist von dieser »Vor-Sehung« Gottes getragen und bejaht. Auf diesem denkerischen Weg kam für die frühchristlichen Theologen das schon von der Stoa thematisierte Theodizeeproblem in den Blick.

Zusammenfassend läßt sich über dieses Gespräch zwischen heidnischer Philosophie und christlichen Theologen folgendes sagen: Von den frühchristlichen Theologen wurde wesentliches Material für einen ganz abstrakten Gottesbegriff erarbeitet. Diesem Gottesbegriff zufolge ist das völlig einfache Wesen Gottes der *Inbegriff aller Vollkommenheiten*. Als einfaches Wesen ist es nicht zusammengesetzt, unveränderlich, frei von sinnlichen Qualitäten, ja sogar – wie eine bestimmte Tendenz dieser Denkrichtung will – völlig eigenschaftslos und gestaltlos. Dieses Wesen Gottes wird weiter verdeutlicht durch Schlußfolgerungen über die Eigenschaften Gottes, wie sie vor allem von späteren Theologen der Kirchenväterzeit herausgearbeitet wurden. Dieser Erkenntnisweg denkt Gott entweder ganz anders als alles von uns Erfahrbare: er leugnet von Gott alles, was immer in die Richtung von Zusammensetzung oder Veränderlichkeit oder Zeitlichkeit deuten könnte, und sagt so – wie das bedeutende griechische Theologen tun – die Unaussprechlichkeit, Unerforschlichkeit, Unendlichkeit, Erhabenheit Gottes aus. Oder er geht vom Gedanken der Vollkommenheit aus und denkt nun alles, was wir als gut erkennen, in höchster Vollkommenheit Gott zu. Die Unendlichkeit Gottes kann dann, wie beispielsweise bei den »die Kappadokier« genannten griechischen Theologen, positiv als unbegrenzte Fülle gedacht werden, zu deren Wesen es gehört, sich voll selber mitteilen zu können, ohne sich dabei selber im geringsten zu mindern.

In diese Gedankengänge wurden zahlreiche biblische Äußerungen über Gottes Verhalten eingeordnet. Diese künstliche Einfügung war möglich, weil die Theologen der Kirchenväterzeit die Bibel nicht mit angemessener Methode lasen, sondern von der Annahme mehrerer »Schriftsinne« ausgingen,[3] die es erlaubten, biblische Aussagen »zeitlos« zu lesen, beispielsweise allegorisch zu deuten usw. So kam es zu einer Aufstellung göttlicher Eigenschaften, bei der das biblische Zeugnis zugunsten der philosophischen Aussage verändert wurde: Aus der in der Schrift beider Testamente bezeugten Treue und Verläßlichkeit des lebendigen Gottes, die besagen, daß Gott sich immer und überall treu verhält, auch wenn er Neues schafft, weil er das Frühere in das Neue hineinnimmt und es nicht verlorengehen läßt, wird die Unveränderlichkeit Gottes; aus der Geschichtsmächtigkeit Gottes, die sich als stärker erweist als irgendeine irdische Macht, wird die Allmacht Gottes; aus Gottes machtvoller Gegenwart in jeder Zeit wird eine Ewigkeit, die Gottes Abstand von der Zeit in immerwährendem Gleichbleiben bezeichnen will; aus Gottes rechtschaffendem Erbarmen wird eine je

---

[3] Vgl. *H. Haag*, Die Sinne der Heiligen Schrift, in: MySal, I, 1965, 408–428, und die dortigen Literaturhinweise, u. a. auf die grundlegenden Forschungen von H. de Lubac.

nach Leistung vergeltende ordnungschaffende Instanz usw. Bei manchen Theologen der Kirchenväterzeit (besonders eindrucksvoll und einflußreich bei Pseudo-Dionysius Areopagita[4]) sind die Offenbarungszeugnisse über die Verhaltensweisen Gottes nur Symbole des eigentlich Unsagbaren: das Wesen Gottes, das Eine, von dem her alles kommt und zu dem hin alles zurückkehrt, ist weder durch positive noch durch negative Prädikate bestimmbar.

Aber trotz solcher Aussagen und Tendenzen ging den Theologen der Kirchenväterzeit der Gott der biblischen Offenbarung nicht verloren. Vor allem in einer Hinsicht äußerten sie sich in denkbar scharfem Kontrast zur griechischen Philosophie: im Hinblick auf Gottes freies Verhalten gegenüber Menschen und Geschichte. Während für ihre griechischen Gesprächspartner das Göttliche sich vom Wesen her *notwendig* gegenüber allem Nichtgöttlichen verhält, aus zeitlosem Ursprung heraus das Gute vor allem in Gestalt einer kosmischen Ordnung mitteilt, wirkt Gott für die Kirchenväter in uneingeschränkter Freiheit schöpferisch und neugestaltend, mit einem starken Interesse am Schicksal der Welt, der Materie, der Menschen. Dieses freie, personale Verhalten Gottes, in dem sein wahres Wesen gewiß nicht weniger deutlich zutage tritt als im schlußfolgernden menschlichen Denken, kommt zu seinem Höhepunkt in der Menschwerdung Gottes und in der Verwirklichung des Heilsplans, dem zufolge Gott selber wahres Menschsein annimmt, um die Menschheit zu vergöttlichen. In der Offenbarung und in diesem Gottes Wesen offenbarenden Tauschvorgang ereignet sich wirkliche Selbstbezeugung Gottes gegenüber der Menschheit. Für das griechische und speziell für das von der Gnosis[5] geprägte Denken war ein solcher Gott unvorstellbar.

Kritisch ist allerdings anzumerken, daß es der Theologie – von den

---

[4] Vgl. *B. Brons*, Gott und die Seienden. Untersuchungen zum Verhältnis von neuplatonischer Metaphysik und christlicher Tradition bei Dionysius Areopagita, Göttingen 1976; *W. M. Neidl*, Thearchia. Die Frage nach dem Sinn von Gott bei Pseudo-Dionysius Areopagita und Thomas von Aquin, Regensburg 1976.

[5] Vgl. *K. Koschorke*, Die Polemik der Gnostiker gegen das kirchliche Christentum, Leiden 1978; *B. Layton* (Hrsg.), The Rediscovery of Gnosticism, Leiden 1980; *J. Ries/J. M. Sevrin* (Hrsg.), Gnosticisme et monde hellénique, Löwen 1980.

damaligen Anfängen an bis heute – nicht gelang, eine einheitliche Sicht Gottes wiederzugeben: philosophische und offenbarungstheologische Aussagen über Gott sind nicht zu einer Einheit zusammenzuführen, sie werden nebeneinanderher dargeboten. Die philosophisch erschlossenen notwendigen Eigenschaften Gottes einerseits werden in der Lehre vom einen Gott erörtert. Die freien, personalen Verhaltensweisen Gottes andererseits werden innerhalb der theologischen Gotteslehre vor allem in der Trinitätslehre thematisiert. Aber stärker noch kommen sie in der Christologie, Soteriologie und Gnadentheologie zur Geltung; auch in der Schöpfungstheologie und Eschatologie werden sie zur Sprache gebracht.

Schließlich ist hinsichtlich der christlichen Gotteskonzeption noch folgendes festzuhalten: In der Theologie der Kirchenväterzeit blieb immer Raum für persönliche Gotteserfahrungen, das heißt, die in Gebet und Meditation gemachten Erfahrungen einzelner Menschen wurden als authentisch anerkannt und in der Gotteslehre weiter überliefert. Das gilt für Gotteserfahrungen im christlichen Osten wie im Westen. Am einflußreichsten waren die lebensgeschichtlichen Zeugnisse des Augustinus, der seine Selbsterfahrungen in detaillierten psychologischen Analysen beschrieb[6]: die von einem unstillbaren Glücksverlangen ausgehende Rückkehr in das Innerste seiner selbst (das »Herz«), die unmittelbare Erleuchtung, die Erkenntnis des unendlichen, unbeschreibbaren, höchsten Gutes (oder Guten) als des absoluten Zieles des Menschen, die Beschreibung vollkommener Seligkeit als »Genießen« dieses Gutes. Auf solchen Wegen einer »Hinreise« nach innen und einer alles subjektive Verlangen stillenden Schau (Kontemplation) des geliebten Gutes entstand eine spezifisch christliche Mystik. Sie wirkte auf der einen Seite immer wieder korrigierend gegenüber einer allzu systematisierenden und theoretisierenden Gotteslehre. Auf der anderen Seite gab sie allzu leicht der platonischen Versu-

---

[6] Vgl. *S. E. Lodovici*, Dio e mondo. Relazione, causa, spazio in S. Agostino, Rom 1979; *L. Wittmann*, Ascensus. Der Aufstieg zur Transzendenz in der Metaphysik Augustins, München 1980; *H. de Noronha Galvao*, Die existentielle Gotteserkenntnis bei Augustin, Einsiedeln 1981; *I. Bochet*, Saint Augustin et le désir de Dieu, Paris 1982.

chung nach, den Weg zu einer Zweisamkeit Gottes mit der Menschenseele abseits der Welt und der Menschheitsgeschichte zu suchen und so den Gott der Vorfahren und den Gott Jesu mit seinem entschieden bekundeten innergeschichtlichen Willen preiszugeben.

Literatur

Baudler, G., Erlösung vom Stiergott. Christliche Gotteserfahrung im Dialog mit Mythen und Religionen, München 1989

Beierwaltes, W., Deus est veritas. Zur Rezeption des griechischen Wahrheitsbegriffes in der frühchristlichen Theologie, in: E. Dassmann / K. S. Frank (Hrsg.), Pietas, Münster 1980, 15−29

Blume, H.-D. / Mann, F. (Hrsg.), Platonismus und Christentum, Münster 1983

Dörrie, H., Die Andere Theologie, in: Theologie und Philosophie 56 (1981) 1−46

Hübner, R. M., Der Gott der Kirchenväter und der Gott der Bibel. Zur Frage der Hellenisierung des Christentums, München 1979

Kelly, J. N. D., Altchristliche Glaubensbekenntnisse. Geschichte und Theologie, Göttingen [2]1972

Kenny, A., The God of Philosophers, Oxford 1979 (besonders zu Allwissenheit und Allmacht Gottes)

Pannenberg, W., Die Aufnahme des philosophischen Gottesbegriffs als dogmatisches Problem der frühchristlichen Theologie, in: ders., Grundfragen systematischer Theologie, I, Göttingen [3]1979, 296−346

Prestige, G. L., God in Patristic Thought, London [3]1964

Schoedel, W. R. / Wilken, R. L., Early Christian Literature and the Classical Intellectual Tradition, Paris 1979

Schultze, B., Zur Gotteserkenntnis in der griechischen Patristik, in: Gregorianum 63 (1982) 525−558

Stead, Ch., Divine Substance, Oxford 1977 (von Platon bis Mitte des 4. nachchristlichen Jahrhunderts)

Zintzen, C. (Hrsg.), Der Mittelplatonismus, Darmstadt 1981 (Literatur)

4.2   Die Entwicklung der Trinitätstheologie

Wenn die frühchristlichen Gemeinden sich zu ihrem Gott bekannten, meinten sie keinen anderen als Jahwe, den einzigen Gott, der auch der Gott Jesu von Nazaret war. Im Nachdenken über die Einzigartigkeit Jesu verstanden sie Jesus als den Sohn Gottes schlechthin. Von da aus legte sich die Bezeichnung Gottes als des Vaters besonders nahe. In dem Maß, als die frühen Christen erkannten, wie sehr Menschen in die Beziehung Jesu zu seinem Vater hineingenommen werden sollten, wurde »sein Vater« auch »unser Vater«. Die bleibende, helfende Gegenwart der Kraft Gottes und Jesu wurde als der Geist (Gottes und Jesu) verstanden und bezeichnet. Diese unterschiedlichen Bezeichnungen minderten das Bekenntnis zur Einzigkeit und Einheit Gottes nicht im geringsten. Eine Trinitätslehre gibt es im Neuen Testament nicht. Wohl bietet das Neue Testament (insbesondere die johanneischen Schriften) begriffliche Anhaltspunkte, von denen aus eine Trinitätstheologie entstehen konnte: es legt nahe, den Ursprung des Sohnes im Vater als »Gezeugtsein« oder als »Gesendetsein« zu verstehen, den des Geistes im Vater als »Hervorgehen«. Aber dazu fehlen weitere Ausführungen. Mehrfach fügt das Neue Testament die Drei einfach in sogenannten triadischen Formeln nebeneinander,[7] ohne sich dabei zum Verhältnis der Drei zueinander zu äußern (zu den bekanntesten dieser triadischen Formeln gehören: »Die Gnade des Herrn Jesus Christus und die Liebe Gottes und die Gemeinschaft des heiligen Geistes sei mit euch allen!«, 2 Kor 13,13; »Darum gehet hin und machet alle Völker zu Jüngern und taufet sie auf den Namen des Vaters und des Sohnes und des heiligen Geistes«, Mt 28,19).

4.2.1 Erste theologische Versuche

Solche triadische Formeln werden in nach-neutestamentlicher Zeit auch von den sogenannten Apostolischen Vätern verwendet (zum Beispiel um das Jahr 96 Clemens von Rom: »Wir haben einen Gott, einen Christus und einen Geist der Gnade, der über uns ausgegossen ist«). Die zunächst übliche Taufe auf den Namen Jesu wich im 2. Jahrhundert immer mehr der Taufe auf Vater, Sohn und Geist. Aus dem 2. Jahrhundert sind erste Zeugnisse erhalten, die

---

[7] Vgl. die Übersicht über triadische Formeln in Dogmatiken, etwa in MySal, II, 1967, 125–129; *W. Kasper*, Der Gott Jesu Christi, Mainz 1982, 298–303; ebd. 303–307 über trinitarische Bekenntnisse in der frühen Kirche. Vgl. auch *L. Abramowski*, Die Entstehung der dreigliedrigen Tauformel – ein Versuch, in: Zeitschrift für Theologie und Kirche 81 (1984) 417–446.

das denkerische Bemühen hinsichtlich der Beziehung von Sohn und Geist zu dem einzigen Gott bekunden. Diese Zeugnisse sind von Subordinatianismus (= Lehre von der Unterordnung) geprägt: der Sohn führt die Sendung des Vaters aus, der Geist vollendet das Wirken des jetzt erhöhten Kyrios Jesus Christus. Dieses subordinatianische Denken äußerte sich auch in der Zuordnung »durch«, etwa in dem bei Justin († 165) bezeugten Eucharistiegebet: »Dem Vater des Alls durch den Namen des Sohnes und des Heiligen Geistes Lob und Preis.«

Der frühe Subordinatianismus ergab sich nicht nur aus Unterordnungswendungen im Neuen Testament, sondern auch aus dem von der griechischen Philosophie geprägten Gottesdenken. So meinte etwa Justin, der zu den Apologeten gehört,[8] der Gott (ho theos), der Vater, sei allein das absolut göttliche Subjekt. Als unendlicher, namenloser und unsichtbarer kann er nicht in der Welt erscheinen. Das göttliche Wort, der Logos, ist dem Willen dieses Gottes entsprungen (nicht erschaffen worden) und in der Welt erschienen; dies war möglich, weil er von nicht so hoher Qualität war wie Gott: der Logos ist ein untergeordneter Gott. Beiläufig wird der Heilige Geist erwähnt, der ähnlich wie der Logos aus Gott hervorging und schon vor Jesus Christus die Propheten erleuchtet hat. Justins Schüler Tatian († 170) lehrte ganz ähnlich: Der göttliche Logos ging aus dem Willen des einfachen Gottes hervor als erstgeborenes Werk des Vaters vor aller Schöpfung; er hat sein Wesen vom Vater durch Teilhabe, ähnlich wie ein neues Licht an einer Fackel entzündet wird. Der Heilige Geist ist zweifach untergeordnet, dem Vater, aus dem er hervorging, und dem Sohn, dem er als Bote diente.

Der griechische Einfluß (des mittleren Platonismus) ist hier ganz deutlich: Gott wird als der unbewegte, unendliche Grund der Welt gedacht, dessen Wesen aber in einer Fülle besteht, die er mitteilen kann, ohne dabei etwas von seinem Eigenen zu verlieren, und der – anders als das Göttliche der Griechen – an seiner Schöpfung interessiert ist. Er gibt also Sohn und Geist Anteil an seinem Wesen, wobei aber nicht bestimmt wird, welchen genauen Anteil er gibt.

---

[8] Vgl. *W. Rordorf*, La Trinité dans les écrits de Justin Martyr, in: Augustinianum 20 (1980) 285–297.

Durch die so hervorgebrachten, ihm untergeordneten Zwei wirkt er in die Welt hinein.

Die ganze Aufmerksamkeit gilt zunächst dem Logos/Sohn: Wer ist er, wie und seit wann ist er? In der Logos-Christologie wird zuerst eine Theologie des Logos/Sohnes erstellt und erst später nach diesem Modell die Geisttheologie aufgebaut. Das geschah in Auseinandersetzungen, die zugleich höchst theologisch spezialisiert und innerkirchlich-politisch geprägt waren. Es ist in diesem Grundriß nicht möglich, diesen subtilen Auseinandersetzungen genau zu folgen,[9] die Angabe der großen Linien muß und kann fürs erste genügen.

4.2.2   Die monarchianische Tendenz

Eine Gruppierung oder Strömung innerhalb des frühen Christentums betonte in Rücksichtnahme auf das Judentum, dem sie sich nach wie vor eng verbunden fühlte, nicht zuletzt durch das Alte Testament als heiliges Buch, die Einzigkeit Gottes. Sie setzte gewissermaßen die Tradition der Jahwe-allein-Bewegung fort. Sie sorgte sich darum, das Bekenntnis zu dem einen und einzigen Gott um keinen Preis durch das Bekenntnis zur Gottheit Jesu Christi zu beeinträchtigen. Der lateinische Theologe Tertullian (an der Wende vom 2. zum 3. Jahrhundert) gab den Anhängern dieser Strömung den Namen »Monarchianer« (von »monos« = einzig, allein, und »archē« = Ursprung, aber auch Herrschaft). Innerhalb dieser Bewegung stellte sich natürlich die Frage, wie das Verhältnis Jesu zu Gott genau auszusprechen sei. Zwei Antworten legten sich innerhalb dieser gedanklichen Strömung nahe, und dementsprechend teilte sich der Monarchianismus in zwei Richtungen. Nach

---

[9] Genauere Darstellungen finden sich bei *J. Liébart*, Christologie, Freiburg 1965; *A. Grillmeier*, Mit ihm und in ihm, Freiburg [2]1975; *H. Offermanns*, Der christologische und trinitarische Personbegriff der frühen Kirche, Bern/Frankfurt 1976, dazu *H. Kessler/R. Pesch*, in: Theologische Quartalschrift 157 (1977) 71–75; *A. Grillmeier*, Jesus der Christus im Glauben der Kirche, I: Von der Apostolischen Zeit bis zum Konzil von Chalcedon (451), Freiburg 1979; *B. Studer*, Der Person-Begriff der frühen kirchenamtlichen Trinitätslehre, in: Theologie und Philosophie 57 (1982) 161–177; *F. R. Gahbauer*, Das anthropologische Modell. Ein Beitrag zur Christologie der frühen Kirche bis Chalkedon, Würzburg 1984.

der einen war Jesus von Nazaret mit einer besonderen göttlichen Kraft ausgestattet, er blieb aber dennoch ein bloßer Mensch. Diese Auffassung heißt »dynamistischer Monarchianismus« (»dynamis« = Kraft: Jesus, ein Mensch mit göttlicher Kraft). Wo man mit dieser Vorstellung den Gedanken verband, dieser bloße Mensch Jesus sei von Gott zum Sohn angenommen worden, ohne dadurch zu Gott zu werden, heißt dieser Monarchianismus auch »Adoptianismus«. Nach der anderen Richtung war Jesus eine Erscheinungsweise des einen Gottes, und nur dem »hinter« dieser Erscheinungsweise Liegenden galt das Interesse, das heißt, das wahre Menschsein Jesu wurde als weniger wichtig empfunden. Diese Richtung wurde »modalistischer Monarchianismus« genannt (»modus« = Art und Weise: Jesus die Erscheinungsweise Gottes).

Zum dynamistischen Monarchianismus. Diese Richtung ist in der Theologiegeschichte mit bestimmten Namen verbunden. Als theologisches Haupt der älteren monarchianischen Richtung wird der griechische Theologe Theodot der Gerber genannt (um 190), der in Rom lehrte, dort aber auf Ablehnung stieß. Er war in Philosophie und in der Bibel gut bewandert. Soweit uns bekannt, lehrte er, der von der Jungfrau Maria geborene Jesus sei bei seiner Taufe im Jordan mit einer besonderen göttlichen Kraft des Heiligen Geistes beschenkt worden; dadurch sei er ein höherer Mensch, nicht aber Gott geworden. Differenzierter lehrte um 260 im griechischen Osten der Bischof Paul von Samosata: Der Logos (das göttliche Wort) sei eine göttliche Kraft oder Eigenschaft. Paul identifizierte auch die göttliche Weisheit (sophia) und den dynamischen Geist (pneuma) mit dieser Logos-Kraft und sagte, diese Logos-Kraft sei mit dem Menschen Jesus von Nazaret eine lose, äußere Verbindung eingegangen. Auf keinen Fall komme dieser Logos-Kraft eine Selbständigkeit zu; da sie nichts anderes war und ist als eine Eigenschaft Gottes, nannte Paul sie »homousios«, das heißt wesensgleich oder wesenseins, mit Gott dem Vater. Eine Synode in Antiochien lehnte im Jahre 269 diese Lehre und damit den Begriff »homousios« ab.

Zum modalistischen Monarchianismus. Auch hier faßt diese Bezeichnung Theologen mit unterschiedlichen Denkrichtungen zusammen. Genannt werden Noetus (um 200 im kleinasiatischen

Smyrna) mit seinen Schülern, dann Praxeas (um 200 in Rom) und vor allem Sabellius (um 220 in Rom). Auch diese Richtung wollte den strengen Ein-Gott-Glauben Israels bewahren, sah aber die Qualität Jesu – besonders wegen der Erlösung – als so göttlich an, daß sie uneingeschränkt von der Gottheit Jesu sprach. Um dennoch die Einheit Gottes zu wahren, lehrten die Sabellianer, »daß Vater, Sohn und Hl. Geist nur verschiedene Bezeichnungen (onomasiai) und verschiedene Erscheinungsweisen (prosopa) der Gottheit sind, nicht aber verschiedene Personen. Die Gottheit, auch hyopator genannt, ist als Gesetzgeber im Alten Testament Vater, als Erlöser von der Menschwerdung bis zur Himmelfahrt Sohn und seit dieser in der Heiligung der Seelen Heiliger Geist. Die Erscheinungsweisen sind vergänglich: die Gottheit hört mit der Menschwerdung auf, Vater zu sein, und sie hört mit der Himmelfahrt auf, Sohn zu sein. Es gibt demnach in ihr keine gleichzeitige Dreiheit: sie ist nur ›für uns‹ dreifaltig, d. h. nur in der Ordnung der Oikonomia«[10]. Bibeltexte, die dieser Lehre entgegenstanden, etwa den Johannesprolog, deuteten die Sabellianer rein allegorisch. Obwohl Sabellius von Papst Calixtus I. († 222) aus der Kirche ausgeschlossen wurde, gab es immer wieder sabellianische Tendenzen. In der Alten Kirche wurde »Sabellianismus« die Bezeichnung einer besonders gefährlichen Häresie.

4.2.3 Die subordinatianische Tendenz

Im frühen Christentum entstand ein so heftiger Kampf um die richtige Deutung, wer und wie Gott ist, wie die Beziehung von Vater und Logos/Sohn zu denken und das Verhältnis Jesu zu seiner Menschennatur zu erklären seien, daß in der Fachliteratur mit Recht festgestellt wird, die theologischen Auseinandersetzungen, die Ende des 3. Jahrhunderts anfingen, seien oft ein Kampf aller gegen alle gewesen.

Der einflußreichste Theologe einer neuen Deutung war Arius (Areios, † 336), Presbyter in Alexandrien, aus der Antiocheni-

---

[10] *R. Lachenschmid*, Sabellianismus, in: LThK, IX, 1964, 193.

schen Theologenschule hervorgegangen.[11] Arius war vom mittleren Platonismus geprägt, der Gott, den höchsten Einen, in unzugänglicher Transzendenz, bis zur Unerkennbarkeit entrückt, sah. Der Logos/Sohn konnte für ihn nicht wahrer Gott von Gott sein, denn als solcher hätte er niemals Mensch werden können. Arius lehrte daher seit etwa 315, das göttliche Wort, der Logos, sei zum einen immer bei Gott, eine Eigenschaft Gottes; zum andern sei er nicht ewig wie Gott der Vater, er habe aber sein Dasein vor der Zeit unmittelbar vom Vater empfangen wie kein anderes der Geschöpfe, jedoch nicht aus der Substanz des Vaters, sondern aus dem Nichts. Er sei also das erste Geschöpf des Vaters gewesen (ktisma, poiema), und es habe bei Gott eine Zeit gegeben, da der Logos noch nicht war. So ist er zugleich gezeugt und geschaffen, Gott nur durch Teilhabe an der Gottheit wie wir, das Mittlerwesen zwischen Gott und Welt. Zur Prüfung mußte dieser Logos radikal Mensch werden, und zwar so, daß der Logos in dem Menschen Jesus von Nazaret die Stelle der menschlichen Seele einnahm, so daß Jesus ohne menschliche Seele war. Jesus habe sich während seines Lebens aber fortschreitend ethisch vervollkommnet, so daß er am Ende zu Recht den Namen »Gott« bekam. Alle biblischen Aussagen, nach denen Jesus, der Sohn, der Christus, dem Vater untergeordnet ist, wurden in dieser Lehre systematisch hervorgehoben.

4.2.4 Erste kirchliche Theologie gegen den Monarchianismus

Zwei Theologen der lateinischen Kirche, die später selber auf anderen Gebieten abweichende Meinungen vortrugen, wurden in der Auseinandersetzung mit dem Monarchianismus einflußreich, Tertullian († nach 220) und Novatian († um 260). Tertullian unternahm

---

[11] Vgl. *R. Lorenz*, Arius judaizans? Untersuchungen zur dogmengeschichtlichen Einordnung des Arius, Göttingen 1979, dazu *A. Grillmeier*, in: Theologische Revue 78 (1982) 459–463 (Literatur); *L. Abramowski*, Drei christologische Untersuchungen, Berlin 1981 (zu Phil 2; zur gnostischen Logostheologie; zur innertrinitarischen Einheit); *dies.*, in: Zeitschrift für Kirchengeschichte 93 (1982) 240–272 (zu den beiden Dionys im arianischen Streit); *R. Lorenz*, Die Christusseele im arianischen Streit, ebd. 94 (1983) 1–51 (auch zu den Quellen).

den unseres Wissens ersten trinitätstheologischen Versuch im Abendland (in Nordafrika). In der Gegenschrift gegen den Monarchianer Praxeas führte er – folgenreich – eine Reihe philosophischer Begriffe in die Trinitätstheologie ein. Das Wesen Gottes nannte er »substantia« und sagte, die geistige Substanz Gottes könne nur eine sein. Diese geistige Einheit habe sich in der Heilsgeschichte – »ökonomisch« – dreifach geoffenbart. Das ist bei Tertullian jedoch kein Modalismus, weil diese Reihenfolge der Gottesoffenbarung auch in Gott selber und für Gott (»immanent«) etwas bedeutet. Tertullian versuchte, sich die dreifaltige Unterschiedenheit in Gott mit Bildern zu verdeutlichen, als verhielten sich Vater, Sohn und Geist etwa wie die Sonne, der Strahl der Sonne und die Spitze dieses Sonnenstrahls. Die biblisch genannten Drei bezeichnete er als »personae«. Er meinte damit aber nicht drei Gleichrangige: die »Person« des Vaters könne auch ohne Bezug zur Schöpfung und Menschheit gedacht werden; Sohn und Geist seien gerade wegen des Weltbezuges Gottes aus dem Vater hervorgegangen als Stufen oder Gestalten (»status«) der einen Substanz. Tertullians Trinitätsformulierung ist der späteren Theologie erhalten geblieben: drei »Personen« einer Gottheit, »tres personae unius divinitatis«.

In seinem Werk ›De Trinitate‹ hat Novatian in Rom die erste Gesamtdarstellung der Trinitätstheologie gegen die Monarchianer zu schreiben versucht. Er ging nicht wie Tertullian von der Geistigkeit Gottes, sondern wie die griechische Philosophie von der Einfachheit und Überweltlichkeit Gottes aus. Der Hervorgang des göttlichen Wortes (das bei ihm »sermo« heißt) war bei ihm nicht mit der Sendung in die Welt verbunden, sondern ein innergöttlicher Vorgang in dem einen, einfachen und unveränderlichen Gott: Immanent, zeitlos spreche Gott ein Wort, und dadurch trete das ewige, anfanglose, unsichtbare Wesen Gottes immer schon in eine Beziehung – in eine Relation – zu seinem eigenen Wort, in dem sich dieses Wesen ausspreche. So kam Novatian zu einer Kennzeichnung der innergöttlichen Unterschiede: Der Vater ist ungezeugt, sein Merkmal oder Kennzeichen ist das Ungezeugtsein. Der Sohn oder das Wort ist gezeugt. Doch trete dadurch nicht ein Unterschied im göttlichen Wesen ein: die eine, unteilbare Gott-Substanz ist beiden gemeinsam, und so bleibt das eine göttliche Prinzip unangetastet.

Für den christlichen Osten ist hier die Gruppe der alexandrinischen Theologen zu nennen, und unter ihnen an erster Stelle Origenes (†um 253/254). Er bezog als erster der systematisch um die Trinität bemühten Theologen den Heiligen Geist ausdrücklich in die Gedanken über die innergöttliche Dreieinigkeit ein. Vater, Sohn und Geist sind ihm zufolge zwar wesensgleich, und doch herrscht eine Art Subordination, denn der göttliche Logos ist aus dem absoluten göttlichen Urgrund, dem Vater, durch Emanation (= Herausfließen) hervorgegangen, der Geist ist seinerseits vom Sohn hervorgebracht worden und diesem untergeordnet. Die Verschiedenheit der Drei ergebe sich durch die Unterschiedlichkeit der Aufgaben von Logos/Sohn und Geist.

4.2.5   Die amtlich-kirchliche Lehre über die Trinität bis 381

Wie bei jeder theologischen Lehre, so ist auch bei der Gotteslehre zu beachten, daß ein kirchliches »Lehramt« nicht von Anfang an gegeben war und daß es überdies in unterschiedlichen Formen entstand. In der römisch-katholischen Theologiegeschichte konzentriert sich das Interesse auf die Stellungnahme der Bischöfe von Rom und der ökumenischen, das heißt die Gesamtkirche repräsentierenden Konzilien. Die ersten Äußerungen römischer Bischöfe zu Fragen um die göttliche Trinität sind im genauen Wortlaut nicht erhalten; man weiß nur von einem Schreiben des Papstes Viktor I. (†198), in dem dieser den Monarchianismus des Griechen Theodot verurteilte, und von Äußerungen Calixtus' I. (†222) gegen Sabellius, in denen der Papst eine eigene Trinitätsauffassung vorgelegt haben soll, wonach Vater und Sohn ihrem Wesen nach identisch, aber verschiedene Subjekte seien, so daß man nicht sagen könne, Gott der Vater sei am Kreuz gestorben (wie das die modalistischen »Patripassianer« taten).

Zum Teil erhalten ist ein Brief des Bischofs Dionysius von Rom (†268) an Bischof Dionysius von Alexandrien (DS 112–115; NR 248f) gegen einen modalistischen Monarchianismus und gegen die Annahme von drei Gottheiten (»Tritheismus«). So festigten sich amtlich-kirchliche Positionen: Aus dem Brief geht hervor, daß der Papst das Festhalten am einen und gleichen Wesen Gottes, an der Verschiedenheit der drei »Personen« in Gott und zugleich an deren Gleichordnung für wesentlich hält.

Im 4. Jahrhundert löste Arius mit Angriffen auf seinen Bischof in Alexandrien erbitterte christologische Streitigkeiten aus.[12] Örtliche Synoden suchten den Streit zu beenden, wobei sich zwei im Sinne des Arius, eine gegen ihn aussprachen. Kaiser Konstantin fürchtete um die Einheit seines Reiches wegen dieser öffentlich ausgetragenen Konflikte; er berief für 325 eine Reichssynode in die kleinasiatische Stadt Nicaea (Nikaia) ein, die als das erste ökumenische Konzil gilt. Unter dem Vorsitz des Kaisers, der die Verhandlungen maßgeblich bestimmte, waren rund 300 Bischöfe, vor allem aus dem griechischen Osten, versammelt. Eine arianische Partei war durch 17 Bischöfe vertreten. Aber eine antiarianische Mehrheit setzte sich durch. Sie stimmte einem Glaubensbekenntnis zu, das schon früher in Syrien / Palästina entstanden war und in dessen 2. Artikel Formulierungen gegen Arius eingefügt wurden, und sprach die Verurteilung der Arianer aus (DS 125 f; NR 155 f). Die entscheidenden dogmatisch-verbindlichen Aussagen über Jesus Christus im Glaubensbekenntnis lauten: »Sohn Gottes, als Einziggeborener gezeugt vom Vater, das heißt aus der Wesenheit des Vaters, Gott von Gott, Licht vom Licht, wahrer Gott vom wahren Gott, gezeugt nicht geschaffen, wesenseins mit dem Vater.« Besonders diese letzte Aussage ist das Schlüsselwort des Konzils von Nicaea: »wesenseins« oder »wesensgleich« (homousios). Für diesen Begriff hatte sich Kaiser Konstantin intensiv eingesetzt. Die Verurteilung der Arianer lautet: »Diejenigen aber, die da sagen, es habe eine Zeit gegeben, da der Sohn Gottes nicht war, und er sei nicht gewesen, bevor er gezeugt wurde, und er sei aus nichts geworden oder aus einer anderen Substanz oder Wesenheit, oder der Sohn Gottes sei wandelbar oder veränderlich, diese schließt die katholische und apostolische Kirche aus.«

---

12 Vgl. die Darstellungen in der Standardliteratur (Anm. 9 und 11), in der Reihe ›Leitfaden Theologie‹ auch N. Brox, Kirchengeschichte des Altertums, Düsseldorf 1983, 174–179.

Die Arianer stimmten dem Bekenntnis zwar zu, behielten aber ihre inneren Vorbehalte gegen diese Lehre und waren gewillt, sie so lange zu interpretieren, bis sie sich darin wiedererkennen konnten. Das Konzil hat – mit Recht! – nicht versucht, zu erklären, wie genau das innere Leben Gottes zu denken sei. Es setzte defensive Markierungen. Gegen den Tritheismus, der als latente Gefahr bemerkt worden war, wurde die vollkommene Einheit Gottes ausgesagt. Gegen den Subordinatianismus der Arianer und gegen die Sabellianer betonte man, nicht ohne biblische Basis, die wahre Gottheit des Sohnes. Dessen Hervorgang aus dem Vater wird mit dem Wort »gezeugt« und mit dem Bild vom Licht ausgesagt. Die »ökonomische« Trinität Gottes, das heißt die Erfahrung der Drei in der Heilsgeschichte, wird nicht gleich deutlich angesprochen.

Kaiser Konstantin ließ nach der formalen Unterwerfung der Arianer eine weitere Diskussion und Interpretation der Konzilsaussagen zu. Die Arianer spalteten sich in Anhomöer, die gegen das Konzil lehrten, der Sohn sei dem Vater unähnlich (anhomoios), in Homöer, die zugunsten biblischer Aussagen auf jede Spekulation verzichten wollten und sagten, der Sohn sei dem Vater ähnlich »gemäß der Schrift« (ähnlich = homoios), und in die eigentlichen Semiarianer (Halbarianer), die zwar den arianischen Satz, der Sohn sei aus nichts in der Zeit erschaffen, ablehnten, aber das strikte »homousios« auch nicht akzeptierten und den Sohn als in allem dem Vater ähnlich bezeichneten. Diese letztere Ansicht gewann Anhänger unter Bischöfen und wurde vom Kaiser begünstigt. Erst als diese Unterstützung vom Kaiserhof nachließ, setzte sich die Lehre des Konzils von Nicaea allmählich durch, wenn auch nicht ohne Rückschläge. Bei der Verteidigung der Konzilslehre ragte Athanasius († 373) hervor, der als Bischof von Alexandrien vom Kaiser verbannt worden war (unter anderem nach Trier) und, vom Papst aufgenommen, seine Kirche von Rom aus leitete. Von erstrangiger Wichtigkeit war für ihn die Wesensidentität von Vater und Sohn. Dagegen gelangte er hinsichtlich der Dreizahl nicht zur Klarheit: Es fehlte ihm, der griechisch sprach, ein Wort wie »Person«, das Tertullian im Westen unbedenklich benutzt hatte. Das entsprechende »prosopon« wollte er nicht verwenden, weil er es für sabellianisch besetzt hielt. »Usia« und »hypostasis« bezeichneten für ihn dasselbe: Wesen.

Für die weitere Lehrentwicklung waren drei Theologen von großer Bedeutung, die man nach ihrer Heimat am Rand Syriens die »Kappadokier« nennt, Basilius von Caesarea (†379), sein Freund Gregor von Nazianz (†390) und sein Bruder Gregor von Nyssa (†395). Sie lehrten, das unendliche göttliche Wesen (usia) sei streng unbegreiflich. Dieses eine Wesen entfalte sich aber, innergöttlich lebendig, in eine begreifliche Dreiheit von Vater, Sohn und Geist. Diese Drei hätten hypostatische, das heißt nicht mitteilbare Eigenschaften. Dem Vater komme Ungezeugtsein zu, dem Sohn Gezeugtsein, dem Geist Hervorgegangensein. In ihrem Wesen seien die Drei eins, und zwar eins in dem unendlichen Wesen des Vaters, aus dem Sohn und Geist hervorgehen, ohne es zu verlassen. Unterschieden seien sie also nur aufgrund ihres Hervorgegangenseins oder Nicht-Hervorgegangenseins. Schaue man auf diese gegenseitige Beziehung durch Herkunft, dann könne man sagen: Das eine göttliche Wesen lebt in drei Hypostasen. Aus den biblischen Zeugnissen, von denen die Kappadokier ausgingen, war Gott zuerst als dreifach gegliedert in seiner Offenbarung erkannt worden, ohne daß er durch diese drei-faltige Offenbarung aufhörte, ein einziges Wesen zu sein. Durch die Meditation des Glaubens wurde allmählich erkannt, daß dieser Gliederung Gottes »nach außen« hin eine hypostatische Gliederung »nach innen« entspreche, die aber nicht die Annahme von drei Wesen erlaubt.

Darum sei es unzulässig, die drei »Hypostasen« in Gott mit drei Menschen zu vergleichen, die ja auch drei »Hypostasen« genannt werden können. Drei Menschen haben die eine Menschennatur, das Menschsein, gemeinsam, das aber bei drei Menschen in drei konkreten Hypostasen, mit jeweils einem ganzen Bündel eigener Merkmale und Eigenschaften zum Ausdruck kommt, das jeweils durch ein individuelles Bewußtsein zusammengehalten wird. So sei es bei Gott gerade nicht, lehrten die kappadokischen Theologen. Bei Gott hätten die Hypostasen nicht viele konkrete, besondere Merkmale, sondern jeweils nur eines: Ursprungsein beim Vater, Gezeugtsein beim Sohn, Hervorgegangensein beim Geist. Diese Merkmale seien jeweils so »dünn«, daß durch diese drei Merkmale oder individuellen Besonderheiten nicht drei selbständige Subjekte entstünden. Das göttliche Wesen oder Gottes Natur existiere natürlich nicht als etwas »Eigenes« neben den drei Hypostasen, sondern es sei nichts anderes als das Wesen des Vaters, an dem die beiden andern durch Mitteilung ohne Teilung teilhätten.

Besonderes Interesse hatten die Kappadokier am Heiligen Geist. Es hatte sich nämlich auf der Grundlage des Arianismus eine Theorie gebildet, in der die Subordinationsauffassung konsequent auf den Geist angewendet wurde. Die so lehrenden Theologen wurden nach einem Bischof Macedonius (Mitte des 4. Jahrhunderts in Konstantinopel) »Macedonianer« genannt, aber zu Unrecht, da Macedonius diese Geistauffassung gar nicht vertrat. Die Gegenliteratur nennt sie auch »Pneumatomachen«, das heißt Geistbekämpfer. Der Geist (pneuma) der Schrift ist nach dieser Auffassung wohl nur ein Geschöpf oder eine Art Mittlerwesen zwischen Gott und seiner Schöpfung, auf jeden Fall dem einzigen Gott untergeordnet. Die Kappadokier wandten dagegen das »homousios« von Nicaea auf den Geist an. Basilius, dessen Schrift über den Heiligen Geist erkennen läßt, daß hier Geisterfahrungen des Mönchtums zu Wort kamen, und Gregor von Nazianz stellten im Anschluß an das Johannesevangelium eine Parallele im Hervorgehen des Logos/Sohnes und des Geistes aus dem Vater fest. Auf den arianischen Einwand, der Sohn und der Geist seien also Brüder, erwiderte Gregor von Nyssa, der Geist gehe aus dem Vater durch den Sohn hervor.[13]

Als diese Streitigkeiten zusammen mit dem weiterbestehenden Arianismus die kirchliche und staatliche Einheit abermals in Gefahr brachten, berief Kaiser Theodosius für das Jahr 381 ein Konzil nach Konstantinopel ein, zu dem sich 150 ostkirchliche Bischöfe, unter ihnen die Kappadokier Gregor von Nazianz und Gregor von Nyssa, versammelten. Der Wortlaut der Konzilsbeschlüsse ist nicht erhalten. Aber es verbreitete sich in der östlichen Kirche ein Glaubensbekenntnis, das in seinem Grundbestand älter als dieses Konzil von Konstantinopel ist, in das jedoch unbekannte Theologen Zusätze im Geist dieses Konzils und im Geist der drei kappa-

---

[13] Weiteres unter 4.2.6.

dokischen Theologen eingefügt haben.[14] Da das Konzil von Chalcedon im Jahre 451 behauptete, dieses Glaubensbekenntnis sei das des Konzils von Konstantinopel von 381 (das übrigens in Chalcedon als 2. ökumenisches Konzil anerkannt wurde), erhielt es höchste Geltung für die Gesamtkirche. Dieses nicaeno-konstantinopolitanische Glaubensbekenntnis (DS 150; NR 250), das Credo der festtäglichen Eucharistiefeier, spricht vom Heiligen Geist so, wie nur von Gott gesprochen werden kann: »Ich glaube an den Heiligen Geist, den Herrn und Lebensspender, der vom Vater ausgeht. Er wird mit dem Vater und dem Sohn zugleich angebetet und verherrlicht. Er hat gesprochen durch die Propheten.« Der göttliche Geist bekommt hier göttliche Prädikate (kyrios und zoopoion), der Hervorgang aus dem Vater wird von ihm ausgesagt und ihm wird die »Homotimie«, das Recht auf die Ehre, die Gott allein gebührt, zugesprochen.

Damit war ein Endpunkt der kirchlichen Lehrentwicklung erreicht: »Die Bedeutung des Nicaeno-Constantinopolitanums für die Entwicklung des Trinitätsglaubens in der Kirche kann nicht leicht überschätzt werden. Dieses Symbol, das bald in die Liturgie einging, hat seitdem den Gemeindeglauben bis zum heutigen Tag entscheidend bestimmt und die abschließende Interpretation des trinitarischen Glaubens in der Kirche erbracht. Für den Osten gilt sogar die noch weiter reichende Behauptung, daß mit diesem Symbol und der ihm zugrundeliegenden Theologie der Kappadokier auch die theologische Entfaltung und Durchdringung des Trinitätsgeheimnisses im wesentlichen zum Abschluß gekommen war.«[15]

4.2.6   Exkurs zum Problem des »Filioque«

Das Konzil von Konstantinopel von 381 hatte die kappadokische Lehre, daß der Geist vom Vater *durch* den Sohn ausgeht, nicht übernommen. In der lateinischen Kirche setzte nun ein Prozeß ein,

---

[14] Außer den Literaturangaben zum Problem des »Filioque« *W. Kasper*, Der Gott Jesu Christi (Anm. 7), 260f, zur Geschichte der Pneumatologie.

[15] *L. Scheffczyk*, in: MySal, II, 1967, 182.

dem Geist ein Hervorgehen auch *aus* dem Sohn zuzuschreiben. Dabei war man sich durchaus dessen bewußt, daß es in der Gottheit nur ein einziges Ursprungsein geben könne, da andernfalls von zwei Göttern gesprochen werden müßte. In dem gedanklichen Prozeß, der sich vom 5. bis 7. Jahrhundert in Spanien abspielte, kam die Meinung auf, der Vater habe dem Sohn *alles* mitgeteilt, als der Sohn aus ihm hervorging, also auch das Ursprungsein, und so seien Vater und Sohn als ein einziger Ursprung (Prinzip) zu denken, da dieses eine Ursprungsein dem Vater von Natur aus, dem Sohn durch Mitteilung zukomme. Und so gehe der Geist vom Vater und vom Sohn (»Filioque«) aus. Dieses »Filioque« wurde besonders am Kaiserhof der Karolinger beliebt und in Rom 1014 auf Drängen Kaiser Heinrichs II. ins Credo eingefügt. Die östlichen Kirchen laufen seit dem 9. Jahrhundert Sturm gegen dieses »Filioque«. Im Gegenzug verfestigte sich die westliche Position: das »Filioque« wurde durch das Vierte Laterankonzil 1215 (DS 805; NR 279), durch das Zweite Konzil von Lyon 1274 (DS 850,853; NR 923) und durch das Konzil von Florenz 1439 (DS 1331; NR 286) bestätigt.

Gemeinsame Basis der Ost- und Westkirche in der Trinitätslehre ist die Überzeugung, daß die Einheit Gottes in drei vollkommenen »Hypostasen« besteht. Man würde aber die geoffenbarte Dreiheit nicht respektieren, wenn man den drei Hypostasen ihre individuellen Besonderheiten nähme. Diese individuellen Besonderheiten sind das Ungezeugtsein oder die Vaterschaft, das Gezeugtsein oder die Sohnschaft, das Hervorgehen/Ausgegangensein oder die »Geistschaft«. Diese drei individuellen Besonderheiten oder Unterschiede ändern aber nichts daran, daß in Gott eine vollkommene Einheit des Wesens, der Ehre und des Tuns besteht. Die drei Hypostasen wohnen einander inne (»Perichorese«), gehören zueinander und teilen alles miteinander außer den drei genannten Besonderheiten, die sie als individuelle Existenzweisen auf ewig voneinander unterscheiden. Sohn und Geist gehen gleichzeitig aus dem Vater hervor, aber auf verschiedene Weise.

Wenn sich die orthodoxen Kirchen weigern, einen Hervorgang des Geistes auch aus dem Sohn anzunehmen, so hat das einmal seinen Grund in dem strengen Verbot des Konzils von Ephesus 431, ein

Wort, ja auch nur eine Silbe in das Glaubensbekenntnis einzufügen, und seien sie noch so wahr. Gegen diesen Grund wandten die Lateiner auf Unionsverhandlungen ein, das Konzil von Ephesus beziehe sich auf das nicaenische, nicht auf das nicaeno-konstantinopolitanische Glaubensbekenntnis und verbiete auch nur eine Änderung der Lehre. Der wesentliche Glaubensgrund der orthodoxen Kirchen gegen das »Filioque« liegt aber in der Befürchtung, dieser Zusatz beeinträchtige die individuelle Besonderheit des Vaters als des ungezeugten, einzigen Ursprungs innerhalb der dreieinigen Gottheit, da vom Sohn etwas ausgesagt werde, was innergöttlich nur dem Vater zukomme. Die orthodoxe Opposition bezieht sich also auf die »immanente« Trinität.

Was die göttliche Trinität »nach außen«, das Wirken Gottes im Hinblick auf seine Schöpfung angeht, so ist das »Filioque« für orthodoxe Theologen annehmbar, denn nach Joh 15,26 geht der Geist im Hinblick auf die Welt auch vom Sohn aus. Der Kern des Problems, das zusammen mit dem päpstlichen Primat kirchentrennend ist, liegt also in der Frage, ob der göttliche Sohn die ewige Existenz des göttlichen Geistes mit hervorbringe. Teilnehmer der darauf bezogenen ökumenischen Diskussion sehen eine Einigungsmöglichkeit in einer Erklärung der römischen Kirche, daß ihr »Filioque« nur ökonomisch-trinitarisch, nicht immanent-trinitarisch gemeint ist. Diese Erklärung wird jedoch verweigert.[16]

Literatur

Zur Trinitätstheologie der ersten vier Jahrhunderte

Fortmann, E. J., The Triune God. A Historical Study of the Doctrine of the Trinity, London 1972

Hanson, R. P. C., The doctrine of the trinity achieved in 381, in: Scottish Journal of Theology 36 (1983) 41–57

Kelly, J. N. D., Altchristliche Glaubensbekenntnisse. Geschichte und Theologie, Göttingen ²1972

[16] Vgl. *J. Gill*, Konstanz und Basel-Florenz, Mainz 1967, 270–278: Die Hinzufügung des Filioque, 282–292, 302–305: Der Hervorgang des Hl. Geistes, 417–420: »Laetentur coeli« von 1439. Vgl. auch *Y. Congar*, in: Christlicher Glaube in moderner Gesellschaft, 22, Freiburg 1982, 106–111.

Kretschmar, G., Studien zur frühchristlichen Trinitätstheologie, Tübingen 1956

Lauret, B. / Refoulé, F. (Hrsg.), Initiation à la pratique de la théologie, II, Paris 1982, 81–516

Lonergan, B., The Way to Nicaea. The Dialectical Development of Trinitarian Theology, London 1976

Margerie de, B., La trinité chrétienne dans l'histoire, Paris 1975

Moingt, J., Théologie trinitaire de Tertullien, 4 Bände, Paris 1966–1969

Scheffczyk, L., Lehramtliche Formulierungen und Dogmengeschichte der Trinität, in: MySal, II, 1967, 147–201 (Literatur)

Ders., Uneingelöste Traditionen der Trinitätslehre, in: W. Breuning (Hrsg.), Trinität, Freiburg 1984, 47–72 (Literatur)

Zur Trinitätstheologie des Konzils von Konstantinopel 381

Lehmann, K. / Pannenberg, W. (Hrsg.), Glaubensbekenntnis und Kirchengemeinschaft (Konstantinopel 381), Freiburg 1982

Ritter, A. M., Das Konzil von Konstantinopel und sein Symbol, Göttingen 1965

Ders., Das Konzil von Konstantinopel (381) in seiner und in unserer Zeit, in: Theologie und Philosophie 56 (1981) 321–334

Schultze, B., Die Pneumatologie des Symbols von Konstantinopel als abschließende Formulierung der griechischen Theologie »381–1981«, in: Orientalia Christiana Periodica 47 (1981) 5–54

La signification et l'actualité du IIe concile oecuménique pour le monde chrétien d'aujourd'hui, Chambésy / Genf 1982 (3. Sektion, 201–374: Trinitätslehre)

Zur Frage des »Filioque«

Congar, Y., Zwei Annäherungen an das Mysterium, in: Christlicher Glaube in moderner Gesellschaft, 22, Freiburg 1982, 106–111

Fahey, M., Sohn und Geist: Theologische Divergenzen zwischen Konstantinopel und dem Westen, in: Concilium 15 (1979) 505–509 (Literatur)

Marx, H. J., Filioque und Verbot eines anderen Glaubens auf dem Florentinum, St. Augustin 1977

Ritschl, D., Geschichte der Kontroverse um das Filioque, in: Concilium 15 (1979) 499–504

Schultze, B., Zum Ursprung des Filioque, in: Orientalia Christiana Periodica 48 (1982) 5–18

Ders., Das Glaubensbekenntnis ohne Filioque? in: Ostkirchliche Studien 33 (1984) 105–120

Sieben, H.-J., Die früh- und hochmittelalterliche Konzilsidee im Kontext der ›Filioque‹-Kontroverse, in: Traditio 35 (1979) 173–207

Vischer, L. (Hrsg.), Geist Gottes – Geist Christi, Frankfurt 1980

4.2.7 Die Weiterentwicklung der lateinischen Trinitätslehre

Der bedeutende lateinische Theologe und Bischof Augustinus (†430) schrieb 399–419 ein umfangreiches Buch ›De Trinitate‹. Er baute die lateinische Begrifflichkeit der Trinitätstheologie unter Rückgriff auf die Philosophie weiter aus. Von der Tradition hatte er die Redeweise von der »Substanz« übernommen. Eine Substanz ist in dieser Philosophie ein in sich stehendes (ruhendes) Wesen (id cui competit esse in se). Zu »Substanz« gehörte von der griechischen Philosophie her der ergänzende Begriff »Akzidens«. Akzidentien sind Bestimmungen, die nicht in sich stehen, sondern die an einem vorgefunden werden (Akzidens: id cui competit esse in alio). Von Gott wird nun gesagt, er sei *eine* göttliche Substanz, und Augustinus fügte hinzu: und habe keine Akzidentien, denn Akzidentien bestimmen eine Substanz auf veränderliche Weise, Gott aber ist nicht auf veränderliche Weise bestimmbar. Von Gott können nur Eigenschaften ausgesagt werden, meinte der Neuplatoniker Augustinus, die mit seinem Wesen identisch sind, wie Unwandelbarkeit, Einfachheit usw. Die Drei in Gott können nun nicht als Akzidentien aufgefaßt werden. Augustinus verstand sie als Relationen oder Beziehungen. Und zwar handelt es sich nicht um akzidentelle Relationen, die dasein können, aber nicht dasein müssen (Beispiel: menschliches Vatersein). Die innergöttlichen Relationen sind substantielle Relationen: daß in dem einen Gott Beziehungen existieren, bedeutet keine Hinzufügung zu seinem Wesen, verändert auch sein Wesen nicht, sondern diese Beziehungen sind einfach mit dem Wesen Gottes identisch und darum auch ohne Anfang und ohne Ende. So besagt der Kern der augustinischen Trinitätstheologie: Der eine einzige Gott lebt in inneren Beziehungen. Jede Beziehung ist mit der ganzen göttlichen Wesenheit identisch. Augustinus sah den Menschen als eine Art Abbild der Trinität; er erkannte im menschlichen Seelenleben Kräfte, die in seiner Sicht den göttlichen Beziehungen entsprechen, zum Beispiel Geist und Erkenntnis und Liebe oder Gedächtnis und Verstand und Willen. Diese Zugänge heißen »psychologische Trinitätslehre«. Sie wirkte überall dort irreführend, ja verhängnisvoll, wo vergessen wurde, daß es sich hier nur um bildhaftes und insofern mit Mängeln behaftetes Vergleichen von Mensch und Gott handeln kann.

Augustinus selber dachte nicht an drei Personen, als er die Trinität mit dem Liebenden, dem Geliebten und der Liebe verglich. Er suchte nach Vergleichen und wußte, wie unzulänglich sie sein müssen. Daß für ihn die Einheit Gottes im Mittelpunkt des Interesses stand, ist auch daraus ersichtlich, daß die Erinnerung an Gott, die Erkenntnis Gottes und die Liebe zu Gott für ihn Vorgänge in der *einen* untrennbaren menschlichen Seele sind und diese für ihn *so* das Bild der göttlichen Dreifaltigkeit ist.

Die Trinitätslehre des Augustinus wurde durch Anselm von Canterbury weitergeführt (›Monologion‹, 1076). Nach Anselms Sicht hat Gott schon vor der Zeit in sich gedacht und gesprochen. Innergöttliches Denken und Sprechen sind aber von Gott als der höchsten Wesenheit nicht verschieden, sondern mit ihr identisch. Beim Sprechen handelt es sich nicht um ein Vielerlei an Mitteilungen, Informationen usw., sondern um ein Wort, in dem die höchste göttliche Substanz sich selber sagt und sagt, was sie hervorbringen will. Dieses Wort ist als gleich ewig wie die höchste Substanz zu denken. Es kann daher auch als der Sohn dieser höchsten Substanz schlechthin aufgefaßt werden, und es ist insofern Wahrheitserkenntnis, als in ihm alles, was überhaupt erkennbar ist, zusammengefaßt ist. Die höchste Substanz und ihr Wort bejahen sich, das heißt: sie lieben sich. Diese Liebe geht von beiden aus, sie ist nicht kleiner als die höchste Substanz. Da sie Vater und Sohn miteinander verbindet, ist sie nicht als »gezeugt« zu denken, sondern als »hervorgehend«. Ihrem Wesen nach ist sie dasselbe, was Vater und Sohn sind: Gott. In der Offenbarung aber heißt sie: Heiliger Geist. Nach außen hin existiert nur ein einziger Gott, der sich auf verschiedene Weise kundgibt. Das brachte Anselm in eine klassische Formulierung ein: »In divinis omnia sunt unum, ubi non obviat relationis oppositio.« Diese theologische Grundaussage wurde 1442 vom Konzil von Florenz übernommen: in Gott ist »alles eins, außer wo die Beziehungen in Gegenrichtung zueinander stehen« (DS 1330; NR 284).

Weil Anselm Augustins Lehre weiterführen wollte, mußte an dieser Stelle auf ihn eingegangen werden. Hier sind nun aber noch frühere Zeugnisse der kirchlichen Trinitätstheologie zu registrieren, die zeigen, wie sehr der lateinische Westen immer bemüht war, von der strengen Einheit und Einzigkeit Gottes her zu denken.

Ein Glaubensbekenntnis, das sogenannte Symbolum Athanasianum (das allerdings nichts mit Athanasius zu tun hat), wurde von unbekannten Redaktoren, die sich sehr stark an Augustinus orientierten, in Südgallien (Provence) vom 5. Jahrhundert an zur Erläuterung der Konzilien von Nicaea und von Chalcedon zusammengestellt (DS 75; NR 915). Seine intellektuellen, starren Formeln entsprechen der Mentalität der damaligen westlichen Kirche. Von welcher Bedeutung es für die mittelalterliche Theologie wurde, ist daraus ersichtlich, daß es im monastischen Stundengebet, zum Teil auch im Volksgottesdienst, allsonntäglich zu sprechen war. Die Ausführungen zur Trinität lauten:

»Dies aber ist der katholische Glaube: Wir verehren den einen Gott in der Dreifaltigkeit und die Dreifaltigkeit in der Einheit, ohne Vermengung der Personen und ohne Trennung der Wesenheit. Eine andere nämlich ist die Person des Vaters, eine andere die des Sohnes, eine andere die des Heiligen Geistes. Aber Vater und Sohn und Heiliger Geist haben nur eine Gottheit, gleiche Herrlichkeit, gleiche ewige Majestät. Wie der Vater, so der Sohn, so der Heilige Geist. Unerschaffen ist der Vater, unerschaffen der Sohn, unerschaffen der Heilige Geist. Unermeßlich ist der Vater, unermeßlich der Sohn, unermeßlich der Heilige Geist. Ewig ist der Vater, ewig der Sohn, ewig der Heilige Geist. Und doch sind es nicht drei Ewige, sondern Ein Ewiger, wie auch nicht drei Unerschaffene und nicht drei Unermeßliche, sondern Ein Unerschaffener und Ein Unermeßlicher. Ebenso ist allmächtig der Vater, allmächtig der Sohn, allmächtig der Heilige Geist, und doch sind es nicht drei Allmächtige, sondern Ein Allmächtiger. So ist der Vater Gott, der Sohn Gott, der Heilige Geist Gott, und doch sind es nicht drei Götter, sondern es ist nur Ein Gott. So ist der Vater Herr, der Sohn Herr, der Heilige Geist Herr, und doch sind es nicht drei Herren, sondern es ist nur Ein Herr. Denn wie wir nach der christlichen Wahrheit jede Person einzeln als Gott und Herrn bekennen, so verbietet uns doch auch der katholische Glaube, drei Götter oder

Herren anzunehmen. Der Vater ist von niemand gemacht, noch geschaffen, noch gezeugt. Der Sohn ist vom Vater allein, nicht gemacht, noch geschaffen, sondern gezeugt. Der Heilige Geist ist vom Vater und vom Sohn, nicht gemacht, noch geschaffen, noch gezeugt, sondern hervorgehend. Es ist also Ein Vater, nicht drei Väter. Ein Sohn, nicht drei Söhne. Ein Heiliger Geist, nicht drei Heilige Geister. Und in dieser Dreieinigkeit ist nichts früher oder später, nichts größer oder kleiner, sondern alle drei Personen sind gleich ewig und gleich groß, so daß in allem, wie bereits vorhin gesagt wurde, sowohl die Einheit in der Dreifaltigkeit als auch die Dreifaltigkeit in der Einheit zu verehren ist. Wer daher selig werden will, muß dies von der heiligsten Dreifaltigkeit glauben.«

Eine Synode im römischen Lateran, die 649 zur Zeit des Papstes Martin I. abgehalten wurde,[17] stellte an den Beginn ihrer an sich der Christologie gewidmeten Lehräußerungen eine trinitarische Aussage, die wiedergeben wollte, was von den »heiligen Vätern« her überliefert worden war. Die göttliche Trinität wird so umschrieben: »unus Deus in tribus subsistentiis consubstantialibus«, *ein* Gott in drei wesensgleichen Subsistenzen (Seinsmomenten), die zusammen nur eine Gottheit, eine Natur, ein Wesen, eine Kraft und Macht, einen Willen, ein Wirken besitzen (DS 501; NR 193). »Subsistentia« ist hier die Wiedergabe der griechischen »hypostasis«, »consubstantiales« entspricht dem griechischen »homousiai«. Die Schöpfung und die Vorsehung werden ausdrücklich als das Werk des einen und einzigen Gottes bezeichnet. Auch hier wird wiederum deutlich, wie sehr der Westen von der Einzigkeit Gottes ausging, wenn er die Trinität darzulegen versuchte.

Ganz vom Geist der augustinischen Trinitätsgedanken geprägt ist das Glaubensbekenntnis der Elften Synode von Toledo[18] aus dem Jahr 675, das in der abendländischen Kirche in hohem Ansehen stand und für die scholastische Theologie – als Zusammenfassung der Tradition – grundlegend wurde. Mit diesem Text (DS 525–532; NR 266–276) eröffneten die nur 17 Teilnehmer ihre Synode:

---

[17] Concilium Lateranense a. 649 celebratum, ed. R. Riedinger, Berlin 1984.
[18] *J. Orlandis/D. Ramos-Lisson*, Die Synoden auf der Iberischen Halbinsel bis zum Einbruch des Islam (711), Paderborn 1981.

»Wir bekennen und glauben, daß der Vater nicht gezeugt, nicht geschaffen, sondern ungezeugt ist. Er selbst nämlich, von dem der Sohn die Geburt und der Heilige Geist den Hervorgang empfingen, leitet von keinem seinen Ursprung ab. Er ist also selbst die Quelle und der Ursprung der ganzen Gottheit. Er ist auch der Vater seiner Wesenheit, indem er aus seiner unaussprechlichen Wesenheit den Sohn auf unaussprechliche Weise gezeugt und doch nichts anderes, als er selbst ist, gezeugt hat: Gott (hat) Gott (gezeugt), Licht Licht. Von ihm ist auch alle Vaterschaft im Himmel und auf Erden. Wir bekennen auch den Sohn, der aus dem Wesen des Vaters ohne Anfang vor der Zeit geboren und doch nicht geschaffen wurde. Denn nie war der Vater ohne den Sohn, nie der Sohn ohne den Vater. Und doch ist nicht der Vater vom Sohn, so wie der Sohn vom Vater. Denn nicht wurde der Vater vom Sohn, sondern der Sohn vom Vater gezeugt. Der Sohn ist also Gott vom Vater, der Vater aber ist Gott, doch nicht vom Sohn. Er ist zwar der Vater des Sohnes, aber nicht Gott vom Sohn; jener aber ist der Sohn des Vaters und Gott vom Vater. In allem aber ist der Sohn dem Gott Vater gleich, denn sein Geboren-werden nahm keinen Anfang, noch hörte es auf. Unser Glaube ist auch, daß er eines Wesens mit dem Vater ist, darum nennt man ihn auch homo-ousios, d. h. wesensgleich mit dem Vater; ›homos‹ heißt nämlich griechisch ›eins‹, ›ousia‹ aber ›Wesenheit‹, was, wenn man es zusammensetzt, ›eines Wesens‹ bedeutet. Unser Glaube ist: nicht ist der Sohn aus dem Nichts oder aus einer anderen Wesenheit gezeugt oder geboren worden, sondern aus dem Schoß [uterus!] des Vaters, das heißt aus dessen Wesenheit. Immerseiend ist also der Vater, immerseiend auch der Sohn. Wenn er immer Vater war, hatte er immer einen Sohn, dessen Vater er war. Darum bekennen wir denn, daß der Sohn vom Vater ohne Anfang geboren ist. Doch nennen wir diesen Sohn Gottes nicht deswegen, weil er vom Vater gezeugt ist, ›Teil seiner zertrennten Natur‹, sondern wir behaupten, daß der vollkommene Vater einen vollkommenen Sohn ohne Verminderung, ohne Absplitterung gezeugt hat, weil es allein der Gottheit zukommt, einen (wesens)gleichen Sohn zu haben. Auch ist dieser Sohn Gottes von Natur, nicht durch Annahme Sohn. Man muß auch glauben, daß Gott Vater ihn weder willentlich noch aus Zwang gezeugt hat. Denn in Gott hat kein Zwang statt, noch geht in ihm der Wille der Weisheit voraus.
Wir glauben auch, daß der Heilige Geist, die dritte Person in der Dreifaltigkeit, ein und derselbe Gott mit Gott dem Vater und dem Sohn ist: eines Wesens und auch einer Natur. Aber er ist nicht gezeugt noch geschaffen, sondern geht von beiden hervor und ist beider Geist. Nach unserem Glauben ist darum der Heilige Geist weder ungezeugt noch gezeugt. Denn wenn wir ihn ungezeugt nennten, würden wir ja zwei Väter annehmen. Wenn wir ihn aber gezeugt nennten, würden wir von zwei Söhnen sprechen. Er heißt aber auch weder nur der Geist des Vaters noch nur der des Sohnes, sondern zugleich der Geist des Vaters und des Sohnes. Denn er geht weder vom Vater auf den Sohn aus, noch geht er vom Sohn aus, um die Schöpfung zu

heiligen, sondern er geht zugleich von beiden aus, da er als die Liebe oder die Heiligkeit beider angesehen werden muß. Es ist also unser Glaube, daß dieser Heilige Geist von beiden gesendet wird, so wie der Sohn vom Vater. Aber geringer als der Vater und Sohn ist er deshalb nicht, (etwa so) wie der Sohn von sich bekennt, daß er wegen der Annahme des Fleisches geringer als der Vater und der Heilige Geist sei.

Das ist die Darlegung über die heilige Dreifaltigkeit, die man nicht dreifach, sondern dreifaltig nennen und gläubig bekennen muß. Es ist auch keine rechte Benennung, wenn man sagt: in dem einen Gott ist die Dreifaltigkeit; sondern: ein Gott ist die Dreifaltigkeit. In den Personennamen, die eine Beziehung ausdrücken, wird der Vater auf den Sohn, der Sohn auf den Vater, der Heilige Geist auf beide bezogen. Dennoch glauben wir, weil eben die drei Personen Beziehungen besagen, an *eine* Natur oder Wesen.

Obwohl wir drei Personen bekennen, bekennen wir doch nicht drei Wesenheiten, sondern eine Wesenheit, aber drei Personen. Insofern nämlich der Vater Vater ist, ist er nicht zu sich, sondern zum Sohn hin. Und insofern der Sohn Sohn ist, ist er nicht zu sich, sondern zum Vater hin. Auf gleiche Weise wird auch der Heilige Geist nicht auf sich, sondern auf den Vater und den Sohn bezogen: dadurch (nämlich), daß er der Geist des Vaters und des Sohnes genannt wird. Wenn wir (aber) sagen ›Gott‹, so wird damit nicht die Beziehung zu einem andern ausgedrückt, wie die des Vaters zum Sohn oder des Sohnes zum Vater oder des Heiligen Geistes zu Vater und Sohn. ›Gott‹ wird nur auf sich hin ausgesagt. Denn wenn man uns über die einzelne Person fragt, müssen wir antworten, daß sie Gott ist. Gott also wird genannt der Vater, Gott der Sohn, Gott der Heilige Geist, und zwar jeder einzeln. Aber darum sind es keine drei Götter, sondern ein Gott. Ebenso ist der Vater, der Sohn, der Heilige Geist, jeder einzelne für sich, allmächtig zu nennen; aber darum bekennen wir doch nicht drei Allmächtige, sondern Einen Allmächtigen, wie wir auch Ein Licht und Einen Urgrund bekennen. Man muß also bekennen und glauben, daß jede einzelne Person für sich vollkommen Gott ist und daß alle drei Personen zusammen ein Gott sind. Sie besitzen die eine oder ungeteilte und selbige Gottheit, Majestät oder Macht, die in den einzelnen nicht vermindert und in allen dreien nicht vermehrt wird. Denn sie ist nicht geringer, wenn jede einzelne Person für sich Gott genannt wird, sie ist nicht größer, wenn man alle drei Personen zusammen Gott nennt.

Diese heilige Dreifaltigkeit also, die der eine und wahre Gott ist, sieht nicht von der Zahl ab, wird aber auch nicht von der Zahl erfaßt. In der Beziehung der Personen wird die Zahl ersichtlich. Aber in der göttlichen Wesenheit kann man nichts Zählbares fassen. Allein darin also, daß sie aufeinander bezogen sind, deuten sie die Zahl an. Sie kennen keine in dem, worin sie auf sich bezogen sind. Denn dieser heiligen Dreifaltigkeit kommt so bezüglich der Natur *ein* Name zu, daß er von den drei Personen nicht in der Mehrzahl gebraucht werden kann. Es ist unser Glaube, daß es auch deswegen in den heiligen Schriften heißt: ›Groß ist unser Gott, groß ist seine Macht, und seine Weisheit vermag keine Zahl zu fassen‹ (Ps 146,5).

Obwohl wir also gesagt haben, daß diese drei Personen *ein* Gott sind, kann man aber doch nicht sagen, der Vater sei derselbe wie der Sohn, oder der Sohn sei derselbe wie der Vater, oder der Heilige Geist sei der Vater oder der Sohn. Nicht nämlich ist der Vater derselbe wie der Sohn, nicht ist der Sohn derselbe wie der Vater, noch ist der Heilige Geist derselbe wie der Vater oder der Sohn, obwohl freilich der Vater dasselbe ist wie der Sohn, dasselbe der Sohn wie der Vater, dasselbe der Vater und der Sohn wie der Heilige Geist: der Wesenheit nach *ein* Gott. Wenn wir nämlich sagen, der Vater sei nicht derselbe wie der Sohn, nehmen wir Bezug auf die Verschiedenheit der Personen. Wenn wir aber sagen, der Vater sei dasselbe wie der Sohn, der Sohn dasselbe wie der Vater, der Heilige Geist sei dasselbe wie Vater und Sohn, dann bezieht sich das deutlich auf die Natur, aufgrund deren er Gott ist, oder auf die Wesenheit, weil sie in der Wesenheit eins sind. Denn wir unterscheiden die Personen, aber wir trennen nicht die Gottheit.

Die Dreifaltigkeit also erkennen wir in dem Unterschied der Personen. Die Einheit aber bekennen wir wegen der Natur oder Wesenheit. Diese Drei also sind eins, nämlich in der Natur, nicht in der Person.

Trotzdem aber darf man nicht meinen, daß man diese drei Personen (voneinander) trennen dürfe, denn nach unserem Glauben ist keine jemals gewesen noch hat sie etwas gewirkt vor der anderen, keine nach der anderen, keine ohne die andere. Denn untrennbar sind sie in ihrem Sein und in ihrem Wirken. Wir glauben nämlich, daß zwischen dem Zeugen des Vaters, dem Gezeugtwerden des Sohnes und dem Hervorgehen des Heiligen Geistes keine Zeitspanne liegt, in der einmal der Erzeuger vor dem Gezeugten oder der Erzeuger ohne den Gezeugten war oder der Heilige Geist in seinem Hervorgehen später wäre als Vater und Sohn. Darum also bekennen und glauben wir, daß diese heilige Dreifaltigkeit untrennbar und unvermischt sei. Wir sprechen nach der Lehre unserer Vorfahren von diesen *drei* Personen, damit sie als solche erkannt, nicht aber, damit sie getrennt werden. Achten wir doch auf das, was die Heilige Schrift von der Weisheit sagt: ›Sie ist der Glanz des ewigen Lichts‹ (Weish 7,26). Wie wir bemerken, daß der Glanz dem Licht untrennbar anhaftet, so bekennen wir auch, daß der Sohn vom Vater nicht getrennt werden kann. Wenn wir also diese drei Personen, die *eine* und untrennbare Natur besitzen, nicht vermischen, so nennen wir sie damit noch keineswegs trennbar.

Hat doch die Dreifaltigkeit selbst sich gewürdigt, uns das deutlich zu zeigen. Denn gerade in den Namen, in denen ihrem Wunsch gemäß die Personen einzeln erkannt werden sollten, hat sie dafür gesorgt, daß die eine (Person) ohne die andere nicht begriffen werden kann. Denn der Vater läßt sich nicht ohne den Sohn begreifen, und es gibt keinen Sohn ohne den Vater. Schon die Bezogenheit in einer Personenbezeichnung verbietet, die Personen zu trennen. Wenn eine solche sie auch nicht (alle) zusammen nennt, weist sie doch zugleich auf sie (alle) hin. Niemand kann eines dieser Worte hören, ohne notwendig auch die anderen mitzuverstehen. Obwohl also diese drei eins sind und dieses Eine drei ist, bleibt doch jeder Person ihre Eigentümlichkeit. Dem Vater kommt Ewigkeit ohne Geburt zu, dem Sohn Ewigkeit mit Geburt, dem Heiligen Geist Hervorgang ohne Geburt mit der Ewigkeit.«

Es läßt sich kaum ermessen, welche geistigen Kräfte und psychischen Energien das Christentum im Orient und im Abendland während mehr als 500 Jahren investiert hat, um die einfachen biblischen Zeugnisse von Vater, Sohn und Geist in eine Trinitätslehre dieser Art umzuformen.

Literatur

Brons, B., Gott und die Seienden. Untersuchungen zum Verhältnis von neuplatonischer Metaphysik und christlicher Tradition bei Dionysius Areopagita, Göttingen 1976

Heinzer, F., Sohn Gottes als Mensch. Die Struktur des Menschseins Christi bei Maximus Confessor, Fribourg 1981

Heinzer, F. / Schönborn, Ch. von (Hrsg.), Maximus Confessor, Fribourg 1981 (215–222: P. Piret zur Trinitätstheologie)

O'Leary, J. S., Dieu-Esprit et Dieu-Substance chez Saint-Augustin, in: Recherches de Science Religieuse 69 (1981) 357–390

Pintarič, D., Sprache und Trinität. Semantische Probleme in der Trinitätslehre des hl. Augustinus, Salzburg 1983

Studer, B., Der Person-Begriff in der frühen kirchenamtlichen Trinitätslehre, in: Theologie und Philosophie 57 (1982) 161–177 (170–177 zu Augustinus)

Ders., Gott und unsere Erlösung im Glauben der Alten Kirche, Düsseldorf 1985

Aufsätze zur Trinitätslehre Augustins:

Bailleux, E., in: Revue Thomiste 74 (1974) 357–390; 75 (1975) 533–561; 77 (1977) 5–29

Bourassa, F., in: Gregorianum 58 (1977) 675–725, 59 (1978) 375–412

Verhees, J., in: Revue des Etudes Augustiniennes 22 (1976) 234–253, 23 (1977) 245–264

4.3 Die Probleme der scholastischen Gotteslehre

Die scholastische Theologie[19] entstand aus dem Bemühen, die überlieferten Glaubensinhalte tiefer zu verstehen, dieses Verstehen in Begriffe, ja in Systeme zu bringen und so – als wissenschaftliche Theologie – für die »Gebildeten« innerhalb der Kirche (an den neu entstehenden Universitäten usw.) wie außerhalb der Kirche dialogfähig zu werden. Ansätze zu einer solchen Systematisierung waren bei großen Theologen der Kirchenväterzeit bereits vorhanden. Das Erbe der Kirchenväterzeit blieb denn auch für die Scholastik grundlegend; mit ihm gelangten platonische Elemente in die scholastische Theologie. Die große Autorität aus der Kirchenväterzeit war für die Scholastik Augustinus; neben ihm waren vor allem Boethius († 524) und Pseudo-Dionysius Areopagita hoch angesehen. Die scholastische Theologie verarbeitete dieses Erbe aber mit den Methoden und im Licht der Fragestellungen des Aristoteles: seine Hauptwerke wurden im Abendland auf verschiedenen Wegen, über Boethius, über das 1204 eroberte Konstantinopel, über die arabisch-jüdische Tradition (Spanien), vor allem über Avicenna († 1037) und Averroes († 1198) bekannt und für Albertus Magnus († 1280) und Thomas von Aquin († 1274) und ihre Theologie maßgeblich.

Ausgangspunkt der scholastischen Theologie war immer das Wort Gottes in der Schrift. Es wurde in der »lectio« vorgetragen und ausgelegt; die »quaestio« richtete Fragen an die Schrift und suchte nach tieferem Verstehen und nach der Erkenntnis von Zusammenhängen; in der »disputatio« wurden mehrere Lösungsmöglichkeiten systematisch diskutiert und Entscheidungen gesucht. Die daraus entstehende literarische Gattung der »Summen« bot Fragen und Antworten in Gestalt offener, nicht geschlossener Systeme zur weiteren Diskussion und Kommentierung an. Die jeweils vorgetragenen Meinungen wurden so gut wie möglich mit Bibelzitaten und unter Berufung auf »Autoritäten« aus der Kirchenväterzeit,

---

[19] Vgl. zur Einführung *J. B. Lotz*, Scholastik, in: LThK, IX, 1964, 446 ff; *O. H. Pesch/ D. Schlüter*, Thomismus, ebd. X, 1965, 157–167; *J. de Vries*, Grundbegriffe der Scholastik, Darmstadt 1980.

aber auch aus der »heidnischen« Philosophie abgesichert. Basis des ganzen scholastischen Bemühens war also immer der vorausgesetzte Glaube an den Gott der biblisch bezeugten Offenbarung. Die »Glaubensartikel« galten als rational nicht durchschaubar, als nur im Glauben anzunehmende »Prinzipien«, aus denen das Denken allerdings Schlußfolgerungen ziehen kann. Die so entstehende Theologie suchte auch dem Ziel des menschlichen Lebens, der Schau Gottes in der Vollendung, zu dienen. Insofern war sie um die Integration des Erbes an christlicher Frömmigkeit bemüht und verschloß sich nicht gegenüber den Gotteserfahrungen der Mystiker. Sie behielt letztlich stets eine praktische Zielsetzung,[20] weil sie nicht nur vom letzten Ziel der Menschen, sondern auch von den Wegen zu diesem Ziel zu sprechen hatte. In erster Linie aber und auch ganz bewußt befaßte sich die scholastische Theologie in argumentativen Untersuchungen mehr mit dem Aussagegehalt von Glauben und Schrift als mit ihren lebensinhaltlichen Impulsen.[21]

Gegenstand der Theologie ist nach Thomas von Aquin, dem bedeutendsten Scholastiker, das göttliche Seiende, wie es durch die Inspiration (der Offenbarung) erkennbar ist, also das, was von Gott stammt und was zu ihm hinführt. Gott »an sich« ist nicht Gegenstand der Theologie; er ist weder dem aktiven Denken noch dem aktiven Handeln, sondern nur der Schau zugänglich. Die Kontemplation Gottes im Himmel ist der letzte Zweck der Theologie: Theologie gibt an, was das letzte Ziel des Menschen ist, das der Mensch um eben dieses Zieles willen anstreben kann und soll.[22]

In der »theoria«, der Schau, sah schon Aristoteles die höchste Gestalt von Praxis; ihr Ergebnis ist für den Schauenden Glückseligkeit. Diese Sicht ging über Augustinus in die ›Sentenzen‹ des Petrus Lombardus (†1160) ein. Da jeder scholastische Theologe die vier Sentenzenbücher des Petrus Lombardus zu kommentieren

---

[20] Das nachgewiesen zu haben ist das Verdienst von *H. Kraml*, Die Rede von Gott sprachkritisch rekonstruiert aus Sentenzenkommentaren, Innsbruck 1984.
[21] Ebd. 109f.
[22] Ebd. 114ff, 135ff.

hatte, wurde sie Allgemeingut in der scholastischen Theologie: das Ziel des Menschen ist jene Seligkeit, die im liebenden Genießen Gottes besteht.[23]

Glaube bedeutet die Anerkennung dieses letzten Zieles als Maßstab für das eigene Handeln des Menschen. Von da aus ergab sich nicht nur der vorrangige Ort der Gottesthematik für die Scholastik (bei Petrus Lombardus ist das I. Buch der Sentenzen dem Mysterium der Trinität gewidmet, bei Thomas von Aquin handelt der I. Teil der ›Summa theologiae‹ von Gott in seinem Wesen und im Werk der Schöpfung). Die Scholastik gelangte auch – vielfach noch unreflex – zu Grundpositionen in der Gottesfrage, die bis heute bestimmend sind. Sie beruhen auf der bleibenden Einsicht, daß wir nicht wissen können, was Gott ist;[24] daß das Wort »Gott« nicht einer der üblichen Wortgattungen einer rationalen Grammatik angehört; daß Gott nicht als Basis oder Spitze in die Pyramide der Seienden »eingebaut« werden und nicht als Mittel zur Erklärung von Tatsachen gebraucht werden kann, denn mit all dem würde er zum Geschöpf gemacht werden.

Die damals gewonnenen und bis heute (wenn auch nicht überall) anerkannten Einsichten für die Gottesthematik lassen sich folgendermaßen zusammenfassen[25]:

– »Die Frage, ob Gott existiert, ist nicht die, ob es einen Gegenstand gibt, auf den bestimmte Prädikate ›in Wirklichkeit‹ oder ›tatsächlich‹ zutreffen, sondern ob es sinnvoll ist, ein Leben nach diesem (letzten) Maßstab zu führen.«

– »Die Anerkennung der Existenz Gottes macht es erforderlich, daß man Handlungen danach bewertet, ob sie den durch den Glauben an Gott anerkannten Kriterien entsprechen.«

– »Eine folgenlose – für das Handeln folgenlose – Behauptung der Existenz Gottes ist schlichtweg sinnlos.«

Diese Einsichten waren immer wieder durch »objektivierendes«, das heißt Gott zum Gegenstand einer Untersuchung machendes

---

[23] De rebus fruendis est primus liber, scilicet Trinitate et unitate: Alexander von Hales (*H. Kraml*, Die Rede von Gott, 91).

[24] Vgl. oben Kap. 1, Anm. 14.

[25] Diese Zitate aus *H. Kraml*, Die Rede von Gott, 155f.

Denken gefährdet, wie es sich immer nahelegte und nahelegt, wenn Theologie nicht vom Betroffensein durch Gott und seinen Anruf ausgeht, sondern sich als isolierte Vernunftanstrengung im Sinn einer »natürlichen Theologie« mißversteht. Aber diese Gefährdungen vermochten auf Dauer Gott als »praktischen Gedanken« nicht verlorengehen zu lassen, zumal die Thematik des Zieles bleibend mit der des zukünftigen Gerichtes verbunden war.

4.3.1   Inhalte der scholastischen Gottes- und Trinitätslehre

Nach der Erörterung fundamentaler Vorfragen (etwa der nach der Erkenntnis Gottes) thematisierte die scholastische Theologie zunächst in einem eigenen Stück oder Traktat den einen und einzigen Gott (»De Deo uno«). Grundlegende Reflexionen galten dabei einmal Standardaussagen der Schrift, unter denen Ex 3,14 nach dem griechischen Text (also die vermeintliche Selbstbezeichnung Gottes als des Seienden schlechthin) primären Rang einnahm, zum andern und in Auslegung der Bibel- und Kirchenvätertexte der näheren Bestimmung des Wesens Gottes. Das Wesen Gottes wird von der scholastischen Theologie bestimmt als »ens a se«, das heißt, das göttliche Wesen ist von sich, aus sich und durch sich,[26] es ist »absolut«. Das so verstandene göttliche Wesen unterscheidet sich fundamental von jedem anderen Seienden, da alles nichtgöttliche Seiende ein »ens ab alio«, in irgendeiner Weise seinsabhängig ist, so daß vom göttlichen Wesen und dem nichtgöttlichen Seienden das Sein nur in analoger Weise ausgesagt werden kann. »Ens a se« bedeutet also: Das göttliche Wesen verdankt sein Dasein und sein Sosein keinem anderen; das göttliche Wesen hat den Grund seines Daseins und seines Soseins in sich selber; scholastisch ausgedrückt: es ist mit metaphysischer Notwendigkeit ein »ens subsistens«, so daß Dasein und Sosein bei ihm identisch sind: es ist das »ipsum esse«, das Sein selber oder die schlechthinnige Seinsfülle. Thomas von Aquin und die ihm folgenden thomistischen Scholasti-

---

[26] Näheres dazu bei *F. Lakner*, in: LThK, I, 1957, 921 f; *J. Auer*, Gott der Eine und Dreieine, Regensburg 1978, 361, 378 ff.

ker bezeichneten dieses Sein selber, die reine Vollkommenheit auch als »actus purus«.[27] Dabei ist die aristotelische Akt-Potenz-Lehre vorausgesetzt: als »reiner Akt« ist Gott in keiner Weise begrenzt und kann nicht durch irgendeine Potentialität bestimmt werden. Das unterscheidet ihn von jedem begrenzten Seienden. Da die absolute Vollkommenheit nicht vervielfältigt werden kann, gibt es nur einen einzigen »actus purus«. Die Bezeichnung »ipsum esse« ist aber, weil das Sein der Unterscheidung von Akt und Potenz übergeordnet ist, der umfassendere Begriff. Die nichtthomistischen Scholastiker verstanden unter dem Sein (»esse«) das Sosein, das in Gott wegen Gottes Vollkommenheit zugleich Wirklichkeit ist, scholastisch gesprochen: die »essentia subsistens« ist »a se existens«. Dieses Sein aus sich selber, das »ipsum esse«, das »esse subsistens«, wird als das »metaphysische Wesen« Gottes bezeichnet, das heißt als seine Urvollkommenheit oder als Grund aller göttlichen Eigenschaften.

Auf die Erörterung des Wesens Gottes folgt in der scholastischen Theologie die Darstellung seiner Eigenschaften,[28] und zwar nach der kurz beschriebenen scholastischen Methode derart, daß Schriftaussagen aus ihrem Kontext herausisoliert, absolut gesetzt und in Bezug zum philosophisch erkannten göttlichen Wesen gesetzt werden, wobei die entsprechenden Kirchenvätertexte zur Erläuterung und Kommentierung beigezogen werden. Die scholastische Theologie beschäftigte sich in diesem Zusammenhang auch mit dem Verhältnis des Wesens Gottes zu diesen Eigenschaften: Die Wirklichkeiten in Gott sind begrifflich zu unterscheiden, sind aber nicht real voneinander unterschieden;[29] die Eigenschaften

---

[27] Vgl. dazu *J. Möller*, in: LThK, I, 1957, 118f.

[28] Näheres bei *H. Vorgrimler*, in: LThK, III, 1959, 734f; *M. Löhrer*, in: MySal, II, 1967, 291–315. Eindrucksvoll ist die Auflistung und Darstellung der göttlichen Eigenschaften bei *J. Auer*, Gott (Anm. 26) und bei *W. Brugger*, Summe einer philosophischen Gotteslehre, München 1979.

[29] In dieser Andeutung verbergen sich theologiegeschichtliche Probleme, die in einem Leitfaden nicht erörtert werden müssen. Sie sind verbunden mit den Namen Gilbert von Poitiers (†1154) für die westliche Kirche und Gregorios Palamas (†1359) für die östliche Kirche. Vgl. *L. Ott*, Gilbert von Poitiers, in: LThK, IV, 1960, 890f; *D. Wendebourg*, Geist oder Energie. Zur Frage der Verankerung des christlichen Lebens in der byzantinischen Theologie, München 1980 (zum Palamismus).

Gottes sind jeweils mit seinem Wesen absolut identisch, müssen aber in menschlicher Begrifflichkeit auseinandergehalten werden und können nur in ihrer Vielzahl die göttliche Wirklichkeitsfülle nahebringen.

Die scholastische Theologie erschloß aus ihren Überlegungen zum Wesen Gottes mit Notwendigkeit folgende Eigenschaften Gottes:

1. Transzendentale ruhende, das heißt sich vom Sein Gottes her ergebende Eigenschaften Gottes: (a) die absolute Unendlichkeit und Vollkommenheit; (b) die absolute metaphysische und physische Einfachheit und Einzigkeit; (c) die absolute ontologische, logische (Vernunft) und moralische (Treue Gottes) Wahrheit; (d) die absolute ontologische Güte und Heiligkeit Gottes; (e) die absolute Schönheit (und Herrlichkeit) Gottes. – 2. Prädikamentale ruhende Eigenschaften Gottes: (a) die Substantialität; (b) die Geistigkeit; (c) die Unveränderlichkeit; (d) die Ewigkeit; (e) die Unermeßlichkeit und Allgegenwart Gottes. – 3. Die tätigen, das heißt sich von Gottes Tätigsein her ergebenden Eigenschaften Gottes: (a) hinsichtlich seines Erkennens die Allwissenheit, (b) hinsichtlich seines Willens die Freiheit und Allmacht Gottes sowie die »Tugenden« des göttlichen Willens, Gerechtigkeit und Barmherzigkeit.

Daß das freie Verhalten Gottes gegenüber der Welt und der Menschheit in diesen auf dem Weg schlußfolgernden Denkens erreichten und systematisierten Eigenschaften Gottes nicht eingefangen werden konnte und daß diese Eigenschaften Gottes vielfach durch nicht sachgemäßen Umgang mit Bibeltexten gewonnen wurden, liegt auf der Hand, war der scholastischen Theologie aber nicht bewußt.

Auf die Lehre vom einen und einzigen Gott folgte dann das Lehrstück über den dreieinigen Gott (»De Deo trino«). Grundlagen waren die augustinische Trinitätstheologie und die Lehre des Boethius über die Person.[30] Vom einen Wesen Gottes ausgehend wurden die innergöttlichen Hervorgänge (processiones) dargestellt und die Konstituierung der drei göttlichen »Personen« durch innergöttliche Relationen erörtert. Man versuchte, die Eigentüm-

---

[30] Vgl. dazu 4.2.7 und 4.3.3.

lichkeiten der Drei in ihrem Gegenüber und in ihrem Verhältnis zum einen göttlichen Wesen zu erfassen. Das Wirken des dreieinigen Gottes »nach außen« in »Sendung« und »Einwohnung« wurde nur kurz erwähnt und jedenfalls so, daß damit die geschichtlichen (»ökonomischen«) Bezeugungen der göttlichen Trinität entscheidend zu kurz kamen.

Selbstverständlich enthielten auch die weiteren dogmatischen Traktate der scholastischen Theologie, speziell die Schöpfungs- und die Gnadenlehre, wesentliche Elemente des so entstehenden christlichen Gottesbildes.

4.3.2 Die von der Scholastik geprägte kirchliche Trinitätslehre

Verschiedene innerkirchliche Streitigkeiten waren der Anlaß dafür, daß sich das Vierte Laterankonzil 1215 mit der göttlichen Dreieinigkeit befaßte. Theologische Auseinandersetzungen im 12. Jahrhundert (um Abaelard und Gilbert von Poitiers) gehörten dazu, ferner Angriffe des Abtes Joachim von Fiore († 1202) auf die Trinitätslehre des Petrus Lombardus, wobei Joachim selber in seinem Denken einer Art Tritheismus (Drei-Gottheits-Denken) nahe kam. Die Amalrichianer (genannt nach dem Pariser Theologen Amalrich von Bena, † 1205/07) scheinen eine Art Pantheismus vertreten zu haben, wonach Gott das Sein und Wesen aller Kreaturen sei und sich die göttliche Einheit auf das gesamte Universum erstrecke; die drei göttlichen »Personen« seien weder gleichen Wesens noch gleich ewig, sie hingen vielmehr mit drei aufeinander folgenden Weltaltern zusammen. Die Katharer sollen die Gottheit Jesu Christi und die des Heiligen Geistes geleugnet haben. Diese Vorkommnisse zusammen bewogen die mehr als 400 Bischöfe auf dem Vierten Laterankonzil, ein Glaubensbekenntnis (DS 800 bis 806; NR 277–280) gutzuheißen, das sich wahrscheinlich auf das Bekenntnis der Elften Synode von Toledo stützt und eher einem theologischen Traktat gleicht.[31] Bemerkenswert ist, daß dieser Text Petrus Lombardus eine besondere Autorität zuerkennt:

---

[31] Vgl. dazu *R. Foreville*, Lateran I – IV, Mainz 1970, 329–344.

»Wir glauben fest und bekennen mit aufrichtigem Herzen, daß es nur einen, wahren, ewigen, unermeßlichen und unveränderlichen, unfaßbaren, allmächtigen und unaussprechlichen Gott gibt: den Vater, den Sohn und den Heiligen Geist: drei Personen, aber eine Wesenheit, Substanz und ganz einfache Natur: der Vater (ist) von keinem, der Sohn vom Vater allein und der Heilige Geist von beiden zugleich: ohne Anfang, immerwährend und ohne Ende zeugt der Vater, wird der Sohn gezeugt, geht der Heilige Geist hervor: gleichen Wesens und gleicher Vollkommenheit, gleich allmächtig und gleich ewig. Ein Ursprung aller Dinge.

Unter Gutheißung der heiligen Kirchenversammlung glauben und bekennen wir mit dem Petrus Lombardus, daß es *ein* höchstes, unbegreifliches und unaussprechliches Wesen gibt, das wirklich der Vater, der Sohn und der Heilige Geist ist: zugleich drei Personen und jede einzelne von ihnen Person; und darum ist in Gott nur eine Dreifaltigkeit und keine Vierfaltigkeit. Denn jede der drei Personen ist jenes Wesen, d. h. jene Substanz, Wesenheit oder göttliche Natur. Es allein ist der Ursprung aller Dinge; außer ihm gibt es keinen anderen. Jenes Wesen ist nicht zeugend oder gezeugt oder hervorgehend, sondern es ist der Vater, der zeugt, der Sohn, der gezeugt wird, und der Heilige Geist, der hervorgeht. So wird der Unterschied in den Personen gewahrt und die Einheit in der Natur.

Obgleich also ein anderer der Vater ist, ein anderer der Sohn, ein anderer der Heilige Geist, gibt es doch nicht etwas anderes, sondern was der Vater ist, ganz dasselbe ist auch der Sohn und der Heilige Geist: so bekennen wir sie denn nach dem rechten und katholischen Glauben als wesensgleich. Denn der Vater hat dadurch, daß er von Ewigkeit den Sohn gezeugt hat, diesem sein Wesen gegeben, nach seinem eigenen Zeugnis: ›Was mein Vater mir gegeben hat, ist größer als alles‹ (Joh 10,29). Man kann nicht sagen, daß er (nur) einen Teil seines Wesens ihm gegeben und einen Teil sich zurückbehalten habe; denn das Wesen des Vaters ist unteilbar, da es ganz einfach ist. Man kann aber auch nicht sagen, daß der Vater durch die Zeugung sein Wesen (von sich weg) auf den Sohn übertragen habe, gleich als hätte er es so dem Sohn gegeben, daß er es nicht sich selbst zurückbehalten hätte: sonst hätte er ja selbst aufgehört, Wesen zu sein. Es ist also klar, daß der Sohn ohne alle Einschränkung in seiner Geburt das Wesen des Vaters empfing und daß so Vater und Sohn dasselbe Wesen haben. So ist der Vater, der Sohn und der Heilige Geist, der von beiden hervorgeht, dasselbe Wesen.

Wenn aber die (ewige) Wahrheit für die Gläubigen zum Vater betet: ›Ich will, daß sie in uns eins seien, wie auch wir eins sind‹ (Joh 17,22), so wird hier das Wort ›eins‹ für die Gläubigen in dem Sinn genommen, daß darunter die Liebeseinheit in der Gnade, für die göttlichen Personen aber, daß darunter die Einselbigkeit der Natur verstanden wird. So sagt ja auch an einer anderen Stelle die Wahrheit: ›Seid vollkommen, wie euer himmlischer Vater vollkommen ist‹ (Mt 5,48), gleichsam als ob sie deutlicher sagen würde: Seid vollkommen in der Vollkommenheit der Gnade, wie euer himmlischer Vater vollkommen ist in der Vollkommenheit der Natur, jeder eben auf seine Weise. Denn von Schöpfer und Geschöpf kann keine Ähnlichkeit ausgesagt werden, ohne daß sie eine größere Unähnlichkeit zwischen beiden einschlösse.‹‹

Das Konzil von Florenz (1438–1445) kam wegen der Unionsverhandlungen mit den getrennten Ostkirchen auf die Trinität zu sprechen. Die lateinische Kirche verlangte von den Einigungswilligen ein Bekenntnis zum Hervorgang des Heiligen Geistes aus dem Vater *und* dem Sohn. Das Dekret über die Jakobiten – syrische, seit dem Konzil von Chalcedon 451 getrennte Christen – faßt (übrigens in starker Anlehnung an Anselm von Canterbury) in knappen Sätzen (DS 1330–1331; NR 281–286) die patristisch-scholastische Trinitätstheologie zusammen; dabei beruft es sich mit einem Zitat auf den nordafrikanischen Theologen Fulgentius von Ruspe (†532), der ein enger Anhänger des Augustinus gewesen war[32]:

»Gegründet durch das Wort unseres Herrn und Heilands, bekennt und verkündet die heilige römische Kirche ihren festen Glauben an den einen, wahren, allmächtigen, unveränderlichen und ewigen Gott: den Vater, Sohn und Heiligen Geist, der eins ist in der Wesenheit, dreifaltig in den Personen.

---

[32] Vgl. zu diesem Konzilstext *J. Gill*, Konstanz und Basel – Florenz (Anm. 16), 270–278, 282–292, 302–305.

Der Vater ist ungezeugt, der Sohn ist vom Vater gezeugt, der Heilige Geist geht aus dem Vater und Sohn hervor.

Der Vater ist nicht der Sohn oder der Heilige Geist. Der Sohn ist nicht der Vater oder der Heilige Geist. Der Heilige Geist ist nicht der Vater oder der Sohn. Sondern der Vater ist nur der Vater, der Sohn nur der Sohn, der Heilige Geist nur der Heilige Geist. Nur der Vater hat aus seiner Substanz den Sohn gezeugt, nur der Sohn ist vom Vater allein gezeugt, nur der Heilige Geist geht zugleich vom Vater und Sohn aus.

Diese drei Personen sind ein Gott, nicht drei Götter. Denn diese drei besitzen eine Substanz, eine Wesenheit, eine Natur, eine Gottheit, eine Unermeßlichkeit, eine Ewigkeit, und alles ist (in ihnen) eins, außer wo die Beziehungen in Gegenrichtung zueinander stehen.

›Wegen dieser Einheit ist der Vater ganz im Sohn, ganz im Heiligen Geist; ist der Sohn ganz im Vater, ganz im Heiligen Geist; ist der Heilige Geist ganz im Vater, ganz im Sohn. An Ewigkeit ist keiner früher als der andere, an Größe ragt keiner über den anderen hinaus oder ist ihm überlegen an Macht. Denn ewig und ohne Anfang ist, daß der Sohn vom Vater seinen Ursprung nahm, und ewig und ohne Anfang ist, daß der Heilige Geist vom Vater und Sohn hervorgeht‹ (Fulgentius).

Was der Vater ist oder hat, hat er nicht von einem anderen, sondern aus sich, er ist ein ursprungloser Ursprung. Was der Sohn ist oder hat, hat er vom Vater: er ist Ursprung aus dem Ursprung. Was der Heilige Geist ist oder hat, hat er zugleich vom Vater und vom Sohn. Aber nicht sind Vater und Sohn zwei Ursprünge des Heiligen Geistes, sondern sie sind nur ein Ursprung. So wie auch Vater, Sohn und Heiliger Geist nicht drei Ursprünge der Schöpfung, sondern nur ein Ursprung sind.«

Mit diesem Text war der Abschluß der offiziellen Trinitätslehre der lateinischen Kirche erreicht.

Literatur

Bannach, K., Die Lehre von der doppelten Macht Gottes bei Wilhelm von Ockham, Wiesbaden 1975

Beierwaltes, W., Platonismus und Idealismus, Frankfurt 1972

Brugger, W., Summe einer philosophischen Gotteslehre, München 1979 (Literatur)

Corbin, H., Le paradoxe du monothéisme, Paris 1981 (zur Unterscheidung von Sein und Seiendem)

Ernst, W., Gott und Mensch am Vorabend der Reformation, Leipzig 1972 (zu G. Biel)

Evans, G. R., Anselm and talking about God, Oxford 1978

Fischer, K., De Deo trino et uno. Das Verhältnis von productio und reductio in seiner Bedeutung für die Gotteslehre Bonaventuras, Göttingen 1978

Gössmann, E., Glaube und Gotteserkenntnis im Mittelalter, Freiburg 1971

Hamm, B., Promissio, pactum, ordinatio. Freiheit und Selbstbindung Gottes in der scholastischen Gnadenlehre, Tübingen 1977

Hofmann, P., Analogie und Person. Zur Trinitätsspekulation Richards von St. Victor, in: Theologie und Philosophie 59 (1984) 191–234 (Literatur)

Imbach, R., Deus est intelligere, Fribourg 1976 (das Verhältnis von Sein und Denken in seiner Bedeutung für das Gottesverständnis bei Thomas von Aquin und Meister Eckhart)

Kraml, H., Die Rede von Gott sprachkritisch rekonstruiert aus Sentenzenkommentaren, Innsbruck 1984

Molloy, N., The Trinitarian Mysticism of S. Thomas, in: Angelicum 57 (1980) 373–388

Neidl, W. M., Thearchia. Die Frage nach dem Sinn von Gott bei Pseudo-Dionysius Areopagita und Thomas von Aquin, Regensburg 1976

Rohls, J., Wilhelm von Auvergne und der mittelalterliche Aristotelismus, München 1980

Schachten, W., Die Trinitätslehre Joachims von Fiore im Lichte der Frage nach der Subjektivität Gottes in der neueren Theologie, in: Franziskanische Studien 62 (1980) 39–61

Scheffczyk, I., Trinität: Das specificum christianum, in: ders., Schwerpunkte des Glaubens, Einsiedeln 1977, 156–174

Schmidt, M. A., Gottes Freiheit, Macht und Güte im spätmittelalterlichen Nominalismus, in: J. Brantschen/P. Selvatico (Hrsg.), Unterwegs zur Einheit, Freiburg i. Br. 1980, 268–291

Schönberger, R., Nomina divina. Zur theologischen Semantik bei Thomas von Aquin, Frankfurt 1981

Simonis, W., Trinität und Vernunft. Untersuchungen zur Möglichkeit einer rationalen Trinitätslehre nach Anselm, Abaelard, den Viktorinern, A. Günther und J. Frohschammer, Frankfurt 1972

Steenberghen, F. van, Le Problème de l'existence de Dieu dans les écrits de St. Thomas, Brüssel 1980

Thomas von Aquin, Die Gottesbeweise in der »Summe gegen die Heiden« und der »Summe der Theologie«, hrsg. von H. Seidl, Hamburg 1982

Vries, J. de, Grundbegriffe der Scholastik, Darmstadt 1980

Wipfler, H., Grundfragen der Trinitätsspekulation. Die Analogiefrage in der Trinitätstheologie, Regensburg 1977

4.3.3   Das Problem der drei »Personen« und der Persönlichkeit Gottes

Die nachbiblisch geschaffene Redeweise von den drei »Personen« in Gott scheint der Anlaß der meisten Schwierigkeiten hinsichtlich der überlieferten Trinitätstheologie zu sein. Sie steht auch am Anfang der heute differierenden Trinitätsauffassungen. Zusätzliche Probleme entstehen aus der Frage, ob Gott – in seiner Einheit gedacht – Person oder Persönlichkeit sei. Dieser Problemkomplex soll hier zusammenfassend angesprochen werden, wobei ein historischer Rückblick von Nutzen ist.

In einer groben Einteilung ließe sich von zwei Phasen sprechen, von einer ersten, in der im Zusammenhang mit Gott der Begriff der Person (oder ein ähnlicher) nicht verwendet wurde, und von einer zweiten, von der an der Personbegriff theologisch reflektiert wurde, und zwar gerade innerhalb der Trinitätstheologie. Hinsichtlich der ersten Phase, die auch die Zeit der biblischen Offenbarungszeugnisse umfaßt, wurde bereits festgestellt: Unser gewohnter, vorphilosophischer Personbegriff trifft auf den Gott der Vorfahren, auf den Gott Israels und Jesu, vollständig zu, da mit diesem Personverständnis ein überlegtes, vernunftgemäßes, freies, willentliches Handelnkönnen verbunden ist. Mit diesem eigenständigen Willen ist auch gegeben, daß ein geistiges Gegenüber zu den Menschen gedacht wird, das von Menschen mit »Du« angesprochen werden kann.

Die Begegnung der frühchristlichen Theologie mit der Philosophie des mittleren Platonismus im 2. und 3. Jahrhundert nach Christus hatte zunächst nicht die Folge, daß Gott als Person thematisiert worden wäre. Diese heidnisch-griechische Philosophie sprach (im Neutrum) vom Göttlichen, Einen oder Guten. Es war für sie undenkbar, daß dieses Göttliche aus dem »Raum« seiner Transzendenz heraus Fühlung mit den Menschen aufnehmen, zu ihnen »herabsteigen«, sie lieben würde. Dieses Göttliche konnte Ziel eines Aufstiegs, Gegenstand einer Kontemplation, auch eines ekstatischen Genusses, aber weder Subjekt einer Geschichte noch personaler Partner sein. Das bleibend wichtige Moment an dieser griechischen Konzeption ist die in ihr enthaltene bewußte Abwehr aller anthropomorphen (menschengemäßen) Vorstellungen, die unter anderen auch zu sexistischen Redeweisen von Gott (mit betontem »Er«) geführt hatten und führen. In der Rede vom Göttlichen liegt ein Hinweis auf das heilige göttliche Geheimnis, das für Menschen unbegreiflich bleibt.

Soviel wir heute wissen, wurde der Personbegriff durch die Modalisten (Sabellius) in die Gotteslehre eingeführt.[33] Sie sprachen von »unus Deus – unus Spiritus – una substantia – una persona«. Damals meinte »persona« in vorphilosophischem Verständnis eine konkrete Wirklichkeit innerhalb einer Gattung, einen konkreten Gegenstand (man konnte auch dafür sagen: »una res«, ein Ding). Gegen diese modalistischen Formulierungen sprach Tertullian von »tres personae« und »una substantia«, oder auch: »tres unum sunt non unus« (die Drei sind eins, nicht einer). Im Osten scheint erstmals Origenes für die Drei den Begriff »hypostaseis« gebraucht zu haben. »Hypostasis« bezeichnete für die Griechen ein Einzelwesen, das Träger von Eigenschaften ist, die es andern nicht mitteilen kann. Der »Hypostase« stand der Begriff »prosopon« nahe, der ebenso wie sein lateinisches Gegenstück »persona« ursprünglich die Gesichtsmaske des Schauspielers im antiken Theater bezeichnete. Die »Hypostase« wurde bei den Griechen von der »usia« unterschieden; die »usia« meint das Wesen oder dasjenige, was notwendig zu einem Seienden gehört und es zuinnerst ausmacht (seine »Washeit«). Für »usia« konnte man auch »physis« sagen, ein Wort, das sprachlich mit Geborenwerden zusammenhängt und das die

---

[33] *A. Grillmeier*, Mit ihm und in ihm, Freiburg ²1975, 283–300; *R. Cantalamessa*, in: Concilium 13 (1977) 160–166.

Eigenart vom Ursprung her aussagt, die Natur oder das Wesen eines Seienden. Die Lateiner neigten dazu, »hypostasis« mit »substantia« (das Seiende, das das Sein nicht in einem andern, sondern in sich selber und für sich hat) wiederzugeben und so auch »hypostasis« mit »usia« gleichzusetzen.

Der theologische Konflikt entstand durch die Arianer, da sie erklärten, daß die Hypostasen in Gott unterschiedlichen Ranges seien. Dem setzte das Konzil von Nicaea 325 die Aussage von der Wesenseinheit von Vater und Sohn entgegen, wobei es vom Vater als dem Zentrum und Gipfel der göttlichen Einheit ausging.

Im lateinischen Westen hielt sich das Mißtrauen gegen den Begriff »hypostasis«, der, wenn er mit »substantia« gleichgesetzt wurde, zu der Auffassung von mehreren Göttern führen mußte. Umgekehrt mißtrauten die Griechen dem lateinischen Begriff »persona«, weil sie durch dessen Verwendung bei den Modalisten annahmen, er könne zum Modalismus führen. Eine verbale Einigung erfolgte durch einen Text des Zweiten Konzils von Konstantinopel (das als fünftes ökumenisches Konzil gezählt wird) im Jahr 553, in dem von »einer Gottheit, die in drei Hypostasen oder Personen angebetet wird«, die Rede ist (DS 421; NR 180). Kenner des griechischen und lateinischen Denkens sind der Ansicht, daß damit eine wirkliche Übereinkunft nicht erzielt wurde, denn für die Lateiner war die Einheit Gottes, sein eines, einziges Wesen, die Gottheit, etwas Unpersönliches-Vorpersönliches (natürlich nicht real unterschieden von den drei Personen und ihnen nicht »präexistent«), während die Griechen die göttliche Einheit personalisiert dachten: für sie war und ist der Vater die Einheit des göttlichen Wesens. So konnten die Lateiner (wie das sogenannte Athanasianum) sagen, Gott sei eins (unum) in der Dreifaltigkeit, die Griechen dagegen, er sei einer (heis, unus) in der Dreifaltigkeit. Lateinisches Trinitätsdenken geht von der Einheit Gottes aus und spricht so von den drei »Personen«, daß die Gefahr eines Modalismus latent vorhanden ist; die griechische Trinitätstheologie geht von der Unterschiedenheit der drei Personen aus mit der Gefahr eines latenten Tritheismus (Drei-Gottheiten-Glaubens). Dabei scheint der Sache nach die zweite Gefahr die verhängnisvollere zu sein. Allerdings drohte diese Gefahr auch der lateinischen Theologie von der psychologischen Tri-

nitätsverdeutlichung bei Augustinus her. Wo die innergöttlichen
Ursprungsbeziehungen mit seelischen Vorgängen verglichen wurden, lag es nahe, sie personifizierend als selbständige Zentren dieser Vorgänge zu verstehen.

In der scholastischen Theologie wird der trinitarisch entwickelte
Personbegriff durch das Wort »Subsistenz« verdeutlicht, das am
ehesten mit »konkret Existieren« wiedergegeben werden kann;
das »Subsistieren« kennt an sich in der Scholastik mehrere Stufen,
von denen die höchste, das absolute Subsistieren, nur dem Wesen
Gottes zukommt. Für Thomas von Aquin sind in der göttlichen
Trinität nicht drei »substantiae«, aber drei »subsistentiae« gegeben: das eine göttliche Wesen existiert in drei relativ verschiedenen
Subsistenzweisen; die trinitarischen »Personen« sind für ihn »sub-
sistente Relationen«.

Bei dem bisher dargestellten Umgang mit dem Begriff »Person«
lag immer das Personverständnis der antiken Philosophie zugrunde. Nun bahnte sich jedoch ein neues verändertes Verständnis
an. Es ist schon gegeben bei dem christlichen Philosophen Boethius (524 als Verschwörer gegen den Kaiser hingerichtet). Die
berühmte Definition von »Person«[34] bei Boethius, »naturae ratio-
nalis individua substantia«, besagt die wesentliche Vernunftbe-
gabtheit eines nur als Individuum real existierenden Einzelwesens.
Anders als bei »persona« oder »hypostasis« im bisherigen Verständnis handelt es sich hier um einen übergeordneten Begriff, der
gleichermaßen auf verschiedene (etwa: körperliche und rein geistige) Vernunftwesen, also auf Gott, die Engel und die Menschen,
anwendbar war. Jedenfalls ist vom Personbegriff des Boethius aus
Gott ebenso als eine einzige »persona« wie als eine einzige »substantia« zu bezeichnen. Im Lauf der Philosophiegeschichte ver-
deutlichte und verbreitete sich dieses Personverständnis immer
mehr. Zur Zeit der Aufklärung wurde der Person- mit dem Sub-
jektbegriff verbunden. Seit Kant meint »Person« notwendig ein
sich selber denkendes Bewußtsein. In diesem Sinn kann und darf
der Personbegriff nicht in der Dreizahl auf die göttliche Trinität

---

[34] *M. Lutz-Bachmann*, »Natur« und »Person« in den »Opuscula Sacra« des A. M. S.
Boethius, in: Theologie und Philosophie 58 (1983) 48–70.

angewendet werden. In der neueren Begrifflichkeit besagt die alte Lehre: Gott ist ein einziges Subjekt, ein Wille, eine Freiheit, eine Liebe, in drei relativ unterscheidbaren Individuationen. Von ihm drei selbständige Subjekte auszusagen würde die Annahme dreier Gottheiten bedeuten.

Die neuere Philosophie führt ebenso wie die Zeugnisse der biblischen Gottesoffenbarung dazu, das antike statische Substanzdenken durch ein Freiheitsdenken abzulösen[35]: transzendentale Bedingung der erfahrbaren endlichen Freiheit ist dann eine vollkommene Freiheit, das heißt der nicht nur substantial, sondern relational gedachte Gott. Auf das Subjektdenken kann und darf in diesem Zusammenhang aber nicht verzichtet werden, da Selbstbesitz und Selbstbewußtsein unverzichtbare Voraussetzungen nicht nur für Identität, sondern auch für Verantwortlichkeit, also für ethisch qualifiziertes Handeln, ebenso wie für die Aufnahme und lebendige Verwirklichung von Beziehungen sind. So können und müssen die Elemente des modernen Personverständnisses alle von Gott ausgesagt werden: Individualität, Rationalität, Subjektsein und Relationalität, das heißt vollkommene Freiheit und in ihr sich selber mitteilende Liebe. In diesem Sinn kann Gott nur als eine einzige Person betrachtet werden.

Von da aus erweist sich der Personbegriff in der Trinitätstheologie im Sinn der drei innergöttlichen Relationen als nicht sehr der Klarheit und Verständlichkeit dienend. Nicht bei allen, aber bei vielen Theologen ist die heutige Theologie wieder zu der pessimistischen Auffassung des Augustinus hinsichtlich der Begriffe »Person« und »Hypostase« in der Trinitätslehre zurückgekehrt. Augustinus hatte einmal gesagt, in der Anwendung auf die Dreifaltigkeit beschränke sich der Nutzen dieser Begriffe darauf, daß sie uns erlaubten, überhaupt etwas zu sagen, statt daß wir uns damit begnügen müßten, gar nichts zu sagen, wenn man uns fragt, was »die Drei« seien.

---

[35] Vgl. beispielsweise *H. Krings*, Freiheit. Ein Versuch, Gott zu denken, in: Philosophisches Jahrbuch 77 (1970) 225–237; *P. Schoonenberg*, in: Concilium 13 (1977) 172–179; *B. Weissmahr*, Philosophische Gotteslehre, Stuttgart 1983, bes. 142–148 über die Freiheit Gottes; *J. Möller*, Sein-Freiheit-Gott, in: ders. (Hrsg.), Der Streit um den Gott der Philosophen, Düsseldorf 1985, 36–47.

Literatur

Bantle, F. X., Person und Personbegriff in der Trinitätslehre Karl Rahners, in: Münchener Theologische Zeitschrift 30 (1979) 11–24

Berner, U., Trinitarische Gottesvorstellungen im Kontext theistischer Systembildungen, in: Saeculum 31 (1980) 93–111

Cantalamessa, R., Die Entwicklung des persönlichen Gottesbegriffs in der christlichen Spiritualität, in: Concilium 13 (1977) 160–166

Concilium 17 (1981) 173–268 (= Heft 3: Gottvater?)

Dalferth, I. U./Jüngel, E., Person und Gottebenbildlichkeit, in: Christlicher Glaube in moderner Gesellschaft, 22, Freiburg 1982, 57–99

Grillmeier, A., Mit ihm und in ihm, Freiburg ^{2}1975, 283–300 (zum theologischen Gebrauch von »hypostasis«)

Lohse, E., prosopon, in: ThWNT, VI, 1959, 769–781

Lutz-Bachmann, M., »Natur« und »Person« in den »Opuscula Sacra« des A. M. S. Boethius, in: Theologie und Philosophie 58 (1983) 48–70

Offermanns, H., Der christologische und trinitarische Personbegriff der frühen Kirche, Bern/Frankfurt 1976; dazu *H. Kessler/R. Pesch*, in: Theologische Quartalschrift 157 (1977) 71–75

Pannenberg, W., Grundfragen systematischer Theologie, II, Göttingen 1980, 80–85 (Person und Subjekt), 96–111 (die Subjektivität Gottes und die Trinitätslehre)

Schachten, W., Die Trinitätslehre Joachims von Fiore im Lichte der Frage nach der Subjektivität Gottes in der neueren Theologie, in: Franziskanische Studien 62 (1980) 39–61

Schoonenberg, P., Gott als Person / als persönliches Wesen, in: Concilium 13 (1977) 172–179

Theis, R., Die Lehre von der Dreieinigkeit Gottes bei K. Barth, in: Freiburger Zeitschrift für Philosophie und Theologie 24 (1977) 251–290

4.3.4 Der politische Monotheismus und die göttliche Dreifaltigkeit

Die Christen der frühesten Gemeinden bekannten sich zum einen, einzigen Gott Jahwe, zum Gott der Vorfahren. Für dieses Gottesbild hatte der Jude Philon den Begriff der »monarchia« gebraucht, mit dem er seinen heidnischen Adressaten die Einzigkeit Gottes im Unterschied zur Pluralität der Götter und die Einzigkeit des Ursprungs alles Nichtgöttlichen verdeutlichen konnte. Ein Hinweis auf einen politischen Gehalt dieses Monotheismus findet sich unseres Wissens erstmals bei dem Heiden Celsus, in der zweiten Hälfte des 2. Jahrhunderts: Der Monotheismus der Christen greife das rö-

mische Reich an, denn dieses Reich könne nur in Frieden existieren, wenn jedes Volk seinen eigenen Gott verehre, also Polytheismus herrsche. Christliche Theologen wie Origenes und Eusebius
von Caesarea haben dann ihrerseits dieses Argument aufgegriffen
und auf die politisch stabilisierende Funktion des christlichen Monotheismus hingewiesen.[36] Eusebius gilt als Exponent einer antiken politischen Theologie, die in dem einen Kaiser ein Abbild des
einen Gottes, im irdischen Reich ein Abbild des himmlischen sehen und damit bestehende Zustände rechtfertigen wollte.

Die göttliche Monarchie zu verteidigen war gleichermaßen das An-
liegen der Modalisten, der Arianer und der Bischöfe von Rom
(Dionysius von Rom um 260: DS 112, 115; NR 248f). Die Vorstellung von zwei »archai« (Ursprüngen) wurde sicher nicht nur aus
theologischen, sondern auch aus politischen und kirchenpoliti-
schen Gründen abgelehnt. Es gab jedoch immer wieder auch
Theologen, die darauf hinwiesen, daß die göttliche Monarchie mit
keiner anderen vergleichbar sei (Gregor von Nyssa), ebensowenig
wie das himmlische Reich Gottes mit dem römischen Reich verglichen werden könne (Augustinus).

Im Mittelalter stellte sich das Problem stärker im Hinblick auf die
Kirche: Vom 12. Jahrhundert an wurde die monarchische Stellung
des Papstes mit dem Hinweis auf die Einzigkeit Gottes, als dessen
Stellvertreter sich die Päpste verstehen wollten, unterbaut. In der
Kirche setzte sich ein Amtsbewußtsein durch (mit Anfängen
schon bei Clemens von Rom und Ignatius von Antiochien), dem
die biblischen Aussagen über das freie Wirken des Heiligen Geistes innerhalb der Kirche ohne Ansehen von Rang und Funktion
einzelner Christen und außerhalb der Kirche unbequem waren.
Sie wurden darum »monarchistisch-absolutistisch« unterdrückt
oder handhabbaren Normen unterworfen. Dies hat immer wieder
kritisch-theologische Impulse provoziert, gegen die Tendenzen
zum (vor allem päpstlichen und bischöflichen) Paternalismus und
zur Uniformisierung die Pneumatologie wiederzubeleben.[37]

---

[36] Historische Belege s. bei *Y. Congar* (Literaturangaben zu 4.3.4).
[37] In neuerer Zeit gingen solche Impulse vor allem von *H. Mühlen* aus; vgl. die Literaturangaben zu 3.2.

In der Neuzeit wurde nun versucht, die Trinitätslehre gegen den Monotheismus auszuspielen.[38] Nach der These Erik Petersons ist mit der Entfaltung der Trinitätslehre in den antiarianischen Auseinandersetzungen und mit der Verwerfung des theologischen Monarchianismus im 4. Jahrhundert der Monotheismus als politisches Problem erledigt, der christliche Glaube aus der Verkettung mit dem Imperium Romanum befreit und der Bruch mit jeder politischen Theologie vollzogen, »die die christliche Verkündigung zur Rechtfertigung einer politischen Situation mißbraucht«[39]. Die These ist aber bei Peterson historisch und theologisch nicht genügend belegt. Der Nachweis, daß gerade die Trinitätslehre herrschaftskritisch verstanden werden mußte und muß, daß ihr auch politisch befreiende und erlösende Kraft innewohnt (ebensosehr wie etwa der Reich-Gottes-Verkündigung Jesu), wäre erst noch zu erbringen. Der Versuch Jürgen Moltmanns, das herrschaftskritische und demokratische Element der Trinitätstheologie in einer »sozialen Trinitätslehre« zu entwickeln, scheitert an seiner Konzeption der göttlichen Trinität als einer Familie oder Gemeinschaft dreier konkreter Wesen, deren Abbilder auf Erden die soziale Demokratie bzw. die vom Konsens bestimmte Kircheneinheit wären. Die Einheit und Einzigkeit Gottes ist hier zugunsten einer realen Dreiheit aufgegeben.[40]

Die These Petersons, die gegen kirchliche Ideologen des Faschismus gerichtet gewesen war, wird neuerdings von seiten politischer Reaktion gegen die neu entstandene »Politische Theologie« gewendet, insbesondere gegen deren Behauptung von einem inneren Zusammenhang von Religion und Politik. Es wird nun behauptet, die Trinitätslehre entpolitisiere die Religion und profanisiere die Politik.[41] Dabei wird die Politische Theologie nur in karikierender

---

[38] Vgl. die Veröffentlichungen von A. Schindler und P. Koslowski, die auf unterschiedliche Art an E. Peterson anknüpfen.

[39] *E. Peterson*, Der Monotheismus als politisches Problem, in: ders., Theologische Traktate, München 1951, 105.

[40] *J. Moltmann*, Trinität und Reich Gottes, München 1980, 144–168. Weiteres dazu unten 5.2.2 und 5.2.5.

[41] *P. Koslowski*, Politischer Monotheismus oder Trinitätslehre? in: Theologie und Philosophie 56 (1981) 70–91, hier 72 (mit Beleg).

Form wiedergegeben, als identifiziere sie ein politisches Prinzip mit einem göttlichen, als behaupte sie, Gott erscheine in einem konkreten politischen Subjekt der Geschichte. Demgegenüber wird die Trinitätslehre für rein religiöse Inhalte, speziell für ekklesiologische Zwecke in Anspruch genommen (die Kirche als Leib des Sohnes, der Heilige Geist als Seele und Herz der Kirche verstanden). Die diesseitig-praktische Botschaft des Sohnes, die sich in konkreten »Früchten« äußernde, nicht institutionalisierbare Tätigkeit des göttlichen Geistes werden hier ebenso ignoriert, wie die dialektische Einheit von Praxis und Theorie übergangen wird.

Literatur

Concilium 21 (1985) 13–22 (G. Ruggieri) und 41–46 (Ch. Duquoc)
Congar, Y., Der politische Monotheismus der Antike und der trinitarische Gott, in: Concilium 17 (1981) 195–199
Ders., Le Monothéisme politique et le Dieu Trinité, in: Nouvelle Revue Théologique 113 (1981) 3–17
Koslowski, P., Politischer Monotheismus oder Trinitätslehre? in: Theologie und Philosophie 56 (1981) 70–91
Peterson, E., Der Monotheismus als politisches Problem, Leipzig 1935
Schindler, A. (Hrsg.), Monotheismus als politisches Problem? Erik Peterson und die Kritik der politischen Theologie, Gütersloh 1978

4.3.5 Der Beitrag der christlichen Mystik zur Gotteslehre

Es gibt mystische Phänomene, die mit der Theologie in Korrespondenz stehen, und solche, bei denen das weniger oder gar nicht der Fall ist. Naturgemäß kann hier zu den letzteren nichts und zu den ersteren nur weniges gesagt werden.[42] Mystik tritt von den Anfängen des Christentums an, zum Beispiel als »Christusmystik des

---

[42] Die am Ende des Abschnitts angefügten Literaturangaben können nur einer Erstinformation dienen. Ein jüngstes eindrucksvolles Beispiel der Beeinflussung einer Theologie durch mystische Erfahrungen eines anderen Menschen ist das Verhältnis H. U. von Balthasars zu den Visionen Adrienne von Speyrs. Vgl. *H. U. von Balthasar,* Adrienne von Speyr (1902–1967), in: Geist und Leben 58 (1985) 61–66 (Literatur).

Apostels Paulus«, bis zur Gegenwart in unterschiedlichen Gestalten, die unterschiedliche Einteilungen ermöglichen, auf.[43] Es handelt sich um Gotteserfahrungen, die zunächst einmal dem unmittelbar betroffenen Menschen absolute Gewißheit vermitteln. Solche Erfahrungen können von Menschen gezielt herbeigeführt werden, etwa durch Schaffung von Stille, kontemplative Versenkung, Unterstützung durch Musik, Tanz usw., durch tieferes Nachdenken über alltägliche Begegnungen, durch bewußte Entscheidungen. Sie können auch eher passiv als »zugefügt« erfahren werden, im Erleben nicht nur von Ekstase, sondern auch von Nicht-Frieden, Verwundung, Nacht.

Eine Folge für die Theologie besteht darin, daß in der Mystik das einseitig Rationale, Theoretische der Theologie, das immer nur eine Seite des Menschen anspricht und ihn so spaltet, überwunden wird durch die Erfahrung von Einheit und Ganzheit. Diese Erfahrung wird gewonnen durch eine »Hinreise«, in der ein Mensch zum Beispiel Möglichkeiten der Selbstfindung einübt: er kann so in seinem Selbst des göttlichen Urbildes ansichtig werden (Gregor von Nyssa, der »Vater der christlichen Mystik«), er kann in der Erinnerung Gott wahrnehmen (Augustinus), in seinem Herzen auf etwas stoßen, das er nicht mehr als menschlich, sondern als göttlich empfindet (so etwa Hieronymus; in der deutschen Mystik gilt die »scintilla animae« als göttlicher Wesenskern im Menschen), er kann das Innere als burgartige Wohnung Gottes wahrnehmen (Teresa von Avila). Nicht immer trifft der Mystiker auf diesem Weg sein eigenes Selbst; es kann unter dem Eindruck der göttlichen Erfahrung auch immer nichtiger werden, um immer mehr Gott Platz zu machen (Meister Eckhart, Johannes vom Kreuz).

Die theologische Gotteslehre ist naturgemäß durch die Zeugnisse mystischer Gotteserfahrung weniger betroffen als etwa die Gnadentheologie. Sie hat aber vor allem in zweifacher Hinsicht von der Mystik zu lernen. Zum einen bezeugen die mystischen Erfahrungen so sehr eine Nähe Gottes zu seiner Schöpfung, daß die Gren-

---

43 Solche Gestalten, die die Gotteslehre inspiriert haben, sind z. B. die Lichtmystik, die Brautmystik, die Entscheidungsmystik, die Passionsmystik, die Dreifaltigkeitsmystik. Wertvoll ist immer noch der Überblick über die Geschichte der christlichen Mystik von *O. Karrer*, in: LThK, VII, 1962, 734–741.

zen zwischen Gott und der Schöpfung zu verwischen drohen. Wo die Theologie unter dem Eindruck steht, Gott als den schlechthin Anderen, den Fremden zur Geltung zu bringen, dessen Wort als richtendes von »außen« her in die Menschheit fällt, wo die Theologie also versucht wäre, die Transzendenz Gottes einseitig zu betonen, da neigt die Mystik dazu, sich auf die Immanenz Gottes zu konzentrieren. Wo das Sein (unter Verzicht auf die Analogie) nur noch als ein einziges verstanden, Einheit und Selbigkeit als Grund aller Vielheit und Verschiedenheit angenommen wäre, läge die Gefahr des Pantheismus nahe: Alles, das heißt das eine Sein im ganzen, wäre Gott. Freilich kommt mit dieser Sicht auf die Immanenz Gottes in Schöpfung und Menschheit die Lebendigkeit Gottes in seinem fortwährenden Kommen (und Gehen) deutlicher in den Blick als bei einer Überbetonung seiner Transzendenz. Das kirchliche Amt, das seine Vorbehalte gegenüber der nicht reglementierbaren Mystik und gegenüber Gotteserfahrungen nie ganz unterdrücken konnte, glaubte vor pantheisierenden Tendenzen beispielsweise bei Meister Eckhart warnen zu müssen.

Zum andern könnte die Gotteslehre von der Sprache der Mystiker lernen. Je mehr sich Mystiker bei der Vermittlung ihrer Erfahrungen einer Begriffssprache bedienen, um so stärker neigen sie zu einer paradoxen und negativen Theologie. (Die weniger begrifflich orientierte Mystik liebte dagegen die Symbolsprache, von den Licht- und Sonnensymbolen schon der frühchristlichen Mystik an bis zu erotischen und bräutlichen Symbolen.) Theologisch bedeutend sind besonders Meister Eckhart (†1327/1328) und Nikolaus von Kues (†1464). Meister Eckhart, der in der klassischen Theologie, vor allem Augustinus und Thomas von Aquin, bewandert war, sprach so paradox von Gottes Unausdenkbarkeit und seiner unaussagbaren Größe, daß er Gott sogar das Sein abstritt, um sagen zu können, daß Gott die Ursache allen Seins ist. Wie in allen Äußerungen wirklicher negativer Theologie bedeuten auch die Verneinungen Meister Eckharts einen Überschwang an Bejahung.[44] Ähnlich radikal sind die Paradoxien der Gotteslehre bei Nikolaus von

---

[44] *A. M. Haas*, in: W. Strolz (Hrsg.), Sein und Nichts in der abendländischen Mystik, Freiburg 1984, 40f.

Kues. Es ist noch nicht geklärt, ob er mit der »coincidentia oppositorum«, dem Zusammenfall der Gegensätze, Gott meinte oder ob er Gott noch jenseitig der coincidentia dachte. Für Nikolaus gibt es keinen Namen und keine Bezeichnung, die der Unendlichkeit Gottes zu entsprechen vermöchte. So ist Gott – beispielsweise – weder Nichts noch das Gegenteil von Nichts noch beides zugleich, sondern er ist Quelle und Ursprung aller Gründe des Seins wie auch des Nichtseins.[45]

Von Mystik geprägte Theologie gab es nicht nur im Altertum und Mittelalter, es gab sie auch in der Neuzeit und gibt sie in der Gegenwart. Immer wieder haben mystische Theologen oder theologische Mystiker geschlossene theoretische Gottes-Systeme auf den Unnennbaren und Unfaßbaren hin aufgesprengt. Im 20. Jahrhundert sind wenigstens zu nennen: Die mystische, Gott in Welt schauende Theologie Teilhard de Chardins († 1955), die Thematisierung der Selbst- und Transzendenzerfahrung und der Selbstmitteilung Gottes an seine Schöpfung bei Karl Rahner († 1984) sowie die Vermittlung zur Kontemplation und Anbetung der göttlichen Herrlichkeit bei Hans Urs von Balthasar (geb. 1905).

Für die Authentizität der Mystik spricht die Dringlichkeit, mit der sie ihre Wahrnehmungen aus dem Raum privater Individualität heraushebt. Authentischer Mystik liegt mystagogisch an der Mitteilung mystischer Erfahrungen. Sie beschränkt sich nicht auf die Begegnung (oder Geburt) Gottes in der Seele, sondern führt ein in die Fähigkeit, Gott in allen Dingen zu finden und in den Mitmenschen konkret-praktisch zu lieben. Wo die Mystik zu der Konzeption einer Einheit von Gottesliebe und Menschenliebe kam (und sich so der »Rückreise« notwendig zuwandte), fand sie den an Menschheit und Schöpfung interessierten Gott der Vorfahren; sie vermag auch in dieser Hinsicht für die rational-intellektuell theoretisierende Theologie ein Korrektiv zu sein, wie es das Programm Meister Eckharts sagt: »Daß der Mensch werde ein Gott suchender in allen Dingen und Gott findender Mensch zu aller Zeit und in allen Stätten und bei allen Leuten in allen Weisen. In diesem mag

---

[45] *G. Benavides*, ebd. 65.

der Mensch alle Zeit ohne Unterlaß zunehmen und wachsen und niemals an ein Ende des Zunehmens kommen.«[46]

Wo Mystik von akademischer Abstraktion und offiziellen Erfahrungsverboten bedrängt wurde, verschwand sie nicht, sondern lebte im Untergrund, zumindest in religiöser Subkultur, weiter. Das war besonders bedeutsam in bestimmten Unterdrückungsverhältnissen politischer und ökonomischer Prägung. Mit den christlich geprägten Befreiungsbewegungen – wie zum Beispiel in hervorragender Weise in Lateinamerika, aber auch in der schwarzen Befreiungsbewegung, so wie früher in der nordamerikanischen Sklavenbefreiung, und im Feminismus – treten mystische Gotteserfahrungen aus dem Untergrund wieder zutage.

Literatur

Albrecht, C., Das mystische Erkennen, Mainz 1982

Baden, H. J., Das Erlebnis Gottes, Freiburg 1981

Beierwaltes, W., Platonismus und Idealismus, Frankfurt 1972

ders. u. a., Grundfragen der Mystik, Einsiedeln 1974

Egan, H. D., Christian Mysticism. The future of a tradition, New York 1984

Fuchs, G. (Hrsg.), Die dunkle Nacht der Sinne. Leiderfahrung und christliche Mystik, Düsseldorf 1989

Maas, F., Das persönliche oder unpersönliche Göttliche, in: Concilium 13 (1977) 179–186

Mieth, D., Gottesschau und Gottesgeburt. Zwei Typen christlicher Gotteserfahrung in der Tradition, in: Freiburger Zeitschrift für Philosophie und Theologie 27 (1980) 204–223 (Literatur)

Ders., Gotteserfahrung und Weltverantwortung, München 1982

Moltmann, J., Gotteserfahrungen, München 1979, 46–71

Ruhbach, G. / Sudbrack, J. (Hrsg.), Große Mystiker, München 1984

Sölle, D., Die Hinreise, Stuttgart 1975

Strolz, W. (Hrsg.), Sein und Nichts in der abendländischen Mystik, Freiburg i. Br. 1984

Sudbrack, J. (Hrsg.), Das Mysterium und die Mystik, Würzburg 1974

Tresmontant, C., Der Weg nach innen, Graz / Wien / Köln 1980

---

[46] Deutsche Werke, V, 289, 12–290, 3.

Behn, I., Spanische Mystik, Düsseldorf 1957

Dobhan, U., Gott – Mensch – Welt in der Sicht Teresas von Avila, Frankfurt / Bern 1978

Ders., Teresa von Avila, Olten 1979

Herbstrith, W., Teresa von Avila, München [4]1981

Juan de la Cruz, Vida y Obras, ed. Crisogono de Jesus, Madrid 1978

Kotschner, J. (Hrsg.), Der Weg zum Quell. Teresa von Avila 1582–1982, Düsseldorf 1982

Steggink, O., Erfahrung und Realismus bei Teresa von Avila und Johannes vom Kreuz, Düsseldorf 1976

Stein, E., Kreuzeswissenschaft. Studie über Johannes a Cruce, Löwen 1950

Teresa von Avila, Die innere Burg, Zürich 1979

Meister Eckhart, Gotteserfahrung und Weg in die Welt, hrsg. von D. Mieth, Olten 1979

Egerding, M., Gott bekennen. Strukturen der Gotteserkenntnis bei Meister Eckhart, Frankfurt / Bern 1984

Flasch, K. (Hrsg.), Von Meister Dietrich zu Meister Eckhart, Hamburg 1984

Haas, A. M., Seinsspekulation und Geschöpflichkeit in der Mystik Meister Eckharts, in: W. Strolz (Hrsg.), Sein und Nichts in der abendländischen Mystik, Freiburg 1984, 33–58

Kern, U. (Hrsg.), Freiheit und Gelassenheit. Meister Eckhart heute, München / Mainz 1980

Lossky, V., Théologie négative et connaissance de Dieu chez Maître Eckhart, Paris 1973

Waldschütz, E., Denken und Erfahren des Grundes. Zur philosophischen Deutung Meister Eckharts, Wien 1989

Welte, B., Meister Eckhart. Gedanken zu seinen Gedanken, Freiburg 1979

Zum Brunn, E. / Libera, A. de, Maître Eckhart, Métaphysique du Verbe et théologie négative, Paris 1984

Haubst, R., Das Bild des Einen und Dreieinen Gottes in der Welt nach Nikolaus von Kues, Trier 1952

Hoye, W. J., Gott – Das Maximum, in: Theologie und Glaube 74 (1984) 377–390 (Literatur)

Lohr, Ch. H., Ramón Lull und Nikolaus von Kues, in: Theologie und Philosophie 56 (1981) 218–231

Meuthen, E., Nikolaus von Kues, Münster [5]1982

Stallmach, J., Ineinsfall der Gegensätze und Weisheit des Nichtwissens. Grundzüge der Philosophie des Nikolaus von Kues, Münster 1989

Watts, P. M., Nicolaus Cusanus, Leiden 1982

Cognet, L., Introduction aux Mystiques Rhéno-Flamands, Tournai 1968

Dupré, L. K., The common life, the origins of Trinitarian mysticism and its development in Jan Ruusbroec, New York 1984

Egan, H. D., What are they saying about mysticism? New York 1982 (Mystik in der neueren Theologie)

Haas, A. M. / Stirnimann, H. (Hrsg.), Das »Einig Ein«. Studien zu Theorie und Sprache der deutschen Mystik, Fribourg 1980

Lees, R. A., The negative language of the Dionysian school of mystical theology, 2 Bände, Salzburg 1983

Ruh, K. (Hrsg.), Altdeutsche und altniederländische Mystik, Darmstadt 1964

Sudbrack, J., Wege zur Gottesmystik, Einsiedeln 1980

Tauler, J., Gotteserfahrung und Wege in die Welt, hrsg., eingeleitet und übersetzt von L. Gnädinger, Olten 1983

Zeller, W., Deutsche Mystik, Düsseldorf 1967

4.4   Die kirchenamtliche Gotteslehre in der Neuzeit

Die zur Zeit der Scholastik erreichte Gottes- und Trinitätslehre erfuhr bis zur Neuzeit keine nennenswerten Veränderungen: In der systematischen Theologie wurde das Lehrstück vom einen und einzigen Gott in jener stark philosophisch geprägten Form dargeboten, die es durch die (teilweise) Rezeption des mittleren Platonismus und des Aristotelismus angenommen hatte; die Frage nach der Erkennbarkeit Gottes mit Hilfe der menschlichen Vernunft und nach den Wegen dieser Erkenntnis nahm dabei breiten Raum ein. Die Trinitätslehre in ihrer abendländischen Prägung sprach von der Einheit des göttlichen Wesens und der Dreiheit der durch zwei Hervorgänge entstandenen innergöttlichen Relationen, von den Eigentümlichkeiten oder Merkmalen dieser Relationen, von ihrem gegenseitigen Einwohnen und von ihrem gemeinsamen Wirken nach »außen«. Die Reformatoren wandten sich diesen Lehrstücken nicht mit besonderer Intensität zu, da sie ja – vom gemeinsamen Gottes- und Trinitätsglauben ausgehend – vor allem das Verhältnis Gottes zur Menschheit neu überdachten und deshalb Gnade und Rechtfertigung als theologische Grundlage ihrer Kirchenerneuerung thematisierten. Die später entstandenen lutherischen und reformierten Dogmatiken hielten im allgemeinen an den überlieferten »Traktaten« und deren Standardthematik fest. Nach einigem Zögern nahmen aber auch sie die Frage nach einer Gotteserkenntnis durch die menschliche Vernunft wieder auf.[47]

Mit der Aufklärung[48] und ihren bürgerlichen und gesellschaftlichen Folgen änderten sich das Milieu und das geistesgeschichtliche Klima, in dem von Gott gesprochen wurde, von Grund auf. Das Zeitalter einer fundamentalen Religionskritik begann.[49] Nach dem Zerfall des überlieferten Weltbildes und dem Verlust der hierarchischen Autoritäten wurde der Maßstab der Vernunft an die Glaubenswahrheiten gelegt. Wie in anderen Bereichen wurde auch hinsichtlich der Inhalte von Religion und Theologie der Weg der Erkenntnis als kritische Analyse von Ideen angesehen. Das hatte zur Folge, daß – in unterschiedlichem Umfang, je nach der Radikalität der Analyse – aus der überlieferten Lehre, vor allem aus dem überlieferten Offenbarungswort, alles ausgeschieden wurde, was sich von der menschlichen Vernunft und von ihr allein her nicht begreifen ließ. In der kirchlichen defensiven Literatur erhielt diese Einstellung der »Gebildeten« die Sammelbezeichnung »Rationalismus«.

Die christlichen Verteidiger von Religion und Theologie mühten sich, soweit sie sich auf einen Dialog mit der neuen Mentalität einließen, ihre Sache »vernunftgemäß« darzulegen. Den ohne Zweifel bedeutendsten Beitrag zur philosophisch-begrifflichen Darstellung des Christentums und speziell der Gottes- und Trinitätslehre leistete Georg Wilhelm Friedrich Hegel (†1831). Entsprechend der Zertrümmerung des alten Weltbildes sah er Gott nicht als ab-

---

[47] *B. Hägglund*, Geschichte der Theologie, München 1983, bes. 160ff, 238ff

[48] Vgl. die Auseinandersetzung mit Kant bei *O. Muck*, Philosophische Gotteslehre, 49–59, und vor allem die Auseinandersetzung mit den Folgen der Aufklärung bei *J. B. Metz*, Glaube in Geschichte und Gesellschaft, Mainz 1977 u. ö., vor allem in § 1–4.

[49] Vgl. *K.-H. Weger* (Hrsg.), Religionskritik von der Aufklärung bis zur Gegenwart, Freiburg ²1980 (Literatur); *ders,*, Der Mensch vor dem Anspruch Gottes, Graz 1981; *ders.*, Vom Elend des Kritischen Rationalismus, Regensburg 1981; *W. Kern* (Hrsg.), Aufklärung und Gottesglaube, Düsseldorf 1981; *H.-J. Kraus*, Theologische Religionskritik, Neukirchen 1982; *H. Zirker*, Religionskritik (Leitfaden Theologie, 5), Düsseldorf 1982.

strakt gedachtes, höchstes Wesen, das jenseits der konkreten Welt und jenseits des menschlichen Selbstbewußtseins existierte. Für Hegel war alle Wirklichkeit zuinnerst vom Geist bestimmt, Geist aber nicht unabhängig von Gott zu denken: Gottes Selbstbewußtsein weiß sich im Wissen des Menschen. Das Spezifische des Geistes, das Bei-sich-selber-sein, ist für Hegel nur möglich durch das Sein-beim-anderen. So denkt Hegel ein notwendiges Angewiesensein Gottes auf das andere. Es ist möglich, Gott »an sich«, das heißt, vor der Erschaffung der Welt und der Menschen, zu denken. So gesehen ist Gott ein inhaltlich bestimmter logischer Gedanke, der absolute Begriff. Damit wäre Gott jedoch in keiner Weise zulänglich bestimmt. Geist erschöpft sich nicht in der Allgemeinheit des reinen Gedankens, sondern drängt in größtmöglicher Lebendigkeit zum Prozeß. Den Geist drängt es danach, sich zu manifestieren, sich gegenständlich zu machen. So hat sich die Allgemeinheit der ersten Gott-»Form« (die das »Reich des Vaters« ist) immer schon selber überschritten auf die Besonderungen der zweiten Gott-»Form« hin, das »Reich des Sohnes«, das die Erschaffung der Welt und die Menschwerdung Gottes einbegreift, wobei »Gottes Sohn« für Hegel nicht auf den Menschen Jesus von Nazaret beschränkt ist, sondern die ganze »Welt der Endlichkeit« meinen kann.[50] Aber dieses Sein Gottes beim anderen drängte eben danach, sich in einem »äußersten«, »endlichsten« Dasein, in einem konkreten individuellen menschlichen Leben und Sterben darzustellen. Im Tod Jesu gelangte die »Verendlichung des Bewußtseins« in ihr Extrem. In der Auferstehung Jesu und in der Sendung des Geistes erfolgte der Umschlag der Verendlichung ins Unendliche: Die Einzelheit der göttlichen Idee vollendet sich in der Wirklichkeit erst dadurch, daß die Vielen zur Gemeinde werden und darin die Einzelidee zum allgemeinen Selbstbewußtsein wird, zum »Reich des Geistes«. Die christliche Gemeinde ist für Hegel der »existierende Geist«, denn in ihr gelangt Gott zu seiner vollkommenen Wahrheit und Wirklichkeit. So hat Gott zusammen mit der Welt der Menschen, haben das göttliche und das menschliche

---

[50] Vgl. *H. Küng*, Menschwerdung Gottes. Eine Einführung in Hegels theologisches Denken als Prolegomena zu einer künftigen Christologie, Freiburg 1970.

Selbstbewußtsein eine Geschichte in Einheit. Hegels Gott ist nicht eine unpersönliche Geist-Kraft. Gott weiß sich, ist Selbstbewußtsein, ein Selbstbewußtsein, das *in* seinem Unterschied seine Selbsterfüllung findet und so, als Einheit von »Allgemeinheit« und »Besonderheit«, Persönlichkeit ist.

Die Impulse, die Hegel mit seiner hier nur höchst unzulänglich dargestellten Konzeption für die christliche Gotteslehre gab, sind bis heute erst ganz ungenügend aufgenommen.[51] Im 19. Jahrhundert drangen seine Gedanken in mehr indirekter Form, auf dem Weg über mannigfache Abwehrversuche, in die Werke mancher katholischer systematischer Theologen ein, die wenigstens insofern Hegel folgten, als sie von einem Angewiesensein Gottes auf das andere seiner selbst, speziell von einer Notwendigkeit der Schöpfung sprachen. Dagegen formierte sich eine kirchliche Defensive. Die neu entstehende Scholastik, »Neuscholastik« oder »Neuthomismus«, ordnete Hegel summarisch in den »Pantheismus« ein und thematisierte die Freiheit und Unabhängigkeit Gottes von Schöpfung und Menschen.

Im Fortgang des 19. Jahrhunderts verband sich das an der Vernunft orientierte Denken mit der immer stärker wissenschaftlich geprägten Mentalität, die empirischen Untersuchungen und Beweisen mehr traute als einer Analyse der Ideen. Die umfassendste Kritik der Religion und überlieferten Gotteslehre bleibt mit dem Namen Ludwig Feuerbach (†1872) verbunden. Ist Gott für ihn zunächst nichts anderes als das ausgesprochene Selbst des Menschen, das Wesen des Menschen, Projektion aller menschlicher Wünsche, mit allen vom Menschen erhofften und erdachten Vollkommenheiten ausgestattet, so ist es nach Feuerbach doch nötig, diesen Gott zu negieren. Denn die Projektion schafft nur kümmerlichen »Ersatz der verlorenen Welt« und verhindert, daß der Mensch zu sich selber zurückfindet. Auf den Schultern Feuerbachs steht die große Religionskritik des 19. Jahrhunderts: Das Ja zum Menschen verlangt ein Nein zu Gott. Die Religionskritik verbindet sich mit dem philosophischen und naturwissenschaftlichen Materialismus, und

---

[51] Es ist das Verdienst *W. Kerns* (vgl. die Literaturübersicht), die Erinnerung der Theologie an Hegel in der Gegenwart mit wachgehalten zu haben.

so wurde sie in der defensiven kirchlichen Literatur auch mit dem Sammelnamen »Materialismus« bezeichnet.

Die Amtsträger der katholischen Kirche sahen sich in ihrer großen Mehrheit außerstande, die geistigen und gesellschaftlichen Herausforderungen seit der Aufklärung aufzunehmen. Die Hierarchie verstand die Kirche als moralischen Schutzwall gegen die aus der Französischen Revolution hervorgegangenen bürgerlichen und politischen Freiheiten, als Verteidigerin der herrschenden Ordnung und der Eigentumsverhältnisse. Die kirchlich orientierte Philosophie und Theologie wurde völlig auf die entsprechenden Verteidigungsaufgaben hin orientiert, die große Epoche der »Apologetik« begann. Papst Pius IX. (†1878) verurteilte 1864 in der Enzyklika ›Quanta cura‹ und im ›Syllabus‹ die »Irrtümer der modernen Zeit«, darunter auch Pantheismus und Rationalismus, und das von ihm einberufene Erste Vatikanische Konzil (1869 bis 1870) sollte mit Entschiedenheit diese Abwehr weiterführen.[52]

Das Konzil verabschiedete eine dogmatische Konstitution »über den katholischen Glauben«, die eine straffe Darlegung der katholischen Lehre über Gott, seine Offenbarung, den Glauben und über das Verhältnis von Glauben und Vernunft bieten und dabei die notwendige Abgrenzung gegen Pantheismus, Materialismus und Rationalismus vornehmen wollte – sowohl gegen die entsprechenden, außerhalb der Kirche verbreiteten Weltanschauungen als auch gegen die katholischen Theologen, die nach Ansicht der konziliaren Mehrheitspartei diesen Strömungen zu weit entgegengekommen waren. Die Konzilsaussagen[53] sind in lehrhaften Darlegungen (Kapiteln) und in verurteilenden Sätzen (Canones) enthalten. Für die Gotteslehre sind zunächst folgende Texte aus dem 1. Kapitel der Konstitution (DS 3001; NR 315; die dazu gehörigen Canones 1–4 DS 3021–3024; NR 318–321) von Bedeutung:

»Die heilige, katholische, apostolische, römische Kirche glaubt

---

[52] Vgl. *R. Aubert*, Vaticanum I, Mainz 1965, und vor allem das gründliche Werk von *H. J. Pottmeyer*, Der Glaube vor dem Anspruch der Wissenschaft, Freiburg 1968.

[53] Zur theologischen Vorbereitung dieser Aussagen: *R. Aubert*, Vaticanum I, 68 ff, zur ersten Konzilsdiskussion: ebd. 150–154, zur Neufassung mit Übersicht über die Mitarbeiter: ebd. 216–226, eine Analyse: ebd. 227–230.

und bekennt: Einer ist der wahre und lebendige Gott, der Schöpfer und Herr des Himmels und der Erde, allmächtig, ewig, unermeßlich, unbegreiflich, an Verstand, Wille und an aller Vollkommenheit unendlich. Da er ein einziges, für sich bestehendes, ganz einfaches und unveränderliches geistiges Wesen ist, muß man ihn als wirklich und wesentlich von der Welt verschieden verkünden, als in sich und aus sich ganz glücklich und über alles unaussprechlich erhaben, was außer ihm ist und gedacht werden kann.«

»1. Wer den einen wahren Gott, den Schöpfer und Herrn der sichtbaren und unsichtbaren Dinge leugnet, der sei ausgeschlossen.

2. Wer sich nicht schämt zu behaupten, außer dem Stoff gebe es nichts, der sei ausgeschlossen.

3. Wer sagt, die Substanz oder Wesenheit Gottes und aller Dinge sei ein und dieselbe, der sei ausgeschlossen.

4. Wer sagt, sowohl die körperlichen wie die geistigen endlichen Dinge oder wenigstens die geistigen seien aus der göttlichen Substanz erflossen, oder die göttliche Wesenheit werde durch ihre Offenbarung oder Entwicklung die Wirklichkeit aller Dinge, oder endlich: Gott sei das Allgemeine oder Unbestimmte, das durch Bestimmung seiner selbst die Gesamtheit aller Dinge, in Arten, Gattungen und Einzelwesen gesondert, begründe, der sei ausgeschlossen.«

Weiterhin sind aus dem 2. Kapitel für die Gottes- und Trinitätslehre jene Texte wichtig, die von der Gotteserkenntnis sprechen (DS 3004; NR 27; der dazugehörige Canon DS 3026; NR 45), aus dem 4. Kapitel die Ausführungen über die Glaubensgeheimnisse, die von der Vernunft nicht ergründet werden können und zu denen nach alter theologischer Tradition in erster Linie die göttliche Dreieinigkeit gehört (DS 3016; NR 39; der dazugehörige Canon DS 3041; NR 55):

»Die heilige Mutter die Kirche hält fest und lehrt: Gott, aller Dinge Grund und Ziel, kann mit dem natürlichen Licht der menschlichen Vernunft aus den geschaffenen Dingen mit Sicherheit erkannt werden. ›Denn sein unsichtbares Wesen läßt sich seit der Erschaffung der Welt durch das, was gemacht ist, deutlich erkennen‹ (Röm 1,20).«

»1. Wer sagt, der eine und wahre Gott, unser Schöpfer und Herr, könne mit dem natürlichen Licht der menschlichen Vernunft durch das, was gemacht ist, nicht mit Sicherheit erkannt werden, der sei ausgeschlossen.«

»Wenn aber die vom Glauben erleuchtete Vernunft eifrig, fromm und lauter forscht, erlangt sie mit Gottes Gnade einigermaßen eine Einsicht in die Geheimnisse, und zwar eine überaus fruchtbare, sowohl aus der Entsprechung (Analogie) zu dem, was sie auf natürliche Weise erkennt, wie aus dem Zusammenhang der Geheimnisse untereinander und mit dem letzten Ziel des Menschen. Niemals jedoch wird sie die Wahrheiten des Glaubens völlig durchschauen können nach Art der Wahrheiten, die den ihr eigenen Erkenntnisgegenstand ausmachen. Denn die göttlichen Geheimnisse übersteigen ihrer Natur nach so den geschaffenen Verstand, daß sie auch nach ihrer Übergabe durch die Offenbarung und auch nach ihrer Annahme im Glauben doch durch den Schleier des Glaubens selbst bedeckt und gleichsam vom Dunkel umhüllt bleiben, solange wir in diesem sterblichen Leben ›fern vom Herrn pilgern. Denn wir wandeln im Glauben, nicht im Schauen‹ (2 Kor 5,6f).«

»1. Wer sagt, in der göttlichen Offenbarung gebe es nicht wahre Geheimnisse im eigentlichen Sinn, sondern alle Glaubenssätze könnten durch die richtig gebildete Vernunft von den natürlichen Grundsätzen aus verstanden und bewiesen werden, der sei ausgeschlossen.«

In seiner Gotteslehre begnügte sich das I. Vaticanum mit einer Wiedergabe der traditionellen, von früheren Konzilien gemachten Aussagen über Wesen und Eigenschaften Gottes, wobei mehr der selig in sich ruhende Gott, kaum aber der für die und mit den Menschen existierende Gott in den Blick kam. Die Abgrenzung gegenüber den geistigen Tendenzen des 19. Jahrhunderts ist kaum anders als dürftig zu nennen. Die Trennung der beiden »Ordnungen« der Erkenntnis, Offenbarung und Glaube auf der einen, Vernunft und Wissen auf der anderen Seite, entspricht nicht der konkreten Geschichte, in der Gottes Offenbarung die Menschheit in allen ihren Dimensionen anspricht. So trug diese Lehre, die innerhalb der katholischen Kirche fortan in die normale (»ordentliche«) Unterweisung einging, zur weiteren Verbreitung eines theistischen Gottesbildes bei, das mehr die transzendente Ferne Gottes über der

Menschheitsgeschichte, sein distanziertes Allwissen, seine unbeteiligte Allmacht betonte als sein Verflochtensein in das Geschick der Menschen.[54] Die Lehre über die Offenbarung und über die Geheimnisse verstärkte den Eindruck, Gottes Offenbarung sei privilegierten Geheimnisträgern, seinen irdischen Stellvertretern, vorbehalten. Die Folgen dieses Gottesbildes – passive Hinnahme struktureller Gewalt, ungerechter Verhältnisse, an sich vermeidbarer Katastrophen als »Zulassungen« oder zum Zweck der Prüfung und Läuterung verhängte »Fügungen«, fraglose und unkontrollierte Annahme von »Obrigkeiten«, einseitige Kultivierung individueller »Tugenden« usw. – sind noch gar nicht untersucht. Gerade im Hinblick auf die Offenbarung und den »Glaubenssinn« aller Glaubenden[55] gelang es dann dem Zweiten Vatikanischen Konzil, auf das offenere Verständnis der kirchlichen Anfangszeit zurückzugreifen. Das Gottesbild des II. Vaticanum dagegen blieb das geläufige, wenn es auch in einer eher biblischen Sprache dargeboten wurde.

Literatur

Zur Gotteslehre der Reformatoren

Bandt, H., Luthers Lehre vom verborgenen Gott, Berlin 1958

Barth, H. M., Die christliche Gotteslehre, Gütersloh 1974, 54–73

Jansen, R., Studien zu Luthers Trinitätslehre, Bern/Frankfurt 1976

Jüngel, E., Die Offenbarung der Verborgenheit Gottes, in: K. Lehmann (Hrsg.), Vor dem Geheimnis Gottes den Menschen verstehen, München 1984, 79–104

Nilsson, K. O., Simul. Das Miteinander von Göttlichem und Menschlichem in Luthers Theologie, Göttingen 1960

Schellong, D., Gott, VII, 2, in: HWPh, III, 1974, 751–756

Schwarzwäller, K., Theologia crucis. Luthers Lehre von der Prädestination nach seiner Hauptschrift De Servo Arbitrio, 1525, München 1970

---

[54] Vgl. die Literaturübersicht zum theistischen Gottesbild. Hervorzuheben sind die unterschiedlichen, aber in der entschiedenen Ablehnung des Theismus miteinander übereinstimmenden Impulse von E. Jüngel, J. Moltmann und D. Sölle.

[55] Vgl. *H. Vorgrimler*, Vom sensus fidei zum consensus fidelium, in: Concilium 21 (1985) Heft der Sektion »Dogma«.

Zur Gotteslehre Hegels

Kern, W., Philosophische Pneumatologie. Zur theologischen Aktualität Hegels, in: W. Kasper (Hrsg.), Gegenwart des Geistes, Freiburg 1979, 54–90

Ders., Die Universalität des Christentums in der Philosophie Hegels, in: Concilium 16 (1980) 335–341

Ders., Dialektik und Trinität in der Religionsphilosophie Hegels, in: Zeitschrift für Katholische Theologie 102 (1980) 129–155 (Literatur)

Ders., Hegel für heute? in: Stimmen der Zeit 192 (1981) 751–765

Ders., Vom »Geist« der Philosophen, in: Christlicher Glaube in moderner Gesellschaft, 22, Freiburg 1982, 62–75 (113–116 Literatur)

Ders., »Schöpfung« bei Hegel, in: Theologische Quartalschrift 162 (1982) 131–146

Koslowski, P., Hegel–»der Philosoph der Trinität«? ebd. 105–131 (Literatur)

Lauer, Q., Hegels Concept of God, Albany/N. Y. 1982

Schmidt, E., Hegel und die kirchliche Trinitätslehre, in: Neue Zeitschrift für Systematische Theologie 24 (1982) 241–260

Simon, J., Hegels Gottesbegriff, in: Theologische Quartalschrift 162 (1982) 82–104

Wagner, F., Der Gedanke der Persönlichkeit Gottes bei Fichte und Hegel, Gütersloh 1970

Zur »amtlichen« katholischen Gotteslehre

Aguirre, C. M., La inmutabilidad de Dios en la Constitución dogmática sobre la fe católica »Dei Filius« del Concilio Vaticano I, Rom 1981

Minz, K.-H., Pleroma trinitatis. Die Trinitätstheologie bei Matthias Scheeben, Frankfurt 1982

Philipon, M., Die Heiligste Dreifaltigkeit und die Kirche, in: G. Baraúna (Hrsg.), De Ecclesia, I, Freiburg/Frankfurt 1966, 252–275 (zum II. Vaticanum)

Pottmeyer, H. J., Der Glaube vor dem Anspruch der Wissenschaft. Die Konstitution über den katholischen Glauben »Dei Filius« des 1. Vatikanischen Konzils und die unveröffentlichten Voten der vorbereitenden Kommission, Freiburg 1968

Simonis, W., Trinität und Vernunft. Untersuchungen zur Möglichkeit einer rationalen Trinitätslehre nach Anselm, Abaelard, den Viktorinern, A. Günther und J. Frohschammer, Frankfurt 1972

Walter, P., Die Frage der Glaubensbegründung aus innerer Erfahrung auf dem I. Vatikanum, Mainz 1980

Zum theistischen Gottesbild

Jüngel, E., Gott als Geheimnis der Welt, Tübingen 1977 u. ö.

Mackie, J. L., The Miracle of Theism, Oxford 1982

Moltmann, J., Der gekreuzigte Gott, München 1972 u. ö.

Sölle, D., Stellvertretung, Stuttgart 1965 u. ö.

Dies., Das Recht ein anderer zu werden, Neuwied / Berlin 1971

Dies., Leiden, Stuttgart 1973 u. ö.

Swinburne, R., The Coherence of Theism, Oxford 1977

Ders., The Existence of God, Oxford 1979

Vorgrimler, H., Neuere Kritik des Theismus, in: Concilium 13 (1977) 142 bis 148 (Literatur)

Widmann, P., Theistische Theologie, München 1982

Kronabel, Ch., Die Aufhebung der Begriffsphilosophie. Anton Günther und der Pantheismus, Freiburg 1989

Osswald, B., Anton Günther. Theologisches Denken im Kontext einer Philosophie der Subjektivität, Paderborn 1990

Richebaecher, W., Die Wandlung der natürlichen Theologie in der Neuzeit, Frankfurt–Bern 1989

5   Heutige Grundprobleme

Die abendländische Theologie arbeitet in ihrer wissenschaftlichen Spezialisierung selbstverständlich auch in den Bereichen der Gotteslehre und Trinitätstheologie weiter und bringt dabei zahlreiche Einzeluntersuchungen hervor, die nicht zu einer Einheit zusammengeführt werden können. Die folgende Übersicht wählt aus dieser wissenschaftlichen Beschäftigung mit Gott einige Beiträge aus, die den Kern der Gottes- und Trinitätsprobleme treffen und die nicht selten Ausblicke eröffnen, in welche Richtungen die Fragen weitergetrieben werden müßten. Die – hier nicht systematisierbare, sondern nur anzudeutende –*Einheit* der heute zur Diskussion gestellten Grundprobleme möchte ich in folgendem sehen:

1. In Frage gestellt wird der unveränderliche, leidensunfähige und leidenschaftslose Gott des »Theismus« im Interesse der Wiedergewinnung des lebendigen und freien Gottes.

2. Dies aber heißt die Frage nach der Geschichte Gottes stellen und damit die göttliche Trinität neu thematisieren, mit der Folge, daß die Trennung der Gotteslehre von der Trinitätstheologie überwunden wird.

3. Die Lebendigkeit und Freiheit Gottes zu bedenken bedeutet aber gleichzeitig, die Trennung der Gottes- und Trinitätslehre von den Aussagen über das Wirksamwerden Gottes in der Menschheitsgeschichte aufzuheben, das heißt, hier die Thematik des befreienden Gottes mit einzubeziehen und damit die Sicht der Vorfahren im Glauben wiederzugewinnen, die besagte: *Wer* und *was* Gott ist, erfahren wir in der Art und Weise, *wie* er wirksam bei uns und mit uns ist.

5.1   Die Veränderlichkeit Gottes

In den kirchenamtlichen Lehräußerungen über Gott wird von 325, dem Konzil von Nicaea, an bis 1870, dem Ersten Vatikanischen Konzil, von der Unveränderlichkeit Gottes gesprochen, in den meisten Fällen so selbstverständlich, als handle es sich dabei um ein nicht hinterfragbares Axiom. Der Ursprung dieses Axioms ist in der griechischen Philosophie zu suchen,[1] wo es sich in der ganzen Tradition von den Vorsokratikern bis zu Plotin findet. Die Unveränderlichkeit Gottes ergab sich aus einer Reihe von Überlegungen, die oben bereits erwähnt wurden: Nur als Unbewegter kann Gott der Ursprung jeder Bewegung sein; Gott muß reine Wirklichkeit, darf nicht der Möglichkeit ausgesetzt sein; Gott kann von außen nicht bewegt werden, da es niemand gibt, der ihn von außen bewegen könnte, er bleibt daher immer, was er als Ungewordener ewig ist; als Unbewegter ist er des Leidens nicht fähig; da es keinen ihm Gleichen gibt, kann er nicht zusammengesetzt sein, als absolut Einfacher aber ist er unveränderlich. Diese philosophischen Überlegungen gingen in die christliche Theologie im Zusammenhang mit ihren Erwägungen zum Wesen oder der Substanz Gottes ein.

Ein Problem entstand für die christliche Gotteslehre aus diesem Unveränderlichkeitsaxiom, als Arius gerade seinetwegen eine ewige Zeugung des Logos/Sohnes leugnete. »Das Sein, die Substanz, die Essenz des einzigen Gottes waren absolut inkommunikabel. Wenn Gott seine Essenz oder Substanz einem anderen Wesen mitteilen könnte, so würde dies bedeuten, daß er teilbar und der Veränderung unterworfen sei. Darüber hinaus würde es, wenn ein anderes Wesen an der göttlichen Natur in irgendeinem gültigen Sinne des Wortes Anteil hätte, eine Pluralität göttlicher Wesen geben, während Gott definitionsmäßig einzig ist. So mußte alles andere, das existierte, durch einen Schöpfungsakt von seiner Seite ins Dasein gekommen und aus Nichts ins Sein gerufen sein.«[2] So zählte Arius den Logos/Sohn, wenn auch an ausgezeichneter erster

---

[1] Vgl. dazu die historisch gründliche Untersuchung von *W. Maas*, Unveränderlichkeit Gottes, Paderborn 1974.

[2] *J. N. D. Kelly*, Altchristliche Glaubensbekenntnisse, Göttingen ²1972, 231.

Stelle, zu den Geschöpfen. Im Grunde war er damit nur der Konsequenteste unter den zahlreichen altkirchlichen Theologen, die gerade wegen ihres vom mittleren Platonismus bestimmten Gottesverständnisses den Logos/Sohn »untergeordnet« (subordinatianisch) dachten. Das Bekenntnis von Nicaea, das die Wesensgleichheit des Logos/Sohnes aussagte, betonte ebenso konsequent, daß der Logos/Sohn unwandelbar und unveränderlich sei. Es handelt sich hier um die letzte Übereinstimmung zwischen den Arianern und den »Nicaenern«: Wenn der Logos/Sohn Gott ist, muß er vom Wesen her unwandelbar und unveränderlich sein. Die Aussageabsicht des Konzils ging aber nicht dahin, das Wesen Gottes zu beschreiben; sie ging dahin, den Logos/Sohn mit Bestimmtheit aus dem Bereich der Geschöpfe auszunehmen. Auch andere kirchliche Lehraussagen haben sich nicht positiv mit der Unveränderlichkeit Gottes beschäftigt. Heute ist die Philosophie, der das Unveränderlichkeitsaxiom entstammt, nicht mehr allgemein anerkannte denkerische Voraussetzung. Was aber ist an ihre Stelle getreten? Entschiedene Impulse zu einer kritischen Revision des Unveränderlichkeitsaxioms und der damit verbundenen Behauptung von der Leidensunfähigkeit Gottes gehen unter anderem von der nordamerikanischen Prozeßtheologie aus, die hier zunächst kurz vorzustellen ist.

5.1.1 Das Werden Gottes: der Beitrag der Prozeßtheologie

Die Prozeßtheologie[3] ruht auf Grundsätzen der Naturphilosophie Alfred North Whiteheads (†1947), die zuerst von dessen Schüler Charles Hartshorne in die Theologie eingebracht wurden. Natürlich gab es auch andere Anregungen für ein theologisches Prozeßdenken, etwa durch Hegel oder Teilhard de Chardin. Aber bei Whitehead-Hartshorne wird mit größter Konsequenz »statische

---

[3] Zum Folgenden vgl. K. *Koch*, Schöpferischer Lockruf Gottes im Prozeß der Welt – Perspektiven der Gottesfrage in der amerikanischen Prozeß-Theologie, in: Theologische Berichte 12, Zürich 1983, 129–171 (hier 149ff eine Übersicht über Prozeßtheologen).

Aktualität verneint und alle Aktualität als Prozeß verstanden«[4].
Die »natürliche Wirklichkeit«, von der auszugehen ist, besteht in
dieser Sicht nicht aus Substanzen (dieser Begriff ist konsequent zu
vermeiden), sondern aus Ereignissen, die den Prozeß bilden: nur
was ein Prozeß ist, ist wirklich. Der Prozeß kann ein Übergang von
einer Wirklichkeit zur andern sein, er kann sich aber auch als Zu-
sammenwachsen und Konkretwerden innerhalb der einzelnen
Wirklichkeit abspielen. Jedes Prozeßgeschehen ist für Whitehead
Erlebnisgeschehen, das heißt, es hat immer auch eine subjektive
Seite. Nicht-erlebende Aktualitäten gibt es nicht; alle Aktualitäten
sind Genußgeschehen, nur gelangen nicht alle zum Bewußtsein.
Jedes Erlebnisgeschehen stellt in sich von vornherein eine Vielfalt
an Beziehungen dar: in größerer Abhängigkeit des einen vom andern ist größere Vollkommenheit zu erblicken als in Unabhängigkeit. In den Genußprozessen, die die Weltwirklichkeit sind, bestehen wechselseitige Verflechtungen von Vergangenheit, Gegenwart
und Zukunft. Mögen Einzelwesen subjektiv auch der Vergänglichkeit unterliegen, durch das Fortdauern ihrer Wirkung kommt ihnen objektiv Unsterblichkeit zu. Jedes Erlebnisgeschehen ist
schöpferisch an der Zukunft beteiligt und verwirklicht dabei
gleichzeitig schöpferische Selbstgestaltung. Möglichkeiten, die bisher in der Welt noch nicht verwirklicht wurden und auf die in Wahrheit der Begriff der Neuheit zutrifft, sind nach Whitehead von der
Wirklichkeit Gottes abzuleiten, denn in ihm besteht eine Urschau
der reinen Möglichkeiten, die ihrerseits nach Aktualisierung drängen. Grund aller Neuheit ist also die Realität Gottes. »Damit gelingt es Whitehead, Ordnung und Neuheit widerspruchslos zusammenzudenken. Denn Gott ist durchaus Urgrund der Ordnung,
aber nicht einfach der bestehenden Ordnung, sondern einer sich
verändernden und entwickelnden Ordnung, in welcher fortlaufend
Neuheit Gestalt gewinnen muß.«[5]
Da jedes Erlebnisgeschehen einmal neu war, ist Gott »Schöpfer
jeder zeitlichen aktualen Entität« (Whitehead), der Urgrund jeder
schöpferischen Neugestaltung. Diese schöpferische Funktion übt

[4] Ebd. 139.
[5] Ebd. 146.

Gott in seiner ersten Natur, der »Urnatur« aus. Die zweite Natur Gottes ist die »Folge-« oder »Handlungsnatur«: Gott wird von allem betroffen, was in Aktualitäten verwirklicht wird, er erwidert Liebe, er ist Verstehender, er ist Mit-Leidender. In seiner dritten Natur, der »hyperbolischen« Natur, leitet Gott die von ihm aufgenommene, bewahrte und vervollkommnete Aktualität wieder in die Welt zurück. In diesem Prozeß verwirklicht er sein Reich. Ch. Hartshorne versuchte den Nachweis, daß diese Sicht sowohl die wesentlichen Elemente der alten Gotteslehre in sich enthält als auch dem Werdeprozeß aller Wirklichkeit gerecht wird. Voraussetzung dafür sei lediglich, nicht von einem Sein auszugehen, an dem das Werden ein (bestimmtes) Element ist, sondern vom Werden, an dem das »bloße Sein« ein Element sei, so daß alles Unwandelbare ein Element am Wandelbaren, ein abstrakter Teil der Wirklichkeit und nicht deren ganzer Inhalt sei. So könne Gott zugleich in seinem abstrakten Wesen gedacht werden, das unveränderlich und absolut ist, und in seiner konkreten Aktualität, die sich immerfort verändert und abhängig, auf die Welt bezogen, »responsiv«, das heißt mitfühlend, mitgenießend und mitleidend ist.

Die konkreten Impulse der Prozeßtheologie für die Gotteslehre führen zu einer Überlegung, die auch dann ernst genommen werden muß, wenn man glaubt, die eben kurz umrissenen denkerischen Voraussetzungen dieser Theologie nicht akzeptieren zu können. Es handelt sich in der Prozeßtheologie nicht darum, irgendeine Vollkommenheit von Gott zu leugnen. Es geht vielmehr um die Befragung der alten, katalogisierten Gotteseigenschaften daraufhin, ob es sich bei ihnen wirklich um Positives, um Vollkommenheiten handle. Und in der Tat zeigt sich, daß manche dieser Eigenschaften nicht mit zwingender Notwendigkeit erdacht wurden, sondern soziokulturell bedingt sind.

Während die klassische Gotteslehre Gott als unveränderlich und leidensunfähig bezeichnet, versucht die Prozeßtheologie vom Thema der Liebe her Gott als sensibel, berührbar, bezogen und abhängig zu denken. Mitfühlen, -genießen und -leidenkönnen werden hier zu Vollkommenheiten gerechnet. Wenn die klassische Gotteslehre Gott als allmächtig versteht, möchte die Prozeßtheologie dies dahingehend modifizieren, daß Gott seine Macht nur in werbenden und überzeugen-wollenden Impulsen ausübt, die einen Erfolg nicht erzwingen können; Gott ist in diesem Zusammenhang auch nicht so allwissend gedacht, daß die Geschöpfe ihm keinerlei Überraschung mehr bereiten könnten. So geht Gott in seiner Liebe zu der von ihm geschaffenen Welt Risiko und Wagnis ein.

Wenn Gott in der klassischen Gotteslehre als Herr des von ihm erlassenen Sittengesetzes und als dieses Gesetz sanktionierender Richter vorgestellt wird, setzt dem die Prozeßtheologie Gott als Förderer menschlicher Freiheit entgegen, einer Freiheit zum Genießen, wobei das Genießen des einen daran seine Schranken und Grenzen hat, daß der andere dadurch so wenig als nur möglich beeinträchtigt werden darf. Eine sich daraus ergebende Moral steht im Zeichen der schöpferischen Entwicklung und freien Selbstverwirklichung des Menschen.

Wenn Gott in der Auffassung des theistischen Gottesbildes als Herr und Vertreter der bestehenden Ordnung angesehen wird, versteht ihn die Prozeßtheologie als befreienden Gott, der es den Menschen überläßt, in seiner Welt neue Möglichkeiten schöpferisch zu verwirklichen, ohne daß diese von vornherein durch Gottes Willen normiert wären.

Nach den Prozeßtheologen John B. Cobb und David R. Griffin ist der Gott der klassischen Gotteslehre der »Archetyp des unbeugsamen, emotionslosen, völlig unabhängigen (lies: ›starken‹) Mannes«. Die Prozeßtheologie entdeckt dagegen »feminine« Züge Gottes, die von ihr so identifiziert werden: Sanftmut, Mitleiden, erwidernde Liebe, aktive Empfänglichkeit.[6] Die Neuorientierung der Theologie, die Abkehr der Gotteslehre vom traditionellen Theismus, soll erfolgen durch konzentrierte Hinwendung zu dem biblisch bekannten Gott Jesu, zum »galiläischen Ursprung des Christentums«, wie Whitehead sagte, der »weder den göttlichen Kaiser, noch den unbarmherzigen Moralisten, noch den unbewegten Beweger« kennt, der vielmehr auf »jenen zarten Elementen in der Welt« beruht, »die langsam und still durch Liebe wirken«.[7] Die schöpferische Liebe (oder Urnatur) Gottes ist hier, im Rückgriff

---

[6] Zu diesen Zügen Gottes: Ebd. 153–156.
[7] Ebd. 156.

auf Kirchenvätertheologie, Jesus Christus als der göttliche Logos: er bringt innerhalb und außerhalb der Kirche, überall in der Welt, schöpferische Transformationen in Gang. Die mitfühlend-erwidernde Liebe Gottes (seine Folgenatur) ist identisch mit dem Heiligen Geist. So sind Christologie und Trinitätstheologie dem Geschichtsprozeß zugeordnet, der zuinnerst bestimmt ist durch Gott als schöpferische und als erwidernde Liebe, jedoch ohne daß für die Prozeßtheologie bisher der diesen Prozeß vollendende »Punkt Omega« in den Blick käme.

Die Prozeßtheologie stellt weder ein analytisch und logisch ganz überzeugendes noch ein abgeschlossenes System dar (wobei sie letzteres auch gar nicht sein will). Sie sieht sich harter Kritik von jener evangelischen Sicht her ausgesetzt,[8] die aufgrund der Rechtfertigungsthematik von einem entscheidenden qualitativen Abgrund zwischen Gott und Welt ausgeht, eine Sicht, die beispielsweise Wolfhart Pannenberg, der auf die produktiven Impulse der Prozeßtheologie als einer der ersten aufmerksam machte, so nicht teilt. Auf katholischer Seite wird ihr »evolutionistischer Optimismus« ähnlichen Bedenken begegnen wie die Gedanken Teilhard de Chardins. Ihr kommt aber auf jeden Fall das Verdienst zu, ernsthaft die Frage gestellt zu haben, ob die alten, logisch erschlossenen Eigenschaften Gottes nicht ebenso anthropomorph sind wie diejenigen, die nun als »menschenfreundliche« Eigenschaften thematisiert werden und die jedenfalls den lebendigen, freien Gott der biblischen Gotteszeugnisse zutreffender wiedergeben.

Literatur

Cobb, J. B., La théologie du processus et la doctrine de Dieu, in: Revue d'histoire et de philosophie religieuses 62 (1982) 1–22
Cobb, J. B. / Griffin, D. R., Prozeß-Theologie, Göttingen 1979
Koch, K., Schöpferischer Lockruf Gottes im Prozeß der Welt – Perspektiven der Gottesfrage in der amerikanischen Prozeß-Theologie, in: Theologische Berichte, 12, Zürich 1983, 129–171 (Literatur)

---

[8] Vor allem bei *M. Welker*, Universalität Gottes und Relativität der Welt, Neukirchen 1981.

Mellert, R., Die Prozeßtheologie und das personale Sein Gottes, in: Concilium 13 (1977) 196–199 (Literatur)

O'Donnell, J. J., Trinity and temporality. The christian doctrine of God in the light of process theology and the theology of hope, New York 1983

Scheffczyk, L., Prozeßtheismus und christlicher Gottesglaube, in: Münchener Theologische Zeitschrift 35 (1984) 81–104

Welker, M., Universalität Gottes und Relativität der Welt. Theologische Kosmologie im Dialog mit dem amerikanischen Prozeßdenken nach Whitehead, Neukirchen 1981

Whitehead, A. N., Prozeß und Realität, Frankfurt 1979 (das letzte Kapitel grundlegend für die Prozeßtheologie)

Wolf-Gazo, E., Whitehead: Prozeßdenken in Philosophie und Theologie, in: Theologische Revue 76 (1980) 353–364 (Literatur)

Ders. (Hrsg.), Whitehead. Einführung in seine Kosmologie, Freiburg 1980

5.1.2 Das menschliche Schicksal Gottes

Die Frage nach einer Veränderlichkeit Gottes war geistesgeschichtlich spätestens seit der Veränderung eines statischen Substanz-Denkens zu einem geschichtlich-personalen Subjekt-Denken möglich geworden. Wo sie in der europäischen Theologie thematisiert wurde, geschah dies in Anknüpfung an das biblische, nicht-statische Wirklichkeitsverständnis. In der evangelischen Theologie war die Fragestellung begreiflicherweise vom Kreuz Christi ausgegangen. Die Grundlage einer möglichen Antwort wurde in der altkirchlichen Christologie gesehen, die von Martin Luther in ihrer ganzen Strenge ernst- und wörtlich genommen wurde: Der Gekreuzigte war niemand anders als Gott selber. So sahen sich evangelische Theologen vor die Aufgabe gestellt, das Leiden und den Tod Gottes denkbar und sagbar zu machen, ohne Gott im Tod zu belassen.[9] Es ist hier nicht möglich, die anspruchs-

---

[9] Auf den stark modisch gefärbten und auf Schock und Effekte ausgerichteten Versuch der »Gott-ist-tot-Theologie« in USA gehe ich nicht ein; vgl. in der Literaturübersicht das Werk von *K. Rohmann*. Es gibt verschiedene Möglichkeiten, ernsthaft vom Tod Gottes zu sprechen: mit dem christlich nicht mitvollziehbaren Gedanken seines völligen Untergangs in der Geschichte (Nietzsche), vom Tod Gottes als einem Moment des Gottesprozesses (Hegel), als realem Erleiden im Kreuz Jesu (Luther), als Verlust unmittelbarer Gotteserfahrung in der Neuzeit (seit Jean Paul immer wieder formuliert).

· vollen Versuche im einzelnen zu rekonstruieren. Einige Andeutungen müssen genügen. Wenn sich evangelische Theologen vor die Wahl gestellt sehen zwischen der Lehre von der wesensmäßigen Unveränderlichkeit und Leidensunfähigkeit Gottes (Apathieaxiom) und der Rede vom Leiden und Tod Gottes am Kreuz, ist die Entscheidung schon gefallen. Eine Notwendigkeit, beide dialektisch zusammenzudenken, wird nicht gesehen. So sagt Eberhard Jüngel: »Durch die im Kreuz Jesu Christi begründete Unterscheidung von Gott und Gott (sind) das Absolutheitsaxiom und mit ihm das Apathieaxiom und das Unveränderlichkeitsaxiom als für den christlichen Gottesbegriff untaugliche Axiome destruiert worden.«[10] Jürgen Moltmann ist der Meinung: »Gegenüber den zahlreichen Versuchen, Apathie und Passion christologisch zu vermitteln, um das Apathieaxiom aufrechtzuerhalten, scheint es konsequent zu sein, statt vom Apathieaxiom vom Axiom der Leidenschaft Gottes auszugehen, um das Leiden Christi als das *Leiden des leidenschaftlichen Gottes* zu verstehen.«[11] Für Wolfhart Pannenberg steht die Vorstellung, »unter dem Einfluß griechischer Gottesprädikate wie insbesondere der Unveränderlichkeit Gottes das göttliche Wesen als aller geschichtlichen Veränderung vorgegeben und von ihr unberührt« zu denken, in Spannung zur christlichen Inkarnations- und Trinitätsaussage. »Der in der Geschichte Jesu von Nazareth offenbare Gott muß als in dieser Geschichte und nicht zuletzt im Leiden und Kreuz Jesu beteiligt gedacht werden, und zwar so, daß die Teilnahme an diesem Geschehen (...) gerade die Eigenart seines Gottseins offenbart.«[12]

Heribert Mühlen versuchte 1969 einen Weg aufzuzeigen, wie auch katholische Theologen von griechischen Wesensaussagen fort- und zu biblisch-heilsgeschichtlichen Aussagen zurückgelangen könnten. Er geht von der Unveränderlichkeit aus, die das Konzil von Nicaea dem göttlichen Logos zusprach, um seine Wesensgleichheit mit Gott zu betonen. »Die dogmatisch festzuhaltende Nichtverän-

[10] *E. Jüngel*, Gott als Geheimnis der Welt, Tübingen 1977, 511.
[11] *J. Moltmann*, Trinität und Reich Gottes, München 1980, 38.
[12] *W. Pannenberg*, Grundfragen systematischer Theologie, II, Göttingen 1980, 139. Hier ist natürlich auch das Thema des Leidens Gottes bei D. Sölle zu erwähnen, vor allem in: *D. Sölle*, Leiden, Stuttgart 1973 u. ö.

derlichkeit Gottes darf jedenfalls nicht als starre, fixe Selbstidentität gedacht werden, denn davon sagt die Heilige Schrift kein Wort, und wenn wir im Sinne der großen theologischen Tradition nicht wissen können, *was* die göttliche Seiendheit ist, dann können wir auch die Nicht-Veränderlichkeit Gottes *in sich selbst* nicht positiv beschreiben. Wohl können und müssen wir sagen, daß die personale und geschichtliche Zugewandtheit Gottes zu seinem Volke völlig überraschende und nicht durchschaubare Formen annehmen kann. Heilsgeschichtlich zeigt sich jedenfalls die Unveränderlichkeit Gottes als die Unveränderlichkeit seiner *Treue* zu seinen Verheißungen, wie auch immer er seine Verheißungen erfüllt.«[13] Im Tod Jesu am Kreuz ist dann der völlig unerwartbare, in keinem denkerischen Vorentwurf verständlich zu machende Ausdruck dieser freien, personalen Bundestreue Gottes zu sehen, die seine wahre Unveränderlichkeit ist.

Karl Rahner versuchte, das von ihm seit 1954 thematisierte Problem so zu lösen, daß er (dialektisch und paradox sprechend) sowohl an der Unveränderlichkeit Gottes festhielt als auch seine Veränderlichkeit bejahte: »Der an sich selbst Unveränderliche kann selber am anderen veränderlich sein.«[14] Rahner versteht Gott, das absolute Geheimnis, als das Wovonher und als das Woraufhin der menschlichen transzendentalen Erfahrungen als außerhalb der (kategorialen und damit veränderlichen) Wirklichkeit und Erfahrungswelt des Menschen liegend, als das Namenlose, Unabgrenzbare, Unverfügbare und Unendliche: Ursprung und Ziel unserer Transzendenz müssen außerhalb der Geschichte liegen. »Gerade wenn wir für uns die Last der Geschichte und des Werdens als Gnade und Auszeichnung empfangen, das Werdenmüssen und Werdenkönnen gar nicht einfach als eine bloße Negativität, sondern als eine positive Auszeichnung betrachten, dann gerade müssen wir notwendig einen solchen Gott unendlicher Seinsfülle bekennen. Denn nur, weil er die unermeßliche Fülle ist, kann das

---

[13] *H. Mühlen*, Die Veränderlichkeit Gottes als Horizont einer zukünftigen Theologie, Münster 1969, 13.
[14] *K. Rahner*, in: ders., Schriften zur Theologie, IV, Einsiedeln 1960, 147 = *ders.*, Grundkurs des Glaubens, Freiburg 1976 u. ö., 219.

Werden des Geistes und der Natur mehr sein als das sinnlose, in seiner eigenen Leere zusammenfallende Zusichkommen absoluter Hohlheit. Darum ist auch das christliche Bekenntnis zum unveränderlichen, werdelosen Gott ewiger vollendeter Fülle nicht bloß ein Postulat einer bestimmten Philosophie, sondern auch ein Dogma des Glaubens.«[15] Zugleich aber sieht Rahner das Werden Gottes, und zwar von der Christologie her, von der Menschwerdung Gottes aus. Von ihr her ist die Feststellung unausweichlich, »daß der ›Logos‹ Mensch ›wurde‹, daß die Werdegeschichte dieser menschlichen Wirklichkeit ›seine‹ eigene Geschichte, unsere Zeit die Zeit des Ewigen, unser Tod der Tod des unsterblichen Gottes selbst wurde«[16].

Im Rahnerschen Verständnis der Menschwerdung Gottes kommt die menschliche Natur in der Menschwerdung Gottes an ihrem ureigensten Ziel an, zu dem sie immer schon unterwegs war: Menschsein »definiert« sich als grenzenlose Verwiesenheit auf das unendliche Geheimnis der Fülle, zu dem sie kommt, wenn sie von Gott als seine eigene Wirklichkeit angenommen wird. »Die Menschwerdung Gottes ist von daher gesehen der einmalig höchste Fall des Wesensvollzugs der menschlichen Wirklichkeit, der darin besteht, daß der Mensch ist, indem er sich weggibt in das absolute Geheimnis hinein, das wir Gott nennen.«[17]

Menschwerdung bedeutet in dieser Sicht nicht, daß der Mensch zu Gott geworden wäre, sondern daß Menschennatur zur »Selbstaussage« Gottes geworden ist. Sagt Gott sich liebend in das Nicht-Göttliche hinein aus, dann entsteht – Mensch, und Menschen gibt es, weil Gott sich liebend in das Nicht-Göttliche hinein aussagen wollte.[18] Bei diesem Vorgang tritt Gott selber in jenen Bereich ein, in dem Geschichte und Veränderungen zu Hause sind. »Wenn wir die Tatsache der Menschwerdung, die uns der Glaube an das Grunddogma der Christenheit bezeugt, unbefangen und klaren Auges anblicken, dann werden wir schlicht sagen müssen: Gott

---

[15] *Ders.*, Grundkurs, 217f.
[16] Ebd. 218.
[17] Ebd. 216.
[18] Ebd. 222f.

kann etwas werden. Der an sich selbst Unveränderliche kann ›selber am anderen‹ veränderlich sein.«[19] In diesem Werden-am-anderen hat somit Gott selber eine Geschichte. Von der Menschwerdung Gottes her denkt Rahner gleichsam schöpfungstheologisch »zurück«.

»Das glaubensmäßig gegebene Urphänomen ist gerade die Selbstentäußerung, das Werden, die kénosis und génesis Gottes selbst, der werden kann, indem er im Setzen des entsprungenen anderen selbst das Entsprungene wird, ohne in seinem Eigenen, dem Ursprünglichen selbst, werden zu müssen. Indem er bei seiner bleibenden unendlichen Fülle sich selbst entäußert, entsteht das andere als seine gotteigene Wirklichkeit.«[20] Diese Entäußerung geschieht nicht notwendig, weil Gott anders einen Mangel, den er verspürte, nicht überwinden könnte (wie Hegel dachte), sondern aus einer Liebe, die von Ewigkeit her mit »anderem« sein wollte. Indem Gott die nichtgöttliche Wirklichkeit als seine eigene haben will, konstituiert er sie. Alles konkret Geschaffene hat so seinen Daseinsgrund in dieser »Urmöglichkeit Gottes«, »sich selbst weggeben zu können an das Nichtgöttliche und dadurch wirklich eine eigene Geschichte an den anderen, aber als seine eigene Geschichte, zu haben«.[21] Geschaffenes gibt es daher »als die Grammatik einer möglichen Selbstaussage Gottes«.[22] Diese schöpfungstheologische Sicht führt Rahner jedoch weiter zurück in die trinitarische Perspektive. Daß sich Gott selber in das Geschaffene hinein aussagen kann, setzt voraus, »daß Gott, der Ursprunglose, sich selbst in sich und für sich aussagt oder aussagen kann und so den ursprünglichen, göttlichen Unterschied in Gott selbst setzt«, das heißt genauer: »Die Möglichkeit, daß es den Menschen gibt, gründet in der größeren, umfassenderen, radikaleren Möglichkeit Gottes, sich selber im Logos, der Kreatur wird, auszusagen.«[23]

---

[19] Ebd. 219. Diese Möglichkeit, die nach christlichem Glauben Wirklichkeit geworden ist, betrifft auch den Tod: Gott konnte »am anderen« selber wirklich sterben.
[20] Ebd. 220.
[21] Ebd. 220f.
[22] Ebd. 221.
[23] Ebd. – Ganz ähnlich E. Jüngel, Gott als Geheimnis (Anm. 10), 526 (aber nicht, wie bei Rahner, dialektisch geschützt). Weiteres unter 5.2.2 und 5.2.3.

Rahner trifft in diesem Zusammenhang zwei Feststellungen, die für dieses »Stück« der Gotteslehre von Bedeutung sind. Die eine besagt, daß, wenn die biblische Offenbarung ein wirkliches Werden Gottes in der Menschwerdung bezeugt und die (griechische) Philosophie dem widerspricht, die Philosophie sich nach der Offenbarung zu richten habe und nicht umgekehrt. Zum andern hebt Rahner hervor, daß ein solches Werdenkönnen Gottes in der Zeit nicht als ein Zeichen seiner Bedürftigkeit zu denken sei, sondern als Höhe seiner Vollkommenheit. Weniger werden zu können, als Gott bleibend ist, wäre dementsprechend größere Vollkommenheit.[24]

Literatur

Blandino, G., Immutabilità e mutabilità di Dio, in: Asprenas 28 (1981) 57 bis 75

Brantschen, J.-B., Die Macht und Ohnmacht der Liebe, in: Freiburger Zeitschrift für Philosophie und Theologie 27 (1980) 224–246 (Literatur)

Krause, B., Leiden Gottes – Leiden des Menschen, Stuttgart 1980 (insbesondere zum Apathieaxiom in der Sicht K. Barths)

Pannenberg, W., Der Gott der Geschichte, in: ders., Grundfragen systematischer Theologie, II, Göttingen 1980, 112–128

Rohmann, K., Vollendung im Nichts? Eine Dokumentation der amerikanischen »Gott-ist-tot-Theologie«, Zürich 1977

Schillebeeckx, E., Gott – die Zukunft des Menschen, Mainz 1969

Wildmann, G., Das persönliche Gottesverständnis als Bedingung für die abendländische Freiheitsgeschichte, in: Concilium 13 (1977) 186–190

5.2 Der dreieinige Gott

Wo immer in der neuesten Zeit vom Gott des christlichen Glaubens gesprochen wird, ist früher oder später (wie die unter 5.1 besprochenen Themen zeigen) von der Trinität Gottes die Rede. Die frühere Zweiteilung der Gotteslehre wird nur noch aus Rücksicht

---

[24] Es gibt Theologen, die das nicht zu denken vermögen, z. B. *H. Pfeil*, Die Frage nach der Veränderlichkeit und Geschichtlichkeit Gottes, in: Münchener Theologische Zeitschrift 31, 1980, 70–91.

auf eine ehrwürdige Tradition weitergetragen. Im Folgenden geht es um Schwerpunkte gegenwärtiger trinitätstheologischer Diskussion,[25] die kurz und ohne ausreichende argumentative Einbettung dargestellt werden müssen.

5.2.1 Die Einheit von ökonomischer und immanenter Trinität

Auf der Grundlage der trinitätstheologischen Überlegungen früherer Theologen formulierte Karl Rahner den Satz: »Die ökonomische Trinität *ist* die immanente und umgekehrt.«[26] In sehr schlichter und noch nichts wirklich erklärender Fassung heißt dieser Satz: *So*, wie Gott »für uns« ist (sich uns in der Heilsgeschichte oder Heilsökonomie zu erfahren gegeben hat), so ist er auch »in sich«, immanent. Rahner hat diesen trinitätstheologischen Grundsatz selber so erläutert: – Die »ökonomische Trinität« besagt: »Insofern Gott als das uns vergöttlichende Heil in der innersten Mitte des Daseins eines einzelnen Menschen angekommen ist, nennen wir ihn wirklich und in Wahrheit ›Heiliges Pneuma‹, ›Heiliger Geist‹. Insofern eben dieser eine und selbe Gott in der konkreten Geschichtlichkeit unseres Daseins streng als er selbst für uns in Jesus Christus da ist – er selber und nicht eine Vertretung –, nennen wir ihn ›Logos‹ oder den Sohn schlechthin. Insofern eben dieser Gott, der als Geist und Logos so bei uns ankommt, immer der Unsagbare, das heilige Geheimnis, der unumfaßbare Grund und Ursprung seines Ankommens in Sohn und Geist ist und sich als solcher behält, nennen wir ihn den einen Gott, den Vater.«[27] – Die »immanente« Trinität besagt: »Insofern es sich bei Geist, Logos-Sohn und Vater in strengstem Sinne darum handelt, daß Gott sich selbst und nicht ein anderes, von ihm Unterschiedenes gibt, ist im strengsten Sinne von Geist, Logos-Sohn und Vater in gleicher Weise zu sagen, daß sie der eine

---

[25] Vgl. die Literaturübersicht, vor allem den Tagungsband *W. Breuning* (Hrsg.), Trinität, Freiburg 1984; vgl. auch *M. Böhnke/H. Heinz* (Hrsg.), Im Gespräch mit dem dreieinen Gott, Düsseldorf 1985.
[26] In MySal, II, 1967, 317–401 begründet, kurz formuliert 326.
[27] *K. Rahner*, Grundkurs, 141.

und selbe Gott in der unbegrenzten Fülle der einen Gottheit im Besitz des einen und selben göttlichen Wesens sind. ›Für uns‹ sind Vater, Sohn-Logos, Geist zunächst nicht dieselben. Insofern aber diese Gegebenheitsweisen des einen und selben Gottes für uns die wirkliche Selbstmitteilung Gottes als des einen, alleinigen und selben Gottes nicht aufheben dürfen, müssen die drei Gegebenheitsweisen des einen und selben Gottes ihm, dem einen und selben, an ihm selbst und für ihn selbst zukommen.«[28]

Diese trinitätstheologischen Grundaussagen sind aufs engste verbunden mit dem Begriff und Inhalt einer wirklichen Selbstmitteilung Gottes und deshalb innerhalb der Gnaden- und Schöpfungstheologie sowie, im Hinblick auf die Vollendung in der seligen Schau Gottes, in der Eschatologie zu thematisieren. Entsprechend dem geistig-personalen Wesen des Menschen vollzieht sich die Selbstmitteilung Gottes in den beiden Grundweisen der Wahrheit und der Liebe. Den beiden innergöttlichen Hervorgängen entsprechen zwei Sendungen »nach außen« hin. Als Wahrheit erscheint die Selbstmitteilung Gottes in der Sendung des Logos-Sohnes als geschichtlich unwiderrufliche (wenigstens in der Weise eines unwiderruflichen Angebots). Als Liebe erscheint die Selbstmitteilung Gottes in der Sendung des Geistes als Ermöglichung einer absoluten, vollendeten Zukunft. *Dadurch*, daß der eine und selbe Gott in einem der ursprunglose, sich zu sich selbst vermittelnde Vater, der in Wirklichkeit für sich Ausgesagte, der Sohn, und der in Liebe für sich selbst Empfangene und Angenommene, der Geist, ist, ist der eine und selbe Gott derjenige, der sich in Freiheit »nach außen« mitteilen kann.[29] In dieser Sicht bindet Rahner die Mysterien der Trinität und der göttlichen Gnade zu einem einzigen absoluten Geheimnis zusammen. Dieses Geheimnis, die schlechthinnige Unbegreiflichkeit Gottes, besteht darin, daß er sich *als* dieser in inneren Beziehungen lebendige und freie, eine Gott selber an das Geschaffene mitteilen will, ohne darin aufzugehen und ohne das Geschaffene in seiner Eigenständigkeit aufzuheben, in einer Selbstmitteilung, die nur ein radikaler Name für »Liebe« ist.

Rahners trinitarischer Grundsatz führte zu einer noch nicht abge-

---

[28] Ebd. 141 f.   [29] MySal, II, 384.

schlossenen theologischen Diskussion. Eberhard Jüngel bejahte die *reale* Identität von ökonomischer und immanenter Trinität als Geheimnis.[30] Hans Urs von Balthasar stimmte zu, daß wir von der immanenten Trinität nur durch die ökonomische Kenntnis haben und Aussagen machen dürfen, er äußerte aber zugleich die Sorge, die ökonomische Trinität könne mit der immanenten einfach identifiziert werden. Das führe dazu, daß die immanente Trinität, Gott selber, vom Weltprozeß verschlungen zu werden drohe, nur durch den Weltprozeß hindurch zu sich selber zu kommen scheine. Balthasars Sorge ist, daran festzuhalten, daß Gott nicht erst durch die Welt als sein »Du« und »Gegenüber« zur Liebe wird, sondern in sich selber »schon« »die Liebe ist«.[31] Hierbei ist dieses »schon« allerdings verräterisch, da es ein Problem aufwirft, das theologisch sinnlos ist, die Fragestellung: was war und was tat Gott »vor« der Zeit und »vor« der Schöpfung? Die Differenz zwischen Gott und Welt wird nicht geleugnet, wenn von Gott bekannt wird, er habe sich *immer schon* an das von ihm radikal Verschiedene mitteilen wollen.

Liegt bei Rahner die immanente Trinität allem Nichtgöttlichen zugrunde, so daß sie direkt auf die Schaffung des Nichtgöttlichen zielt, zu dem sie sich, sich selber mitteilend, als ökonomische verhält, so vermutet Jürgen Moltmann umgekehrt, daß sich die ökonomische Trinität Gottes gleichsam prozeßhaft zur immanenten vollende. In diesem Zusammenhang sagt er: »Die These von der fundamentalen *Identität* der immanenten und der ökonomischen Trinität bleibt freilich mißverständlich, solange man an der Unterscheidung festhält, weil sie dann nach Auflösung der einen in die andere klingt. Was mit ihr eigentlich ausgedrückt werden soll, ist die *Wechselwirkung* zwischen dem Wesen und der Offenbarung, dem Innen und dem Außen des dreieinigen Gottes. Die ökonomische Trinität offenbart nicht nur die immanente Trinität, sondern wirkt auch auf diese zurück.«[32] Diese Auffassung hängt mit Molt-

30 *E. Jüngel*, Das Verhältnis von »ökonomischer« und »immanenter« Trinität, in: Zeitschrift für Theologie und Kirche 72 (1975) 353–364, vgl. aber unten 5.2.3.

31 *H. U. von Balthasar*, Theodramatik, II/2, Einsiedeln 1978, 466.

32 *J. Moltmann*, Trinität und Reich Gottes (Anm. 11), 177f. Vgl. auch *ders.*, Gedanken zur »trinitarischen Geschichte Gottes«, in: Evangelische Theologie 35

manns Versuch, eine trinitarische Geschichte zu rekonstruieren, zusammen. Moltmann hat damit einen Gedanken zum Ausdruck gebracht, der Rahner sinnvoll ergänzen kann: Nach Rahners Konzeption[33] kann Gott nicht als der ganz Fremde, ganz Andere angesehen werden, wenn er, sich dem anderen seiner selbst mitteilend, am anderen eine wirkliche Geschichte und so auch eine wirkliche Zukunft hat. Ist Gott so sehr – aus freien Stücken – mit Menschheit und Geschichte verbunden, dann ist deren Zukunft auch die wahre Zukunft des Gottes, der auf sein und unser gemeinsames Ziel hin ein Werdender ist.

Literatur

Breuning, W. (Hrsg.), Trinität. Aktuelle Perspektiven der Theologie (Quaestiones disputatae, 101), Freiburg 1984

Congar, Y., Je crois en l'Esprit Saint, III, Paris 1980, 35–44

Dalferth, I. U., Existenz Gottes und christlicher Glaube, München 1984, 193–237, bes. 198f

Rahner, K., Bemerkungen zum dogmatischen Traktat »De Trinitate«, in: ders., Schriften zur Theologie, IV, Einsiedeln 1960, 103–133

Ders., Der dreifaltige Gott als transzendenter Urgrund der Heilsgeschichte, in: MySal, II, 1967, 317–401

Ders., Trinität, in: SM, IV, 1969, 1005–1021

Ders., Trinitätstheologie: ebd. 1022–1031

Ders., Um das Geheimnis der Dreifaltigkeit, in: ders., Schriften zur Theologie, XII, Zürich 1975, 320–325

Ders., Grundkurs des Glaubens, Freiburg 1976 u. ö., 139–147

Ders., Einzigkeit und Dreifaltigkeit Gottes im Gespräch mit dem Islam, in: ders., Schriften zur Theologie XIII, Zürich 1978, 129–147

Schachten, W., Das Verhältnis von »immanenter« und ökonomischer«

(1975) 208–223. Hier spricht Moltmann von einer trinitarischen Geschichte, bei der die Einheit Gottes am Anfang stand, die (Wieder-)Vereinigung Gottes am Schluß steht: 219.

[33] An dieser Stelle sei der Hinweis angebracht, daß man auf eine völlige Ablehnung der Rahnerschen These nur dort stößt, wo gewollte Mißverständnisse und Polemik im Spiel sind. So interpretiert W. Simonis (s. S.123f) Modalismus oder Emanatismus in Rahner hinein, und F. X. Bantle (s. S.129) findet gar in der kirchenamtlichen Trinitätslehre eine göttliche Trinität, die »mehr« sei als nur eine ökonomische Trinität.

Trinität in der neueren Theologie, in: Franziskanische Studien 61 (1979)
8–27 (Literatur)

Schönborn, Ch. von, Immanente und ökonomische Trinität, in: Freiburger
Zeitschrift für Philosophie und Theologie 27 (1980) 247–264

Schoonenberg, P., Zur Trinitätslehre Karl Rahners, in: E. Klinger/
K. Wittstadt (Hrsg.), Glaube im Prozeß, Freiburg 1984, 471–491

5.2.2 Die trinitarische Geschichte Gottes

Wo die Drei in der göttlichen Dreieinigkeit als Personen auch im
modernen Sinn dieses Wortes verstanden werden, liegt die Versu-
chung nahe, sich ihr gegenseitiges immanentes Verhältnis näher
auszumalen. Ausgehend von der augustinischen Verdeutlichung
der innergöttlichen Relationen als Liebesvorgänge wurde bereits
in der Tradition gelegentlich von einem immerwährenden innergöttlichen Liebesgespräch gesprochen. In neueren trinitätstheologischen Zugängen wird aus diesem Liebesgespräch ein innergöttliches Drama.

In Anlehnung an Sergej N. Bulgakow (†1944) und andere sucht
Hans Urs von Balthasar dieses Drama als innergöttlichen Entäuße-
rungsvorgang zu erklären. In der Zeugung des Sohnes habe der
Vater sich »restlos« seiner Gottheit enteignet und sie dem göttlichen Sohn übereignet. Balthasar möchte nicht im Sinn der frühchristlichen Theologen von einer Mitteilung des göttlichen Wesens
an den Sohn ohne Teilung sprechen, sondern betont, der Vater
habe »alles« dem Sohn mitgeteilt, das heißt, der Vater ist als eine
einzige »Hingabebewegung« zu verstehen, da er ja nicht als »vor«
der Zeugung existierend gedacht werden darf. In dieser »Hingabebewegung« des Vaters sieht Balthasar ein »Loslassen des Gottseins«, einen Verzicht, allein Gott zu sein, eine innergöttliche, aus
Liebe entsprungene »Gottlosigkeit«, in der spätere innerweltliche
Möglichkeiten, gottlos zu sein, grundgelegt und zugleich bereits
überholt werden. Wenn der Vater in seiner Bewegung des »Los-
lassens« so den Sohn hervorbringt, entsteht ein unendlicher, absoluter Abstand, in dem alle späteren wirklichen und möglichen
Abstände in der endlichen Welt, insbesondere die Sünde, einge-
schlossen und umfaßt sind. Auf das Geschenk der Gottheit durch

den Vater kann der Sohn nur mit ewiger Danksagung und mit vollständigem Gehorsam, der in die Hingabebewegung eintritt, antworten. Aus Vater und Sohn geht »als ihr subsistierendes ›Wir‹« der gemeinsame Geist hervor, der als Liebe den innergöttlichen unendlichen Abstand überbrückt und zugleich offenhält. Diese Auffassung[34] wird in einer Theologie der Selbstentäußerung und des absoluten Gehorsams durch den Sohn, der Preisgabe des Sohnes durch den Vater christologisch und soteriologisch weitergeführt,[35] was hier aber nicht entfaltet werden kann. Ist an die theologisch-systematische Spekulation die Grundfrage zu richten, inwieweit sie legitim die biblischen Offenbarungszeugnisse ergänzen darf, so ist die gleiche Frage natürlich auch an eine mystische Vision dieser Art zu stellen. Des weiteren begegnen gegen Balthasars Deutung die Bedenken, die gegen die Annahme mehrerer real unterschiedener Subjekte in Gott sprechen (vgl. unten 5.2.5): Was berechtigt zu der Annahme, der Logos/Sohn sei von Ewigkeit her Gottes antwortendes Du gewesen, ehe der mit dem ewigen Logos vereinte Mensch Jesus von Nazaret Gottes Du wurde?

Jürgen Moltmanns Beschreibung der trinitarischen Geschichte Gottes beruht auf einer radikalen Infragestellung des christlichen Monotheismus. Diese nimmt ihre biblischen Anhaltspunkte in den Aussagen vom Hingegebenwerden bzw. vom Sich-hingeben des Sohnes, Aussagen, die es nach Moltmann nicht mehr erlauben, von »Selbstoffenbarung« und »Selbsthingabe« Gottes zu sprechen: Der Monotheismus dagegen muß »von ›Gottes Selbstoffenbarung‹ sprechen, wo der Sohn den Vater (Matth. 11,27) und der Vater den Sohn offenbart (Gal. 1,16). Er muß darum von ›Gottes Selbsthingabe‹ sprechen, wo nach neutestamentlichem Zeugnis Gott ›seinen eigenen Sohn für uns dahingegeben hat‹ (Röm. 8,32) und ›der Sohn sich selbst für mich dahingegeben hat‹ (Gal. 2.20). Der christliche Monotheismus muß also die Darstellung der Geschichte Christi

---

[34] *H. U. v. Balthasar*, Theodramatik, III, Einsiedeln 1980, 300.

[35] *Ders.*, Theologie der drei Tage, Einsiedeln 1969 (gleichlautend unter dem Titel ›Mysterium Paschale‹ in MySal, III/2, 1969, 133–326): In der »Entgegensetzung der beiden Willen von Vater und Sohn am Ölberg und in der Gottverlassenheit des Sohnes am Kreuz (wird) die ökonomisch höchste Opposition zwischen den göttlichen Personen sichtbar« (145).

monotheistisch auf das eine göttliche Subjekt reduzieren. Das aber wird der Geschichte Christi nicht gerecht.«[36] Somit bleibt für Moltmann nur die Möglichkeit, diesen Monotheismus aufzugeben und entschieden von drei göttlichen Subjekten zu sprechen. Moltmann schildert also die Schöpfung als das Werk des Vaters, die Menschwerdung als die Sendung des Sohnes und die Verherrlichung als das Werk des göttlichen Geistes. Die trinitarische Geschichte Gottes erfährt ihre Krise am Kreuz Jesu: Die Zitation von Ps 22,2 durch Jesus zeigt, daß der Sohn den Vater verloren hat. »Hier wird im Verhältnis zwischen dem ›Vater‹ und dem ›Sohn‹ ein Tod erfahren, der mit Recht als der ›ewige Tod‹, als ›Gottestod‹ bezeichnet worden ist«, hier zerbrechen »sogar die Lebensbeziehungen der Trinität: verläßt der Vater den Sohn, dann verliert nicht nur der Sohn seine Sohnschaft, dann verliert auch der Vater seine Vaterschaft. Die verbindende Liebe wandelt sich zum trennenden Fluch: nur als der Verlassene, Verfluchte ist der Sohn noch der Sohn. Nur als der Verlassende, Dahingebende ist der Vater noch da.«[37] Die innergöttliche Krise wird von Moltmann mit Worten geschildert, die bis zum äußersten affektgeladen sind: »Das Kreuz des Sohnes trennt Gott von Gott bis zur völligen Feindschaft und Differenz«,[38] »die Verlassenheit Jesu vom Vater am Kreuz meint seine Verstoßung und Verfluchung durch den Vater«,[39] »am Kreuz sind der Vater und der Sohn so sehr getrennt, daß ihre Beziehungen abbrechen«.[40] Dennoch bewirkt der Heilige Geist eine diese Krise überbrückende Einigkeit: »Am Kreuz sind der Vater und der Sohn zugleich so einig, daß sie eine einzige Bewegung der Hingabe darstellen.«[41] So trägt letzten Endes die Liebe in Gott den Sieg davon.

Auf den möglichen Einwand, daß er die Widersprüche unserer Welt, ja das Böse selber in Gott hineintrage, erwidert Moltmann, christliche Theologie *müsse* Welt, Menschheit und Gott so zusammendenken, und er nennt diese seine Position selber »panenthei-

---

[36] *J. Moltmann*, Trinität und Reich Gottes (Anm. 11), 80.
[37] Ebd. 96.
[38] *J. Moltmann*, Der gekreuzigte Gott, München 1972, ⁴1981, 145.
[39] *J. Moltmann*, Trinität und Reich Gottes, 96.
[40] Ebd. 98.
[41] Ebd.

stisch«: Eine trinitarische Kreuzestheologie »nimmt Gott im Negativen und das Negative darum in Gott wahr und ist auf diese dialektische Weise panentheistisch. Denn auf die verborgene Weise der Erniedrigung bis zum Kreuz ist alles Seiende und alles Vernichtende schon in Gott aufgehoben, und beginnt Gott ›alles in allem‹ zu werden.«[42] Ein solches »soziales Verständnis der Trinitätslehre«, das sich mit den »weltoffenen Gemeinschaftsbeziehungen des Vaters, des Sohnes und des Geistes« beschäftigt,[43] soll nach Moltmanns Intention die Abwendung der Christen vom monarchischen Monotheismus mit seinem Schema von herrschaftlicher Macht und Untertanengeist bewirken. Der Preis dafür ist nicht nur die Errichtung dreier Subjekte in Gott, deren Geschichte Moltmann rekonstruiert, sondern die Zuweisung grausamer, leidenmachender Eigenschaften an den göttlichen Vater und die Aufnahme des Leidens, des Vernichtenden, ja des Bösen in die Gottesgeschichte hinein. Hier ist nicht in erster Linie darüber zu diskutieren, inwieweit eine solche Projektion, vergleicht man sie mit der Verbindung von innergeschichtlicher Leidbekämpfung und Gottes Willen nach der biblischen Gottesbotschaft, ablenkend und beschwichtigend wirken muß (gegen Moltmanns eigene Absichten). Die primäre Frage gilt der hier durch menschliche Selbsterfahrung offenkundig deformierten Gotteserfahrung.

Literatur

Hoffmann, N., Kreuz und Trinität, Einsiedeln 1982 (im Anschluß an H. U. von Balthasar)

Krenski, Th. R., Passio Caritatis. Trinitarische Passiologie im Werk Hans Urs von Balthasars, Einsiedeln 1990

Moltmann, J., Der gekreuzigte Gott. Das Kreuz Christi als Grund und Kritik christlicher Theologie, München 1972, [4]1981

Ders., Trinität und Reich Gottes. Zur Gotteslehre, München 1980

Ders., Ich glaube an Gott den Vater, in: Evangelische Theologie 43 (1983) 397–415

Niewiadomski, J., Die Zweideutigkeit von Gott und Welt in J. Moltmanns Theologien, Innsbruck 1982

---

[42] *J. Moltmann*, Der gekreuzigte Gott, 266.
[43] *J. Moltmann*, Trinität und Reich Gottes, 80.

Welker, M. (Hrsg.), Diskussion über Jürgen Moltmanns Buch »Der gekreuzigte Gott«, München 1979
Zoske, S., Die Mitte der Trinität. Möglichkeiten trinitarischer Rede von
Gott nach Karl Barth und Rudolf Bultmann, Rheinbach-Merzbach 1984
(auch zu E. Jüngel und J. Moltmann)

5.2.3   Die Identität des dreieinigen Gottes mit der Liebe

Es ist (spätestens seit Augustinus) in der christlichen Tradition geläufig, den dreieinigen Gott als Liebe zu thematisieren. Von den
neueren Versuchen in dieser Richtung ist ein Gedankengang Eberhard Jüngels besonders hervorzuheben,[44] da er als »Ort« dieser
Liebe nicht das innertrinitarische Geschehen, sondern das Kreu-
zesereignis ausmacht. Auch hier müssen wenige Andeutungen genügen. Jüngel geht vom Erfahren und Verstehen menschlicher
Liebe aus; er sieht Liebe eingebettet in die gleichzeitige Erfahrung
von Leben und Tod und möchte sie definieren als das Ereignis
einer »inmitten noch so großer Selbstbezogenheit immer noch größeren Selbstlosigkeit«.[45] Jüngel versucht in weit ausholender theologischer Meditation zu zeigen, daß Menschen nur lieben können,
weil Gott der von sich aus grundlos Liebende ist, der den Sohn
gesandt und dahingegeben hat. »Liebender« heißt bei Gott einmal,
daß er sich selbst liebt, wie am eindeutigsten daran sichtbar wird,
daß er sich mit dem geliebten Sohn identifiziert, und zum andern,
daß er eine Liebesbeziehung ist, wie an seiner Selbstunterscheidung in Vater und Sohn zu erkennen ist. In der Hingabe des geliebten Sohnes in den Tod trennt sich der Vater von ihm und bezieht sich
auf ihn als den Gekreuzigten und Getöteten gleichzeitig neu; der
Sohn bindet sich ganz an den Vater, indem er sich bis in den Tod an
die der Sünde verfallene Welt hingibt, und gerade so offenbart sich
Gott als der sich treu Bleibende, als der Lebendige, als der Geist
oder als die Liebe. Da er den gar nicht liebenswerten Menschen in
dieses Geschehen einbezieht, offenbart er sich uns als diese Liebe,
er »will sich selbst nicht lieben, ohne darin einen anderen, den

---

[44]   E. Jüngels subtiles Gottesdenken ist mit dem Thema »Liebe« nicht umfassend dargestellt. Er gehört auch zu den Theologen, die Gottes Verhältnis zur Geschichte
und Gottes innertrinitarische Geschichte selbst neu durchdenken.
[45]   *E. Jüngel*, Gott als Geheimnis (Anm. 10), 298 ff.

Menschen, zu lieben«.[46] Die Gotteslehre und erst recht die Trinitätslehre sollten nach Jüngel nur so dargeboten werden, daß Gottes Sein als Geschichte erzählt wird.[47] Im Geist besiegt Gott den Tod und bezieht andere in das Leben ein; so erweist er sich als immerwährende Bewegung und ewige Zukunft, die Liebe ist. So haben Gotteslehre und Trinitätstheologie immer beide, Gott und den Menschen, zur Sprache zu bringen: »Redet die ökonomische Trinitätslehre von Gottes *Geschichte* mit dem Menschen, so hat die immanente Trinitätslehre von Gottes *Geschichtlichkeit* zu reden. Gottes Geschichte ist sein Kommen zum Menschen. Gottes Geschichtlichkeit ist Gottes Sein im Kommen.«[48]

Literatur

Graß, H., Literatur zur systematischen Theologie, in: Theologische Rundschau 44 (1979) 135–186, hier 157–167 über E. Jüngel

Jüngel, E., Gott als Geheimnis der Welt. Zur Begründung der Theologie des Gekreuzigten im Streit zwischen Theismus und Atheismus, Tübingen 1977 u. ö.

Rohls, J., Ist Gott notwendig? Zu einer These von E. Jüngel, in: Neue Zeitschrift für Systematische Theologie 22 (1980) 282–296

Zoske, S., Die Mitte der Trinität. Möglichkeiten trinitarischer Rede von Gott nach Karl Barth und Rudolf Bultmann, Rheinbach-Merzbach 1984 (auch zu E. Jüngel und J. Moltmann)

5.2.4 Gottes Zukunft

In diesen äußerst knappen Überblicken zeichnete sich von verschiedenen Fragepunkten aus ein Gottesbild der neuesten Zeit ab, das Gott als denjenigen zeigt, der sich freiwillig vom Menschen und seiner Geschichte abhängig gemacht hat. Zu dieser Sicht gehört auch, daß Gott nicht nur als absolute Zukunft des Menschen und der Menschheitsgeschichte gesehen wird, sondern daß ihm selber eine Zukunft zugeschrieben wird. Hier könnten sprechende Bei-

---

[46] Ebd. 451.
[47] Ebd. 472.
[48] Ebd. 475.

spiele von Johann Baptist Metz,[49] Edward Schillebeeckx[50] und Jürgen Moltmann[51] angeführt werden. In besonders enger Weise sind die Zukunft Gottes und die Zukunft des Menschen bei Wolfhart Pannenberg miteinander verschränkt. Vorausgesetzt ist bei Pannenberg das Verständnis Gottes als der »alles bestimmenden Wirklichkeit«. Das bedeutet, daß ein Mensch nur im Finden Gottes sein Selbst findet und verwirklichen kann, natürlich nicht kraft eigener Leistung, sondern dank dem dieses Finden bewirkenden Gott. Auch hier wird die Geschichte der Menschen in die trinitarische Geschichte Gottes einbezogen: »Göttliches Wirken und menschliches Suchen verschränken sich in diesem Prozeß der Selbstverwirklichung Gottes. In dem Moment aber, in dem das Selbst Gottes definitiv gefunden ist – wie es möglicherweise die Wahrheit der Geschichte Jesu ist –, wird diese Verschränkung in der Identität des göttlichen Wesens selbst aufgenommen als trinitarische Selbstbeziehung Gottes in der Unterschiedenheit des Vaters und des Sohnes durch den beide verbindenden Geist, der ebensosehr ein Geist der Selbstunterscheidung wie der Gemeinschaft ist.«[52] Die Wahrheit der Geschichte Jesu ist noch nicht »fertig«, sie ist erst am Ziel in der »Versöhnung der Welt«. Darum ist der Prozeß der Selbstverwirklichung Gottes genauer in seiner Bindung an diesen Versöhnungsprozeß zu sehen: »Der noch nicht abgeschlossene Prozeß der Versöhnung der Welt gehört also als konstitutives Moment mit zum Prozeß der Selbstverwirklichung Gottes in Jesus Christus hinzu.«[53] So kann Pannenberg sagen: »Die Selbstverwirklichung des Menschen und die Selbstverwirklichung Gottes sind also identisch; sie vollziehen sich in ein und demselben Prozeß. Die Selbstverwirklichung des Menschen ist die Selbstverwirklichung Gottes, aber sie

[49] *J. B. Metz*, Gott vor uns. Statt eines theologischen Arguments, in: S. Unseld (Hrsg.), Ernst Bloch zu ehren, Frankfurt 1965, 227–241. Der Essay war von großem Einfluß auf das Gottesdenken in beiden großen Konfessionen. Vgl. auch *ders.*, Der zukünftige Mensch und der kommende Gott, in: H. J. Schultz (Hrsg.), Wer ist das eigentlich – Gott? München 1969, 260–275.
[50] *E. Schillebeeckx*, Gott – die Zukunft des Menschen, Mainz 1969.
[51] *J. Moltmann*, Zukunft der Schöpfung, München 1977.
[52] *W. Pannenberg*, Grundfragen systematischer Theologie, II, Göttingen 1980, 143.
[53] Ebd.

wird auch nur als Selbstverwirklichung Gottes erreicht.«[54] Der Erfolg dieses Prozesses ist für Pannenberg durchaus noch nicht garantiert, sosehr er auch die Wirksamkeit Gottes betont und die Selbstverwirklichung Gottes das bestimmende Moment in diesem Prozeß sein läßt. Das theistische Gottesbild wird dort entscheidend angegriffen, wo die Gottheit Gottes nicht mehr das Feststehende und Beständige ist, sondern »auf dem Spiel steht«: »In dieser ganzen trinitarisch vermittelten Geschichte Gottes mit der Welt steht die Gottheit Gottes auf dem Spiel, bis mit der Vollendung seines Reiches auch seine Gottheit erwiesen sein wird. Denn ohne das Kommen seines Reiches wäre Gott nicht. Darum ist die Zukunft seines Reiches der Ort der Wirklichkeit Gottes wie auch der Wahrheit der Geschichte als einer Geschichte seines Handelns.«[55] Die Gottheit Gottes ist nach dieser Sicht weder durch denkerische Beweisgänge zu sichern noch mit seiner Offenbarung in Jesus Christus ein für allemal erwiesen, sie ist vielmehr jetzt nur in der Gestalt eines unabgeschlossenen Prozesses zu »fassen«. Es ist deutlich, daß auch damit *ein* möglicher Weg zurück zum praktischen Gottesverständnis Jesu eröffnet ist.

5.2.5   Der Streit um die Personen

Ein Hauptproblem der Trinitätstheologie, das mit allen bisher dargestellten Gesichtspunkten zu tun hat, ist die Frage nach den drei »Personen« in dem einen Gott. Schon öfter wurde in der neueren Theologie bestritten, daß der Begriff »Person« geeignet ist, die Lebensunterschiede in Gott selbst unmißverständlich zum Ausdruck zu bringen. Zunächst ist hier Karl Barth zu nennen, der Gott nicht mehr im Sinn des griechischen Denkens als Substanz verstehen, sondern ihn mit der neuzeitlichen Sprache als Subjekt bezeichnen und damit seine Souveränität, seine Freiheit, sein Herrsein zum Ausdruck bringen wollte.[56] Ein solches Subjektsein ist in Gott nur *eines* gegeben, betonte Barth mit Entschiedenheit, jedoch in drei

---

[54] Ebd. 144.

[55] Ebd. 127.

[56] Das ist ein Leitmotiv im ersten Band seiner Dogmatik (Kirchliche Dogmatik, I/1, Zollikon-Zürich 1932 u. ö.).

unterschiedlichen »Seinsweisen«. Die Annahme dreier souveräner, freier Subjekte würde den christlichen Gottesglauben zerstören.

Damit ist das Problem genannt: es geht nicht um die Eignung des Begriffs »Person«, denn auch Theologen, die wie J. Moltmann drei Subjekte in Gott annehmen, lehnen den Begriff »Person« als trinitarisch ungeeignet ab.[57] Es geht sehr einfach um die Frage, ob aufgrund der Trinitätstheologie in Gott drei »Ich« anzunehmen seien, die einander mit »Du« anredeten und eine Art Liebesgespräch miteinander führten und sich dementsprechend auch unterschiedlich zu den Menschen verhielten, das heißt umgekehrt: die für Menschen drei unterschiedliche »Ansprechpartner« darstellten. Die Fragestellung bezieht sich ausdrücklich nicht auf das Verhältnis des Vaters zum menschgewordenen Sohn von seiner Menschwerdung und erst recht von seiner »Erhöhung« ab, denn daß hier ein »Ich« und ein »Du« in gegenseitigem Gespräch gegeben sind, ist aufgrund der biblischen Gottesoffenbarung selbstverständlich.

Karl Rahner machte angesichts dieser Problemlage den Vorschlag, von »drei distinkten Subsistenzweisen«, das heißt von drei voneinander unterschiedenen Existenz- und Gegebenheitsweisen des *einen* Gottes zu sprechen. Der Vorschlag wurde nicht überall positiv aufgenommen. Das Argument, zu drei Subsistenzweisen könne man nicht beten, dürfte zwar eigentlich nicht vorgebracht werden, denn »Subsistenzweise« ist ja genau so ein theologischer Hilfsbegriff wie »Hypostase« oder »Hervorgang«, zu denen nie in der christlichen Tradition gebetet wurde. Aber in der Tat scheint der Begriff »Subsistenzweise« zu erklärungsbedürftig zu sein, um seinerseits etwas wirklich erklären zu können. Die damit gemeinte Sache ist so auszusprechen: »Die absolute Selbstmitteilung Gottes an die Welt *als* nahegekommenes Geheimnis heißt in seiner absoluten Ursprünglichkeit Vater; *als* selber in der Geschichte handelndes Prinzip Sohn; *als* uns geschenktes und angenommenes Hei-

[57] *J. Moltmann,* in: W. Breuning (Hrsg.), Trinität, 112. Zum Thema: *R. Radlbeck,* Der Personbegriff in der Trinitätstheologie der Gegenwart – untersucht am Beispiel der Entwürfe Jürgen Moltmanns und Walter Kaspers, Regensburg 1989

liger Geist. Bei diesem auf uns hin bezogenen ›als‹ handelt es sich wirklich um die Selbstmitteilung Gottes ›an sich‹; die ausgesagte Dreiheit ist also eine solche Gottes an sich.«[58] Die innergöttliche Differenz wird also keineswegs geleugnet; Rahner grenzt sich deutlich gegen den Modalismus ab.[59] Aber die einzelne »Person« in Gott ist eben nichts anderes als der eine Gott, als der in einer bestimmten Seins- und Gegebenheitsweise existierende und begegnende Gott.[60] Noch deutlicher gesagt: der göttliche Logos/ Sohn ist die *Selbst*aussage des Vaters, das heißt, eine Aussage, die ihrerseits nicht noch einmal als »sagend« vorgestellt werden darf; der göttliche Geist ist jene *Selbst*gabe Gottes, die ihrerseits nicht noch einmal als »gebend« vorgestellt werden darf. Die gegenteilige Ansicht, bei Walter Kasper zum Beispiel so formuliert: »wenn die göttlichen Hypostasen in Gott keine Subjekte sind, dann können sie auch in der Heilsgeschichte nicht als Subjekte sprechend und handelnd auftreten«,[61] muß sich der Überlieferung stellen, nach welcher der *eine* Gott, der ursprunglose Ursprung von allem, das göttliche »Du« des menschlichen Partners ist, und alles Wirken des einen Gottes »nach außen« hin ein gemeinsames Wirken derer ist, die in Gott nur relativ voneinander unterscheidbar sind. Die Konzeptionen aber, die das ganze Menschheitsdrama einschließlich des Bösen bereits in die innergöttliche Dramatik hineingelagert und dort, wenn auch erst nach Überwindung göttlicher Krisen und Verfluchungen, gelöst haben, sind mit der Frage zu konfrontieren, welcher Ernst unserer Geschichte und unseren Leiden dann noch bleibt. Sind sie nur subjektiver Schein, während in Gott alles schon geordnet und erlöst ist?

5.3   Der Gott der Befreiung

Die bisherigen Bemerkungen zu heutigen Problemen der Gottes- und Trinitätslehre haben gezeigt, daß es heutige systematische Theologie für notwendig ansieht, Gott nicht mehr »an sich« und

---

[58] *K. Rahner/H. Vorgrimler*, Kleines Theologisches Wörterbuch, 91.
[59] MySal, II, 1967, 391.
[60] Ebd. 389.
[61] *W. Kasper*, Der Gott Jesu Christi, 368.

»in sich« zu beschreiben, sondern zu versuchen, sein wahres Wesen von dem her zu ergründen, was er »für uns« ist. Dabei wurden Gott und die Menschheitsgeschichte oder auch Gott und die Sünde so eng zusammengedacht, daß das Folgerungen für das »Gottesbild« bzw. die Trinitätsauffassung haben mußte. Freilich blieben zunächst Geschichte und Sünde unkonkret, blieb also auch dieses Zusammendenken mit Gott im Bereich der Abstraktion. Die Möglichkeiten eines praktischen Gottesverständnisses sind damit nicht verbaut. Aber heutige Gotteserfahrungen treten dabei – außer in den Fällen theologisch-subjektiver Mystik – doch in den Hintergrund. Anders bei der Politischen Theologie der Befreiung, die heute in mehrfachen Variationen existiert. In ihrem Basisvollzug, der Praxis der Befreiung, lebt sie von gemeinsam gemachten Erfahrungen Gottes. Was solche Erfahrungen rückwirkend auf die mehr theoretisch-reflektierende Gotteslehre bedeuten könnten, ist noch nicht auszumachen. So gibt es von dieser neuen Gestalt von Christentum her auch noch keine registrierbare Gottes- und Trinitätslehre. Aber die Impulse sind so wichtig, daß sie bei aller Unvollständigkeit und Zufälligkeit der in ihnen zu Wort kommenden Gottesvorstellung hier wenigstens kurz angeführt werden müssen.

5.3.1   Der Gott der Politischen Theologie

Nach Johann Baptist Metz steht die Theologie – zusammengefaßt – vor drei Herausforderungen, deren Bewältigung in die Rede von Gott aufgenommen werden muß [62]:

1. Die religiös-metaphysischen Weltbilder (Weltanschauungen und Anthropologien) sind offenbar an ihrem Ende angekommen. Die Folgen für eine Gotteslehre, die bisher ausschließlich mit den sprachlichen Mitteln dieser Weltbilder formuliert wurde, sind noch gar nicht abzusehen. Die Theologie hat die Ideologiekritik noch

---

[62] Zum »Gottesbild« bei *J. B. Metz* vgl.: Zur Theologie der Welt, Mainz 1968, 18f; Glaube in Geschichte und Gesellschaft, Mainz 1977 u. ö., vgl. das Stichwortverzeichnis, besonders wichtig: 47ff, 57ff, 72ff, 101ff; Zeit der Orden? Zur Mystik und Politik der Nachfolge, Freiburg 1977, 99; Jenseits bürgerlicher Religion, München/Mainz 1980, bes. 29–50; Im Angesichte der Juden. Christliche Theologie nach Auschwitz, in: Concilium 20 (1984) 382–389.

nicht ausgestanden; ihre »kognitive Unschuld« hat sie jedenfalls verloren. Auch die Formulierungen der Gottesrede von einem – transzendentalphilosophisch erfaßten – Subjekt aus sind nicht mehr vermittelbar: die (konkrete, »diesseitige«) Geschichte wird Ausgangspunkt der Theologie. Ort der theologischen Erkenntnis sind nicht mehr theoretische, logisch stimmige Systeme und bekenntnismäßige Affirmationen, Ort theologischer Erkenntnis ist vielmehr Praxis: sie ist die Instanz des »Erweises des Geistes und der Kraft«.

2. Das Ende des Idealismus bzw. aller subjektlosen Sinnsysteme führt zu anderen Strukturen der Gottesrede, vor allem zu denen der Erinnerung und der Erzählung. Damit ergibt sich auch eine radikale Rückbindung der christlichen Gottesrede an die Geschichte und Religion der Juden. In spezifisch christlich-theologischer Sicht folgt daraus eine Betonung der »synoptischen Glaubensweise« mit ihren Elementen der Erzählungen, des Weges, der Nachfolge usw. Die im Hintergrund aller früheren Gotteslehren lauernde Theodizeefrage ist vollends unbeantwortbar geworden. Die systematische Theologie hat ihr gegenüber nur die Aufgabe, die Frage als Frage offenzuhalten. Die Antwort ist ausschließlich von Gott selber am Ende der Geschichte zu erwarten.

3. Die eine kulturelle Verwurzelung des Christentums ist an ihrem Ende angekommen. Andere kulturelle »Inkarnationen« des Christentums führen dazu, daß nicht mehr alles auf einen (Verstehens-) Nenner gebracht werden kann. Mit dem Ende des Universalismus ist auch das Ende eines universal gültigen und verwendbaren Vokabulars der Gottes- und Trinitätslehre gekommen.

Für J. B. Metz ist in diesem Zusammenhang der Gottesgedanke kein Überbau-Gedanke, sondern ein identitätsbildender Gedanke, der einer Identität des Menschen dient, die nicht an Haben und Besitz, sondern an Solidarität orientiert ist. Als Gott der Lebenden und der Toten klagt er umfassende Gerechtigkeit für alle ein, auch für die Opfer der Geschichte, die vergessenen Toten; er fordert das solidarische Subjektsein *aller* angesichts einer neuen Geschichte.[63]

---

[63] Hier darf auf den gelungenen Versuch H. Peukerts hingewiesen werden, Aussagen

5.3.2 Der Gott der Theologie der Befreiung

Theologie der Befreiung – gleichgültig, um welche ihrer Varianten es sich handelt – versteht sich als Reflexion über christliches, befreiendes Handeln. Insofern bezeugt diese Theologie in erster Linie, daß es Gotteserfahrungen heute nicht nur in Gestalt individueller Mystik und grübelnder Gotteserkenntnis, sondern auch in der Gestalt solidarischer Aktivität von mehreren und vielen gibt. Diese Gotteserfahrung ist natürlich nicht auf Aktion beschränkt; sie lebt auch vom Gebet und von der Meditation des biblisch bezeugten Wortes Gottes. Insofern gilt von ihr alles, was vom Rang und Stellenwert heutiger christlicher Erfahrung für die Theologie zu sagen ist. In mancherlei Hinsicht unterscheiden sich die Aussagen der Theologie der Befreiung über Gott und über die Rede von Gott nicht erheblich von dem, was europäische und andere Theologien feststellen: Daß ein einheitliches Weltbild nicht mehr anzutreffen ist, in dem Gott seinen festen, wenn auch transzendenten Ort hätte; daß es nicht mehr möglich ist, von Gott zu reden, ohne vom Menschen zu sprechen; daß Gott nicht zur Erklärung des Ungewußten und Unerforschten eingesetzt werden darf; daß es keinen Standort des Theologen gleichsam außerhalb oder am Ende der Geschichte gibt, von dem aus er Gottes Sein und Wirken überblicken könnte. Das Spezifische der Gottesrede in der Theologie der Befreiung, die Bedeutung Gottes für die Praxis, die entschiedene Zuwendung zum Gott Jesu (wie er bei den Synoptikern bezeugt ist), kommt zutreffend, wenn auch nur beispielhaft, in den Thesen des salvadorianischen Theologen Jon Sobrino zum Ausdruck[64]:

von K. Rahner und J. B. Metz über Gott in kommunikations- bzw. handlungstheoretische Zusammenhänge zu bringen. Vgl. *H. Peukert*, Wissenschaftstheorie – Handlungstheorie – Fundamentale Theologie, 337 ff. »Die Rede von Gott wurde eingeführt als die Rede von der Wirklichkeit, auf die ein auch mit den Toten solidarisches, kommunikatives Handeln so zugeht, daß es diese Wirklichkeit für die anderen und dadurch für den Handelnden selbst behauptet«: ebd. 346. – Ferner H.-G., Schwandt, Der Blick, der aufs Grauen geht. Zur Bestimmung von Theologie in Geschichte als Unheilskontinuum, Frankfurt–Bern 1989

[64] *J. Sobrino*, Der Gott des Lebens wird sichtbar bei Jesus, in: H. Assmann u. a., Die Götzen der Unterdrückung und der befreiende Gott, Münster 1984, 63–110. Es handelt sich um eine Systematisierung und Vertiefung früherer Gedanken von G.

»These 1.1: Für Jesus ist der ursprüngliche Plan Gottes, daß die Menschen Leben haben. Das Leben in seinem ganzen Ausmaß, einschließlich seiner materiellen Basis selbst, ist die erste Vermittlung Gottes. Diese Anschauung ist es, die das Verhalten Jesu dem jüdischen Gesetz – als Bekundung des ursprünglichen Willens Gottes – gegenüber erklärt: die Erklärung, Kritik, Überwindung und Vertiefung des Gesetzes. Das ›Brot‹ als Lebenssymbol muß für alle vorhanden sein.

These 1.2: Der eschatologische Horizont der Sendung Jesu ist das Reich Gottes, ein Reich des Lebens für alle. Aber damit es verwirklicht werden kann, müssen jene an diesem Reich teilhaben, die ganz weltlich des Lebens in seinen verschiedenen Formen beraubt worden sind: die Armen und Unterdrückten. Daher ist Verkündigung Jesu parteilich, und der Gott des Lebens zeigt sich parteilich für die des Lebens Beraubten.

These 1.3: Der Mangel an Leben ist nicht nur in der Unvollkommenheit des Geschaffenen begründet, sondern im freien Willen von Minderheiten, die ihre Macht für ihre eigenen Interessen und gegen die der übrigen gebrauchen. Deshalb verflucht Jesus Reiche, Pharisäer, Schriftgelehrte, Priester und Regierende, weil sie den Mehrheiten in den verschiedenen Lebensbereichen das Leben rauben.

These 1.4: Jesu Vorstellung von einem Gott des Lebens tritt in Konflikt mit den privaten Interessen derjenigen, die anderen kein Leben geben möchten. Dies erklärt Jesu Auseinandersetzungen. Hinter der breit entfalteten Thematik des Gesetzes und seiner Kasuistik steht die Problematik des Lebens der Menschen.

These 1.5: Jesus stellt fest, daß die Menschen nicht nur unterschiedliche oder sogar gegensätzliche Vorstellungen von Gott haben, auf die sie sich beziehen, wenn der Mensch leben kann oder sterben muß, sondern daß sie sogar, wenn sie den Menschen umbringen, sich auf die Gottheit berufen. Daher kommt es, daß Jesus nicht nur erklärt, worin die wahre Gottheit besteht, sondern daß er den Gebrauch entlarvt, der von der Gottheit gemacht

---

Gutiérrez, L. Boff u. a. Die Thesen finden sich: 1.1: 68, 1.2: 74, 1.3: 77, 1.4: 82, 1.5: 84, 1.6:87f, 1.7: 92, 2.1: 98, 2.2: 100, 2.3: 101. Vgl. auch *H. J. Venetz/H. Vorgrimler* (Hrsg.), Das Lehramt der Kirche und der Schrei der Armen, Fribourg 1985.

wird, um den Menschen zu unterdrücken, ihn des Lebens zu berauben.

These 1.6: Jesu Verteidigung des Lebens der Menschen als grundlegender Vermittlung der Wirklichkeit Gottes veranlaßt andere Menschen – in der Regel sind es die Vorsteher des jüdischen Volkes –, die objektiv andere Gottheiten anrufen, den Mittler Jesus zu verdächtigen und zu verfolgen. Die Alternative der Gottheiten, in der Alternative der Vermittlungen ausgedrückt, findet ihren Ausdruck ebenfalls in der Alternative der Mittler.

These 1.7: Der religiöse und politische Prozeß gegen Jesus zeigt deutlich die Alternative der Gottheiten: entweder das Reich Gottes auf der einen Seite oder die jüdische Theokratie bzw. die Pax Romana auf der anderen Seite. Die Gottheiten, die andere als der Vater Jesu sind, sind nicht nur falsch, sondern bringen den Tod. Der Mittler des wahren Gottes wird im Namen der falschen Gottheiten umgebracht.

These 2.1: Für Jesus transzendiert das letzte Mysterium des Lebens das konkrete Leben. Gott ist nämlich immer größer, da seine Wirklichkeit Liebe ist. Gleichzeitig ist er aber auch kleiner, weil er sich in der Kleinheit und Armut verbirgt. Das Ja Gottes zu den Armen und sein Nein zur Armut, die eine Frucht der Sünde ist, ermöglichen ihrem Wesen nach, daß Jesu Gottesvorstellung in sich selbst die Transzendenz beinhaltet.

These 2.2: Dieser Gottesvorstellung entspricht bei Jesus eine Reihe von geschichtlichen Erfahrungen, die für ihn Vermittlungen des Größer-Seins Gottes sind. Diese Erfahrungen sind zweierlei Art: das Feiern dessen, was bereits vom wahren Leben existiert, und die ständige Suche nach dem, was der Wille Gottes ist.

These 2.3: Für Jesus bedeutet das Akzeptieren des Mysteriums Gottes, dieses Mysterium sein ganzes Leben lang aufrechtzuerhalten, ohne es zu manipulieren. Seine Gotteserfahrung ist radikal geschichtlich. Sein Glaube wird zu Treue.«

In diesem praktischen Versuch, Gott als den je Größeren zu sehen, hält es solche Theologie der Befreiung von vornherein für unmöglich, Gottes Sein und Wesen zu »definieren« oder seine Wirklichkeit »verständlich« zu machen.

5.3.3 Die Gottheit in der Feministischen Theologie

Die Feministische Theologie[65] ist ohne Zweifel einer der bedeutendsten Zweige der Theologie der Befreiung. Zu den Kernpunkten ihres Programms gehört der Protest gegen den patriarchalischen Herr-Gott oder Vater-Gott. Dem männlichen Gottesbild wird – wenigstens als Mitursache – zugeschrieben, daß die Frauen in Kirche und Gesellschaft in untergeordneten Rollen fixiert und in Abhängigkeit gehalten werden, daß Theologie und kirchliche Praxis männlich strukturiert sind. Um dieses Gottesbild zu bekämpfen, suchen feministische Theologinnen und Theologen nach weiblichen oder mütterlichen Zügen des biblischen Gottes oder, in Überwindung auch eines neuen, umgekehrten Sexismus, nach einem nicht auf Bilder und in einem bestimmten Sprachrahmen festgelegten Gott. Eine Revision biblischer Grundzeugnisse, zu denen die Gotteserfahrung Jesu, das heißt eine singuläre Vatererfahrung, gehört, ist nicht möglich; eine »Neuschreibung« der Schrift wäre ein unsinniges Programm. Es ist die Aufgabe der Theologie, den biblischen Begriff des »Vaters« für Gott im Sinn eines differenzierten Gottesbildes verständlich zu machen und von

[65] Die Literatur über feministische Theologie und die vom Feminismus angestoßenen theologischen Fragen ist unüberschaubar. Zu einer ersten Einordnung mit Angabe der Klassikerinnen der feministischen Theologie wie C. J. M. Halkes, R. Radford Ruether, M. Daly: *Ch. Schütz*, in: MySal, Ergänzungsband, 1981, 314–317; *M.-Th. Wacker*, Feministische Theologie, in: NHThG, I, 1984, 353–360; *W. Korff/ C. J. M. Halkes*, Frau/Mann, ebd. 361–367. Vgl. ferner *K. Lüthi*, Gottes neue Eva, Stuttgart/Berlin 1978; *Ph. Trible*, God and the rhetoric of sexuality, Philadelphia 1978 (speziell zum Alten Testament); *J. Chamberlain Engelsman*, The feminine dimension of the Divine, Philadelphia 1979; *C. Crist/J. Plaskow*, Womanspirit rising, New York/London 1979 (Übersicht über feministische Theologie im ganzen); *R. Hamerton Kelly*, God the Father. Theology and Patriarchy in the Teaching of Jesus, Philadelphia 1979; *A. Röper*, Ist Gott ein Mann? Düsseldorf 1979; *H.-H. Schrey*, Ist Gott ein Mann? in: Theologische Rundschau 44 (1979) 227-238 (Literaturbericht); *L. Swidler*, Biblical affirmations of women, Philadelphia 1979; Gottvater? in: Concilium 17 (1981) 173–268 (= H. 3) (Literatur); *K. E. Børresen*, L'usage patristique de métaphores féminines dans le discours sur Dieu, in: Revue Théologique de Louvain 13 (1982) 205–220; *C. Mulack*, Die Weiblichkeit Gottes. Matriarchale Voraussetzungen des Gottesbildes, Stuttgart 1983; *E. Schüssler-Fiorenza*, In Memory of Her, New York 1983; *U. Winter*, Frau und Göttin. Exegetische und ikonographische Studien zum weiblichen Gottesbild im Alten Israel und in dessen Umwelt, Fribourg 1984; *E. S. Gerstenberger*, Jahwe – ein patriarchaler Gott? Stuttgart 1988; *G. Weiler*, Das Matriarchat im Alten Israel, Stuttgart 1989.

seinem analogielosen, gesellschaftlichen und physiologischen Deutemuster und Mißverständnis zu befreien. Dabei können auch Beschäftigungen mit dem weiblich-mütterlichen Verhalten Gottes in den Aussagen von Schrift und Tradition (zum Beispiel Beschreibung des Hervorgangs des göttlichen Logos als Zeugung und als Geburt) hilfreich sein. Die göttliche Weisheit (Sophia) als Throngenossin-Gattin oder Tochter Gottes findet außer in der Feministischen Theologie gerade auch in der Christologie starke Beachtung. Die Möglichkeiten nichtsexistischer Sprache müßten kreativer ausgeschöpft werden: die wesentlichen Begriffe der Theologie (Gott und Mensch) müssen nicht maskulin sein. Der göttliche Geist ist in der hebräischen Sprache feminin, in der griechischen ein Neutrum. In vielen Hinweisen dieser Art hat die Feministische Theologie Wesentliches zur Korrektur des patriarchalischen Gottesbildes beigetragen. Versuche, ein weltweit bestehendes Matriarchat in vorgeschichtlicher Zeit zu behaupten und die bestehenden Unrechtsformen auf den zerstörerischen Kampf des Patriarchats gegen das Matriarchat zurückzuführen, sind bisher aus Mangel an historischer Beweisführung nicht gelungen. Tendenzen, den christlichen Gott zu ergänzen oder zu ersetzen durch Rückgriff auf eine im Matriarchat mögliche polytheistische Götterwelt, werden sich innerhalb des Rahmens der jüdisch-christlichen Religion und Gotteslehre nicht durchsetzen können.

6   Abschließende Überlegung

Die theologische Gotteslehre wird in einer Zeit weitergegeben, in der das Wort »Gott« in vielfachem Zusammenhang mit dem Wort »Krise« vorkommt. Bestandteile dieser Gotteskrise sind unter anderem: ein scheinbarer Funktionsverlust Gottes, da Gott weder in der Natur- noch in der Geschichtswelt als Erklärung eingesetzt werden kann und seine erhörende Hilfe allzu spärlich und zufällig zu sein scheint; eine Verschiebung der Gottesfrage in Richtung auf eine allgemeine Sinnfrage und im Zusammenhang damit das Gefühl einer totalen Fraglichkeit; ein spürbares Absterben der Sensibilität für das Göttliche und Heilige; eine Ortlosigkeit Gottes im Bereich der Sprache; und hinter diesen und anderen Krisen die sich ständig und seit »Auschwitz« erst recht durchhaltende Theodizeefrage.

Die Beobachtung und kritische Analyse solcher Gotteskrisen werden nach der herkömmlichen Einteilung der Theologie nicht der Dogmatik, sondern der Fundamentaltheologie zugewiesen. Sie hat aus den Erfahrungen heutiger Menschen die ersten und grundlegenden Konsequenzen im Hinblick auf den Fortgang der Theologie zu ziehen. Sie hat die Anfragen und Provokationen des weit verbreiteten Atheismus in allen seinen Spielarten aufzunehmen. Von da aus ergeben sich Folgen für die Praxis der Christen, die ihren Glauben und ihre Hoffnung nach »innen« und nach »außen« hin zu verantworten und zu »bewahrheiten« haben, aber auch für die Gotteslehre als einen theoretischen und sprachlichen Vorgang: Die Theologie und speziell die Gotteslehre haben in einem grundsätzlich unabgeschlossenen Lernprozeß zu begreifen, wie über Gott *nicht* zu denken und zu sprechen ist. Wird so von »außen« her ein kritischer Maßstab für die theologische Rede über Gott gewonnen, dann muß dieser auch für die weniger wissenschaftlichen Sprechweisen über Gott Geltung haben, wie es Gerhard Ebeling

einmal provozierend formulierte: »Die Theologie ist notwendig, um dem Prediger das Predigen so schwer wie nötig zu machen.«[1]
Was aber bleibt nun in einer Bestandsaufnahme der theologischen Gotteslehre, wenn wir von diesen fundamental-theologischen Aufgabenstellungen absehen?

Die Gotteslehre sieht sich nicht imstande zu sagen, wer und was Gott ist: einen Gottes*begriff* gibt es nicht, auch nicht einen christlichen Gottesbegriff. Es gibt nur in der bisherigen Glaubens-, Verstehens- und Überlieferungsgeschichte angesammelte Bestandteile zu einem stets unabgeschlossenen Gottesverständnis. Diese Bestandteile sind nicht so einheitlich, daß sie als zusammengehörige Teile eines allmählich entstehenden Ganzen zu erkennen wären.

In der heutigen Literatur ist eine starke Tendenz sichtbar, zum Gott der biblischen Offenbarung zurückzukehren. Aber von biblischen Gottesbildern allein her läßt sich eine Gotteslehre für heute nicht aufbauen. Abgesehen davon, daß sie in ihren historischen Schichten zu uneinheitlich sind, lassen sie sich mit unseren Erfahrungen des Alleingelassenseins durch Gott, der nichterhörten Gebete, der vermeintlichen Unwirksamkeit Gottes in der Geschichte nicht vermitteln. So stellt sich von solchen Schwierigkeiten her die Frage, ob nicht doch das (von heidnisch-griechischer Seite inspirierte) Gottesdenken der christlichen Überlieferung seinen Stellenwert behalte, unter der Voraussetzung natürlich, daß es nicht den Vorrang vor den biblischen Gotteserzählungen beansprucht.

Mir scheint, daß dieses Gottesdenken zuweilen allzu rasch verabschiedet wird. Philosophen und vor allem auch Theologen haben mit Martin Heidegger das Ende der »Metaphysik« erkennen wollen. Hier ist nicht die Gelegenheit, danach zu fragen, was genau mit dieser Metaphysik gemeint ist. Einmal angenommen, es wäre tatsächlich nicht mehr möglich, das Ganze unserer Wirklichkeit mit Hilfe aristotelischer Denkmodelle zu verstehen, so bliebe im-

---

[1] *G. Ebeling*, Diskussionsthesen für eine Vorlesung zur Einführung in das Studium der Theologie, in: ders., Wort und Glaube, I, Tübingen ³1967, 447–457, hier 447.

mer noch die Frage, ob nicht ein Unterschied zu machen ist zwischen einer an der Hierarchie und der Bewegung des Seienden orientierten Metaphysik und einer wirklichen Philosophie des Seins. Die letztere kann nicht durch ein bloßes Denken in Kategorien wie »Ereignis«, »Geschehen« oder »Prozeß« ersetzt werden. Und sie läßt sich auch nicht von vornherein zum Schweigen über Gott bestimmen. Heidegger hat einmal gesagt: »Wer die Theologie, sowohl diejenige des christlichen Glaubens als auch diejenige der Philosophie, aus gewachsener Herkunft erfahren hat, zieht es heute vor, im Bereich des Denkens von Gott zu schweigen.«[2] Menschen, die an einem Glauben festhalten wollen, der die Gestalt einer Botschaft hat, können eine solche Option nicht treffen. Gleichwohl müssen auch sie einsehen, daß eine Rede über Gott an Grenzen stößt, daß sie also zwar sinnvoll, aber nur begrenzt ist und schließlich in Schweigen mündet. Karl Rahner hat darauf in der folgenden Weise hingewiesen: »Wenn Wittgenstein sagt, man solle über das nicht reden, über was man nicht klar reden kann, dann hat er ja im Grunde genommen schon wieder über etwas geredet, und er mußte auch reden. Es ist wahr, was Augustinus am Anfang der Confessiones gesagt hat: ›Wehe dem Menschen, der einfach schweigen würde über das, worüber man nicht klar und eindeutig reden kann!‹ Nein, der Glaube daran, daß es eine solche Sprache mit Recht gibt, die, indem sie redet, sich quasi selber stumm macht, ist die Grundvoraussetzung für Philosophie und Theologie.«[3]

Natürlich liegt der Gottesmetaphysik immer die Gefahr nahe, in einer nicht-analogen Sprache ein theistisches System zu errichten, in dem Gottes Wesen und Walten vermeintlich durchschaubar, ja sogar vorausberechenbar sind und in dem dann auch die Theodizeefrage eine definitive Antwort findet. Eine wirkliche Seinsphilosophie enthält dem gegenüber jene Elemente, die dann, wenn sie

---

[2] M. *Heidegger*, Identität und Differenz, Pfullingen [6]1978, 45. Zu Heideggers Relevanz für die Theologie vgl. M. *Trowitzsch*, »Sterbliches Denken«. Eine neuerliche theologische Erinnerung an Martin Heidegger, in: Zeitschrift für Theologie und Kirche 81 (1984) 472–490.

[3] P. *Imhof/H. Biallowons* (Hrsg.), Karl Rahner im Gespräch, II, München 1983, 237.

radikal und konsequent genug durchdacht werden, dazu beitragen, Gott den »je Größeren« sein zu lassen. Eines dieser wesentlichen Elemente ist die Einsicht in die Analogheit jeder Rede »über« Gott. Dort, wo innerhalb dieses Denkens Gott mit Recht als »Person« bezeichnet wird, ist es ebenfalls nicht möglich, beim grundlegenden Verständnis dieses Personseins auf die Kategorien des Seins, des Bewußtseins und der Freiheit zu verzichten, so wichtig es ist, den Personbegriff mit Hilfe der Kategorien »Kommunikation« und »Relation« zutreffender zu erfassen.

Es gehört zur Analogheit des Denkens und Redens »über« Gott, ihn nicht auf bestimmte, vermeintlich klar definierbare Eigenschaften festzulegen, wenn sich biblisch bekundete freie Verhaltensweisen und denkerisch erschlossene notwendige Eigenschaften zu widersprechen scheinen. Von dieser Einsicht her hat eine heutige theologische Gotteslehre bei der Beschreibung einzelner Eigenschaften Gottes äußerste Zurückhaltung zu üben; sie hat die Rede darüber immer »nach vorn hin« offen zu halten, in der Richtung auf jene Vollendung hin, in der, nach dem Ende aller Philosophie und Theologie, Gott möglicherweise als derjenige erscheint, der Gegensätzliches in sich zu vereinen vermag. Einen wesentlichen Anhaltspunkt dafür bietet seine Selbstbekundung als Liebe, die der Grund seiner Selbstbeschränkung (gegenüber fordernder Gerechtigkeit oder Zorn) sein kann.

Der Wunsch, eine starre theistische Systematik aufzugeben, führte zu einer Erneuerung der Trinitätstheologie. Dabei trat die große Gefahr zutage, die sparsamen trinitarischen Andeutungen der Offenbarung phantasievoll auszumalen und ein innergöttliches Drama zu rekonstruieren, das Gott als Liebe besonders nahebringen soll. Hier stellt sich nicht nur die drängende Frage nach der Legitimität eines solchen die Offenbarung gleichsam weiter ausmalenden Denkens. Zu fragen ist auch, ob die Übersteigerung von Paradoxien (etwa die Rede von einer Zerrissenheit in Gott, von der Gottverlassenheit Gottes usw.) eine angemessene und ernsthafte Möglichkeit ist, das mit der Trinität Gemeinte zu verstehen und sprachlich damit umzugehen. Mit Recht wird darauf hingewiesen, daß das theologische Nachdenken in die Doxologie, den rühmenden Lobpreis des dreieinigen Gottes, einmünden solle. Eine

Doxologie ist aber nicht ein Gegensatz zum Denken und will die kritische Reflexion nicht ersetzen. Der Lobpreis der göttlichen Dreieinigkeit kann die Heilsgeschichte mit der Sendung des Sohnes und des Geistes einbegreifen und so den ursprunglosen Vater ehren, auch ohne das Kreuz des Sohnes in den absoluten Mittelpunkt alles Geschehens, selbst eines innergöttlichen Konflikts zu stellen.

Die neuere theologische Entwicklung hat aufgezeigt, daß Gott voreilig Unbrauchbarkeit und Funktionslosigkeit zugeschrieben wurden. Der »Ort«, an dem sich Gott als wahrhaft unverzichtbar erweist, ist nicht mehr die Natur mit ihrer außermenschlichen Geschichte. Er ist auch nicht die Menschenwelt in dem Sinn, daß eine göttliche Vorsehung auf entmündigte menschliche Objekte einwirkte und sich ihrer instrumental bediente. Der »Ort« Gottes ist die menschliche Freiheitsgeschichte, ist das Subjektsein *aller* vor ihm. Hier tritt in den Notsituationen und Bedrängnissen unserer Zeit Gott als der Solidarische, Ermutigende und Befreiende aus dem Dunkel der Skepsis heraus.

Literaturnachtrag zur 3. Auflage

1. Voraussetzungen und Grundlegendes

Bourdie, P.-Y., Le Dieu des philosophes, Paris 1989

Bresch, C., u. a., Kann man Gott aus der Natur erkennen? Freiburg 1990

Craig, W. L., Die Existenz Gottes und der Ursprung des Universums, Wuppertal 1989

Dalferth, I. U., Gott. Philosophisch-theologische Denkversuche, Tübingen 1992

Gebler, F., Die Gottesvorstellungen in der frühen Theologie Immanuel Kants, Würzburg 1990

Heintel, E., Zur Frage der analogen Rede von Gott, in: Struktur und Freiheit (FS H. E. Hengstenberg), Würzburg 1990, 60–94

Hoeps, R., Das Gefühl des Erhabenen und die Herrlichkeit Gotttes. Studien zur Beziehung von philosophischer und theologischer Ästhetik, Würzburg 1989

Lenz, H., Mut zum Nichts als Weg zu Gott, Freiburg 1988 (zu B. Welte)

Linsett, P., Wege zur Transzendenzerfahrung, Frankfurt 1988

Lotz, J. B., Vom Sein zum Heiligen. Metaphysisches Denken nach Heidegger, Frankfurt 1990

Mondin, B., Dio: Chi è? Elementi di teologia filosofica, Mailand 1990

Mooren, Th., Auf der Grenze. Die Andersheit Gottes und die Vielfalt der Religionen, Frankfurt 1991

Oelmüller, W. (Hrsg.), Worüber man nicht schweigen kann. Neue Diskussion zur Theodizeefrage, München 1992

Polkinghorne, J., Science and providence. God's interaction with the world, Boston 1989

Ricken, F. (Hrsg.), Klassische Gottesbeweise in der Sicht der gegenwärtigen Logik und Wissenschaftstheorie, Stuttgart 1991

Riess, K., Gott zwischen Begriff und Geheimnis. Zu einem Ende natürlicher Theologie als Aufgang neuzeitlicher Religionsphilosophie, St. Ottilien 1990

Sala, G. B., Kant und die Frage nach Gott, Berlin 1990

Sattler, D. / Schneider, Th., Gotteslehre, in: Handbuch der Dogmatik, Bd. I, Düsseldorf 1992, 51–119

Werbick, J., Bilder sind Wege. Eine Gotteslehre. Neuartiges Reden von Gott, München 1992

2. Bibel (ohne Pneumatologie)

Bostroem, L., The God of the sages. The portrayal of God in the Book of Proverbs, Stockholm 1990

Cazelles, H., La Bible et son Dieu, Paris 1989

De Moor, J. C., The Rise of Yahwism: The Roots of Israelite Monotheism, Löwen 1990

Keel, O. / Uehlinger, Ch., Göttinnen, Götter und Gottessymbole. Neue Erkenntnisse zur Religionsgeschichte Kanaans und Israels aufgrund bislang unerschlossener ikonographischer Quellen, Freiburg 1992

Klauck, H.-J. (Hrsg.), Monotheismus und Christologie. Zur Gottesfrage im hellenistischen Judentum und im Urchristentum, Freiburg 1992

Langer, B., Gott als «Licht» in Israel und Mesopotamien, Klosterneuburg 1989 (zu Jes 60)

Niehr, H., Der höchste Gott. Alttestamentlicher JHWH-Glaube im Kontext syrisch-kanaanäischer Religion des 1. Jahrtausends v. Chr., Berlin 1990

Pohlmann, K.-F., Die Ferne Gottes. Studien zum Jeremiabuch, Berlin 1989

Strotmann, A., «Mein Vater bist Du!» (Sir 51,10). Zur Bedeutung der Vaterschaft Gottes in kanonischen und nichtkanonischen frühjüdischen Schriften, Frankfurt 1991

3. Pneumatologie

Dirschel, E., Der Hl. Geist und das menschliche Bewußtsein, Würzburg 1989

Dreytza, M., Der theologische Gebrauch von RUAH im AT, Gießen 1990

Hilberath, B. J., Der dreieinige Gott und die Gemeinschaft der Menschen, Mainz 1990

Ders., Pneumatologie, in: Handbuch der Dogmatik, Bd. I, Düsseldorf 1992, 445–552

Horn, F. W., Das Angeld des Geistes. Studien zur paulinischen Pneumatologie, Göttingen 1992

Kaegi, H., Der Hl. Geist in charismatischer Erfahrung und theologischer Reflexion, Zürich 1989

Martin, V., Aspects théologiques du «Filioque», in: Irénikon 62 (1989) 36–50

Suttner, E. C., Ist das «Filioque» noch kirchentrennend? in: Theol.-Prakt. Quartalschrift 137 (1989) 248–258

Welker, M., Gottes Geist. Theologie des Hl. Geistes, Neukirchen 1992

4. Gotteslehre in Theologiegeschichte und Mystik

Bader, G., Gott nennen: Von den Götternamen zu göttlichen Namen. Zur Vorgeschichte der Lehre von den göttlichen Eigenschaften, in: Zeitschr. f. Theol. u. Kirche 86 (1989) 306–354

Balberitz, P., Philosophischer Gottesbegriff bei Nikolaus Cusanus in seinem Werk «De non aliud», Leipzig 1989

Eckert, M., Gott – Glauben und Wissen. Friedrich Schleiermachers Philosophische Theologie, Berlin 1987

Evdokimov, P., La connaissance de Dieu selon la tradition orientale, Paris 1988

Hall, D. C., The Trinity. An analysis of St. Thomas Aquinas' Expositio of the De trinitate of Boethius, Leiden 1992

Hoefs, K.-H., Erfahrung Gottes bei Bonaventura, Leipzig 1989

Junker, M., Das Urbild des Gottesbewußtseins. Zur Entwicklung der Religionstheorie und Christologie Schleiermachers von der 1. zur 2. Aufl. der Gotteslehre, Berlin 1990

McInery, R., Boethius and Aquinas, Washington 1990

Merriell, To the image of the Trinity. A study in the development of Aquinas' teaching, Toronto 1990

Neumann, W. M., Die Stellung des Gottesbeweises in Augustins De libero arbitrio, Hildesheim 1986

Pérez Paoli, U. R., Der plotinische Begriff von HYPOSTASIS und die augustinische Bestimmung Gottes als Subiectum, Würzburg 1990

Schlosser, M., Cognitio et amor. Zum kognitiven und voluntativen Grund der Gotteserfahrung nach Bonaventura, Paderborn 1990

Sproul, R. C., Die Heiligkeit Gottes, Marburg 1989

Stump, E., Die göttliche Vorsehung und das Böse. Überlegungen zur Theodizee im Anschluß an Thomas von Aquin, Frankfurt 1989

Wagner, M., Die philosophischen Implikate der «quarta via». Eine Untersuchung zum 4. Gottesbeweis bei Thomas von Aquin, Leiden 1989

5. Gottesproblematik in der heutigen Theologie

Bradshaw, T., Trinity and ontology. A comparative study of the theology of Karl Barth and Wolfhart Pannenberg, Edinburgh 1988

Feenstra, J. R., u. a., Trinity, incarnation and atonement, Notre Dame 1989

Hampson, M. D., Theology and feminism, London 1990

Lodahl, M. E., Shekhinah/spirit: a process pneumatology founded in Jewish-Christian conversation, Ann Arbor 1990

Moltmann, J., In der Geschichte des dreieinigen Gottes. Beiträge zur trinitarischen Theologie, München 1991

O'Hanlon, G. F., The immutability of God in the theology of Hans Urs von Balthasar, Cambridge (N. Y.) 1990

Olson, R. E., Wolfhart Pannenberg's doctrine of the trinity, in: Scott. Journ. Theol. 43 (1990) 175–206

Paulus, E., Liebe – das Geheimnis der Welt. Formale und materiale Aspekte der Theologie Eberhard Jüngels, Würzburg 1990

Ray Griffin, D., God, power and evil. A Process Theodicy, University of America 1990

Reynolds, B., Toward a process pneumatology, Selinsgrove (Pa.) 1990

Thompson, The Holy Spirit in the Theology of Karl Barth, Princeton 1991

Wallner, K. J., Gott als Eschaton. Trinitarische Dramatik als Voraussetzung göttlicher Universalität bei Hans Urs von Balthasar, Heiligenkreuz 1992

Personenregister